你应该具备的——

民俗知识

朱鸿儒 主编

全 国 百 佳 图 书 出 版 单 位

时代出版传媒股份有限公司
安 徽 人 民 出 版 社

图书在版编目（ＣＩＰ）数据

————————————————————————————

你应该具备的民俗知识 / 朱鸿儒主编. -- 合肥 :安徽人民出版社,
2012.3

ISBN 978-7-212-04825-9

Ⅰ.①你… Ⅱ.①朱… Ⅲ.①风俗习惯－中国－通俗读物
Ⅳ.①K892-49

中国版本图书馆 CIP 数据核字(2012)第 043634 号

————————————————————————————

你 应 该 具 备 的

民 俗 知 识

朱鸿儒 主编

————————————————————————————

出 版 人:胡正义

责任编辑:黄　刚

封面设计:光明工作室

————————————————————————————

出版发行:时代出版传媒股份有限公司 http:www.press-mart.com
　　　　安徽人民出版社 http:wwwahpeople.com
　　　　合肥市政务区文化新区圣泉路 1118 号出版传媒广场八楼
　　　　邮 编:230071
　　　　营销部电话:0551-3533258　0551-3533292(传真)
印　　制:合肥瑞丰印务有限公司
　　　　　(如发现质量问题,影响阅读,请与印刷厂联系调换)

————————————————————————————

开本 :787×1092　1/16　　印张:14.25　　　　字数:250 千字
版次:2012 年 3 月第 1 版　　　　2023 年 1 月第 2 次印刷

————————————————————————————

标准书号:ISBN 978-7-212-04825-9　　　　定价:45.00 元

目　　录

第一章　社交礼仪

接吻礼 ················· 1

拥抱礼 ················· 1

点头礼 ················· 1

举手礼 ················· 2

脱帽礼 ················· 2

碰杯礼 ················· 2

合掌礼 ················· 2

拱手礼 ················· 3

眼神礼 ················· 3

注视礼 ················· 3

远视礼 ················· 4

眯目礼 ················· 4

眨眼礼 ················· 4

挤眼礼 ················· 4

名片礼 ················· 4

鼓掌礼 ················· 5

陪车礼 ················· 5

鞠躬礼 ················· 5

叩拜礼 ················· 6

九宾之礼 ················· 6

跪拜礼 ················· 6

虚左礼 ················· 7

你应该具备的

冠礼和笄礼 ·· 7

古人结发礼 ·· 7

古人跪拜礼 ·· 8

坐·跪·踞·箕 ·· 9

坐而论道·跪而奏事 ·· 9

作揖与拱手的由来 ·· 10

握手的来由 ·· 10

筵席与坐席 ·· 11

北上南下礼 ·· 12

宫廷朝会规则 ·· 12

古代铜礼器 ·· 13

鸣放礼炮 ·· 14

下半旗 ·· 15

第二章　称谓习俗

姓的起源 ·· 17

氏的起源 ·· 17

确定姓氏的缘由 ·· 17

名之溯源与演变 ·· 18

古人的字 ·· 19

号的历史 ·· 19

谥号 ·· 20

庙号 ·· 21

年号 ·· 21

年龄表达方式 ·· 22

古代如何称呼教师 ·· 24

万岁 ·· 25

皇帝 ·· 25

太上皇 ·· 25

目　录

皇后 ·· 26

皇太后 ·· 26

公主 ·· 27

格格 ·· 28

驸马 ·· 28

三公 ·· 28

九卿 ·· 29

诰命夫人 ·· 29

秘书 ·· 30

百姓与黎民 ··· 30

黔首、黎庶 ··· 30

布衣 ·· 31

先生 ·· 31

同志 ·· 31

丫头 ·· 32

黄花闺女 ·· 32

巾帼 ·· 33

须眉 ·· 33

东床 ·· 33

糟糠 ·· 33

结发夫妻 ·· 34

两口子 ·· 34

岳父、岳母 ··· 35

连襟 ·· 35

红娘 ·· 36

月下老人 ·· 36

螟蛉 ·· 37

老衲 ·· 37

鼻祖 ·· 37

你应该具备的

翘楚 ……………………………………………… 37

泰斗 ……………………………………………… 38

包衣 ……………………………………………… 38

东道主 …………………………………………… 38

店小二 …………………………………………… 39

关于朋友的称谓 ………………………………… 39

古人的谦称 ……………………………………… 40

古人的敬称 ……………………………………… 41

古代的避讳 ……………………………………… 42

盖世太保 ………………………………………… 42

经纪人的由来 …………………………………… 43

蓝领、白领和金领 ……………………………… 43

嬉皮士 …………………………………………… 44

雅皮士 …………………………………………… 44

握手礼 …………………………………………… 45

炎黄子孙 ………………………………………… 45

万万岁 …………………………………………… 46

老佛爷 …………………………………………… 46

老爷·大人 ……………………………………… 46

宰相 ……………………………………………… 47

翰林 ……………………………………………… 47

中堂 ……………………………………………… 47

博士 ……………………………………………… 47

陛下 ……………………………………………… 48

丈人 ……………………………………………… 48

泰山 ……………………………………………… 48

月老·冰人 ……………………………………… 49

丈夫·老婆 ……………………………………… 49

先生 ……………………………………………… 49

太太 ……………………………………… 50

妻子的别称 …………………………… 50

中国的别称 …………………………… 51

中国古代皇族称谓 …………………… 51

殿下·麾下·阁下·膝下·在下 …… 52

我国古代对人的尊称 ………………… 52

宦官·太监 …………………………… 53

县官为何称知县 ……………………… 54

"诗圣"杜甫 ………………………… 54

"诗仙"李白 ………………………… 54

各国的"三大姓" …………………… 55

"东坡"苏轼 ………………………… 55

第三章 节气习俗

元旦 …………………………………… 57

各国元旦习俗 ………………………… 57

春节 …………………………………… 58

春节的风俗 …………………………… 59

少数民族的春节风俗 ………………… 59

爆竹 …………………………………… 60

元宵节和元宵 ………………………… 61

二月二是"龙头节" ………………… 61

"清明节"与"寒食节" ……………… 63

端午节 ………………………………… 63

七夕 …………………………………… 65

中秋节 ………………………………… 66

重阳节 ………………………………… 66

为什么把农历十二月称为"腊月" … 67

腊八节 ………………………………… 67

你应该具备的

除夕 ……………………………………… 68

平安夜 …………………………………… 68

圣诞节 …………………………………… 69

复活节 …………………………………… 69

情人节 …………………………………… 70

愚人节 …………………………………… 71

感恩节 …………………………………… 71

妇女节 …………………………………… 73

母亲节的由来 …………………………… 73

父亲节 …………………………………… 74

劳动节 …………………………………… 75

六一国际儿童节 ………………………… 76

第四章　民间工艺

彩陶纹饰 ………………………………… 79

帛画 ……………………………………… 79

漆画 ……………………………………… 79

石窟壁画 ………………………………… 80

中国画 …………………………………… 80

丹青 ……………………………………… 81

写意与工笔 ……………………………… 81

四大名绣 ………………………………… 81

竹编 ……………………………………… 82

翻簧竹刻 ………………………………… 82

草编 ……………………………………… 82

藤编 ……………………………………… 83

剪纸 ……………………………………… 83

四大名扇 ………………………………… 83

泥人 ……………………………………… 83

鼻烟壶 ……………………………………………… 84

岭南盆景 …………………………………………… 84

第五章　中国少数民族习俗

阿昌族 ……………………………………………… 85

白族 ………………………………………………… 86

保安族 ……………………………………………… 87

布朗族 ……………………………………………… 88

布依族 ……………………………………………… 88

达斡尔族 …………………………………………… 90

傣族 ………………………………………………… 90

侗族 ………………………………………………… 92

东乡族 ……………………………………………… 93

鄂伦春族 …………………………………………… 94

鄂温克族 …………………………………………… 94

高山族 ……………………………………………… 95

仡佬族 ……………………………………………… 95

哈尼族 ……………………………………………… 96

哈萨克族 …………………………………………… 97

赫哲族 ……………………………………………… 98

基诺族 ……………………………………………… 99

京族 ………………………………………………… 100

黎族 ………………………………………………… 101

傈僳族 ……………………………………………… 101

毛南族 ……………………………………………… 102

蒙古族 ……………………………………………… 104

仫佬族 ……………………………………………… 105

怒族 ………………………………………………… 105

普米族 ……………………………………………… 106

你应该具备的

羌族 ·· 107

撒拉族 ·· 109

畲族 ·· 109

塔吉克族 ·· 111

塔塔尔族 ·· 111

土族 ·· 112

佤族 ·· 113

乌孜别克族 ··· 114

锡伯族 ·· 114

瑶族 ·· 115

彝族 ·· 116

裕固族 ·· 117

壮族 ·· 117

第六章　民俗习惯

祭灶 ·· 119

吹生日蜡烛 ··· 119

贴"囍"字 ·· 120

拜天地 ·· 121

闹洞房 ·· 121

新娘蒙红盖头 ·· 122

新娘乘花轿 ··· 123

婚纱 ·· 124

交杯酒 ·· 124

生日祝寿 ·· 125

抓周 ·· 125

祝寿送寿桃 ··· 126

吃长寿面 ·· 127

压岁钱 ·· 127

圣诞树 ……………………………… 128

春联 ………………………………… 129

贴门神 ……………………………… 130

放鞭炮 ……………………………… 131

关大门吃年饭 ……………………… 131

守岁 ………………………………… 132

福字倒贴 …………………………… 133

麒麟送子 …………………………… 133

清明节插柳 ………………………… 134

清明扫墓 …………………………… 135

元宵节观灯 ………………………… 135

重阳节赏菊 ………………………… 136

城隍庙 ……………………………… 137

皇家建筑用红墙黄瓦 ……………… 137

红色表示吉祥 ……………………… 138

红色做危险标志 …………………… 138

雄鸡象征吉祥 ……………………… 138

"V"形手势 ………………………… 139

缠足 ………………………………… 139

过百天 ……………………………… 140

压岁钱的来历 ……………………… 140

冬至吃饺子 ………………………… 141

"福"字为什么要倒贴 …………… 141

拜年 ………………………………… 142

开业为何要剪彩 …………………… 142

男左女右的由来 …………………… 142

小费的来历 ………………………… 143

三寸金莲的由来 …………………… 144

中国古代婚礼 ……………………… 144

拜天地的由来 …………………………………… 145

回门 …………………………………………………… 145

奇特的走婚 …………………………………… 146

订婚戒指的由来 …………………………………… 146

白色婚纱的历史 …………………………………… 147

同西方人交往中的禁忌 …………………………… 147

西方葬礼禁忌 …………………………………… 148

中国古代祭祀礼仪 ………………………………… 148

中国礼仪名词 …………………………………… 150

乔迁的礼仪 …………………………………… 150

中国饮酒习俗 …………………………………… 151

压岁钱 …………………………………………… 152

贺年片 …………………………………………… 152

舞狮 …………………………………………… 153

舞龙 …………………………………………… 153

悬棺 …………………………………………… 153

殉葬 …………………………………………… 154

稿葬 …………………………………………… 154

墓志 …………………………………………… 154

烧纸钱 …………………………………………… 155

披麻戴孝 …………………………………………… 155

坟墓周围种柏树 …………………………………… 156

火葬 …………………………………………… 156

送花圈 …………………………………………… 157

中国各民族婚俗 …………………………………… 157

第七章　衣食住行

古代衣食住行的等级 ……………………………… 161

古代服饰的演变 …………………………………… 161

目 录

历代服色杂谈 ……………………………… 165

古代的衣和裳 ……………………………… 166

裙子小史 …………………………………… 167

旗袍源流 …………………………………… 168

百衲衣 ……………………………………… 169

清代的黄马褂 ……………………………… 169

中山装的来历 ……………………………… 169

帽子的来历 ………………………………… 170

顶戴·花翎 ………………………………… 171

冠·巾·帽 ………………………………… 171

木屐趣话 …………………………………… 172

首饰小释 …………………………………… 172

古代化妆小史 ……………………………… 173

一日三餐史话 ……………………………… 174

古代饮食结构 ……………………………… 175

现代膳食结构 ……………………………… 175

食粥古今说 ………………………………… 176

馒头的食用 ………………………………… 177

包子的食用 ………………………………… 177

面条话古 …………………………………… 177

饺子小考 …………………………………… 178

古代制糖 …………………………………… 178

冰糖葫芦的起源 …………………………… 179

武昌鱼的来历 ……………………………… 179

烧鸡小考 …………………………………… 180

皮蛋的起源 ………………………………… 180

豆腐的制作 ………………………………… 181

古代的五味 ………………………………… 181

井盐的制作 ………………………………… 181

你
应
该
具
备
的

酱的制作 …………………………………………… 182

吃醋的历史 ………………………………………… 182

火锅溯源 …………………………………………… 183

皇帝菜的由来 ……………………………………… 183

天下第一菜 ………………………………………… 184

佳肴美味出民间 …………………………………… 185

山珍海味有哪些 …………………………………… 185

我国的八大菜系 …………………………………… 186

主要旅游城市风味饮食 …………………………… 187

酿酒的历史 ………………………………………… 188

绍兴老酒的起源 …………………………………… 189

葡萄美酒产自何时 ………………………………… 189

茅台酒的来历 ……………………………………… 190

饮茶溯古 …………………………………………… 190

中国茶道：功夫茶 ………………………………… 191

冷饮小史 …………………………………………… 192

有趣的宴席 ………………………………………… 193

清朝千叟宴 ………………………………………… 194

北京猿人的厨房 …………………………………… 194

古代用水及其文明 ………………………………… 195

筷子趣话 …………………………………………… 195

缝衣针史话 ………………………………………… 196

剪刀今昔 …………………………………………… 197

王麻子剪刀与夹钢刀 ……………………………… 197

熨斗小史 …………………………………………… 198

伞的发明 …………………………………………… 198

扇子漫话 …………………………………………… 199

古代的冰箱 ………………………………………… 200

蚊香小史 …………………………………………… 200

目 录

铜镜小史 ……………………………………… 201

牙刷：中国的发明 ……………………………… 202

口罩起于何时 …………………………………… 202

古代的眼镜 ……………………………………… 203

手杖小话 ………………………………………… 204

古时浴器 ………………………………………… 204

古代澡堂 ………………………………………… 205

唐代宫廷温泉浴池 ……………………………… 205

席地·凭桌·坐凳 ……………………………… 206

帐子探古 ………………………………………… 207

斗帐 ……………………………………………… 207

床的演变 ………………………………………… 208

粤滇鲁硬木家具 ………………………………… 208

火炕史话 ………………………………………… 209

你应该具备的

第一章　社交礼仪

接　吻　礼

传说,古罗马时严禁妇女喝酒,男子外出归来,常常要查一下妻子是否饮酒,便凑到她的嘴边闻一闻,嗅一嗅。这样沿袭下来,夫妇把嘴凑到一起的举动逐渐成为夫妇见面时的第一道礼节。后来,这种礼节逐渐普及开来,终于演化成今天的接吻礼。

一般来说,男子见到女子不能随便拥抱和亲吻。欧美人对亲朋好友表示亲热,往往以拥抱、接吻代替握手。在社交场合,则应先握手,再拥抱、接吻。长辈吻晚辈,只吻后者的额部;晚辈吻长辈,只吻后者的下颌;同辈朋友,兄弟手足之间,只是脸颊相贴。只有夫妻之间、情人之间,才是嘴对嘴地亲吻。

拥　抱　礼

拥抱礼是同握手礼、接吻礼并列的最重要的见面礼仪,盛行于世界许多的国家和民族之中。至亲好友见面,新知故友相遇,总要热烈地抱一抱或轻轻地搂一搂。拥抱礼不仅是人们日常交际中的重要礼仪,而且也是世界各国政府首脑外交场合中的见面礼节。

点　头　礼

点头礼是可与握手同日而语的最普遍的见面礼仪,盛行于世界各国和各民族。在剧院、会场、展览会、宴会等不宜随便走动的公共场所,朋友远距离相见时也可用点头致意,用右手打招呼时,如果戴着帽子还应脱帽再点头示意。由于点头礼简单、随意、方便,不受时间、地点、对象的限制,故深得世界各民族的青睐,一直盛行不衰。

1

举 手 礼

举手礼也是一种常见的见面礼仪,在学校、军队中使用频繁。举手礼起源于中世纪的欧洲。当时,骑士们常常在公主和贵妇面前比武,在经过公主的坐席时,他们还要唱歌来赞美公主,歌词往往把公主比做光芒四射、美丽绝伦的太阳。因而,武士们看到公主时总要把手举起来做挡住太阳的姿势。久而久之,就演变成举手到眉的"敬礼"了。

脱 帽 礼

入室脱帽,起源于冷兵器时代。由于战时与敌短兵相接,肉搏而战,头部容易受到袭击,因而不得不戴上笨重的盔甲,而一旦安全时,就脱下头盔以减轻负担。到友人家拜访,表示友好,也要脱帽。

碰 杯 礼

古罗马时,贵族间流行决斗的风气。在决斗之前,双方要互换一杯酒喝,为了证明酒中无毒,双方在喝酒之前要把自己杯中的酒倒给对方一点儿,以证明里面没有毒药,然后一饮而尽,沿袭下来就成为碰杯礼。

祝酒时,主人先举杯,杯口应与双目持齐平,微笑点头示意,其余人举杯,然后与客人碰杯,祝酒不要交叉碰杯。客人之间互相碰杯,是礼貌、友好的表示。一般应起立举杯,轻轻相碰,碰杯时,目视对方,口念祝酒词。碰杯时一般与对方的杯口齐高,或比对方略低,以示谦恭。人多时可举杯示意,不一定碰杯。喝果汁、矿泉水等非酒饮料时,不必碰杯,但大家起立举杯相碰时,也应站起来举杯。

合 掌 礼

即合十礼,是佛教徒的普通礼节。左右合掌,十指并拢,置于胸前,表示衷心敬意。原为古印度的一般礼节,佛教沿用下来,如今演变成为民间交往和外事往来的常用礼节。

致合掌礼对不同辈分和地位的人也有不同的要求,一般分为三种:小辈见长辈双手举得较高,一般至前额;平辈相见举到鼻子高度;长辈对小辈还礼到胸前为止。地位较低或年纪较轻者应首先向对方行合掌礼。当别人向你合十致意时,你应合掌回礼,否则就是失礼。合十以后不必再握手致意。在分别告辞时,也应行合礼。若行走中施行,要双脚站定;若是坐着施礼,则应打着盘脚;戴帽者须摘帽,并夹在左腋窝下,然后双手合十施礼;撑伞或手不空者,应将东西归拢在左手,用右手施单手合掌礼。

拱 手 礼

中华民族传统的见面礼仪,已经有两三千年的历史了。拱手礼始于上古,有模仿带手枷奴隶的含义,意为愿做对方奴仆。后来拱手逐渐成了相见的礼节。尤其是近现代,已基本成为人民群众主要的交往礼之一。

古代在同辈者、地位相同的人之间可以行拱手礼。注视对方、将双手在胸前合拢,一般称"作揖",同时发"喏"声的为"唱喏"。

如今,在行礼时,要双腿站直,上身直立或微俯,双手互握合于胸前。一般男子应右手握拳在内,左手在外,女子则正好相反;若为丧事行拱手礼,则男子为左手握拳在内,右手在外,女子则正好相反。

眼 神 礼

世界各族民众,往往用特定眼神来表示一定的礼节或礼貌。

注 视 礼

阿拉伯人在倾听尊长或宾朋谈话时,两眼总要直直地注视着对方,以示敬重。日本人相谈时,往往恭恭敬敬地注视着对方的颈部,以示礼貌。

远 视 礼

南美洲的一些印第安人,当同亲友或贵客谈话时,目光总要向着远方,似东张西望状。如果对三位以上的亲朋讲话,则要背向听众,看着远方,以示尊敬之礼。

眯 目 礼

在波兰的亚斯沃等地区,当已婚女子同丈夫的兄长相谈时,女方总要始终眯着双眼,以示谦恭之礼。

眨 眼 礼

安哥拉的基母崩杜人,当贵宾光临时,总要不断地眨着左眼,以示欢迎之礼。来宾则要眨着右眼,以表答礼。

挤 眼 礼

澳大利亚人路遇熟人时,除说"哈罗"或"哈"以示礼遇之外,有时要行挤眼礼,即挤一下左眼,以示礼节性招呼。

名 片 礼

在许多社交场合,彼此初识时,往往将自己的名片毕恭毕敬地呈递与对方,以示礼遇。有些国家的人,如印度尼西亚的商人,就颇重视此礼。

在涉外活动中, 人们也可在名片的左下角用铅笔写上具有一定含义的法文小写字母,如"p. f."(敬贺)等,或写上极简短的话语,如"谨呈示贺,深致谢忱"等,然后寄送与对方,以示恭贺、感谢、慰问、辞行或吊唁等礼。

第一章　社交礼仪

鼓　掌　礼

鼓掌礼是在公众场合常用的一种较热烈的礼节。欢迎客人时，上级来临时，对演出表示欢迎、祝贺时，对演讲、发言者表示赞同或致意时都常用鼓掌礼。鼓掌时，目视受礼者，动作要文雅、自然，不应过分猛烈，并要随众而止，看体育比赛尽可以热烈些，但也应注意自己的身份，不可忘形失态，影响公共秩序。

陪　车　礼

在亚洲许多国家，人们把轿车的后排座视为礼宾的上座。迎接贵宾时，主人总是陪同客人坐于轿车的后座，以示敬客。相反，欧美的许多国家，人们却把轿车的前排座视为礼宾的上座。迎宾时，若让客人坐在后排座，会被视为"失礼"。

鞠　躬　礼

鞠躬是现在国际上通用的礼节。日本、韩国等国家尤其盛行鞠躬礼，在我国和西方国家，人们常常用鞠躬来表示非常尊重对方。

据说，鞠躬的行礼方式起源于我国，由敛身演变而来。鞠躬礼分两种：一种是三鞠躬，鞠躬前应脱帽，身体立正，目光平视。鞠躬时，身体上部向前下弯约成90度，然后恢复原状，这样连续三次。参加追悼会，向遗体告别时进行三鞠躬，应注意庄重、严肃。在喜庆的结婚仪式中，新郎新娘三鞠躬时应面带微笑，自然大方。另一种是一鞠躬，几乎适用于一切社交场合。如晚辈对长辈、学生对教师、下级对上级或同事之间，以及讲演者、表演者对听众或观众等都可以行一鞠躬。行礼时，身体上部向前倾斜约15度，随即恢复原态，只做一次，受礼者应随即还礼。但长辈对晚辈、上级对下级不鞠躬，欠身点头即示还礼。演员对观众致鞠躬礼后，观众或听众以掌声还礼。日本人非常讲究礼节，行鞠躬礼时，双手自然垂落放在膝前或两侧，手

你应该具备的

指自然并拢,脖子和背部挺直,以腰为轴向前深鞠一躬,鞠躬时眼睛朝下看。鞠躬的深度及时间和次数要视彼此身份、地位、相识程度而定。鞠躬时若把手插在衣袋里,是极为失礼的行为。

叩 拜 礼

叩拜礼是中华民族的传统礼仪之一,古人席地而坐,非常讲究礼节仪注,表示不同的敬意和不同的仪规,用不同的礼节以表示,故有九拜之仪。"擎拳恭手",是表示恭诚之意。后世演变成叩头作揖礼,直到现在,道教仍行叩头作揖礼。叩头有一叩、三叩、九叩之别。

九宾之礼

我国古代最隆重的礼节, 原是周朝天子专门用来接待天下诸侯的重典。周朝有八百个诸侯国,周天子按其亲疏,分别赐给各诸侯王不同的爵位,爵位分公、侯、伯、子、男五等,各诸侯国内的官职又分为三等:卿、大夫、士,诸侯国国君则自称为"孤"。这"公、侯、伯、子、男、孤、卿、大夫、士"合起来称为"九仪"或称"九宾"。周天子朝会"九宾"时所用的礼节,就叫"九宾之礼"。"九宾之礼"是很隆重的:先是从殿内向外依次排列九位礼仪官员,迎接宾客时则高声呼唤,上下相传,声势威严。按古礼,"九宾之礼"只有周天子才能用,但到了战国时代,周朝衰微,诸侯称霸,"九宾之礼"也为诸侯所用,演变为诸侯国接见外来使节的一种最高外交礼节了。《廉颇蔺相如列传》中的"设九宾之礼"就是指此。

跪 拜 礼

跪拜礼早在原始社会就已经产生,但那时人们仅仅是以跪拜的形式表示友好和敬意,并无尊卑关系。进入阶级社会后,情况就不同了,特别是在封建社会里,"跪拜"是一种臣服的表示,"拜,服也;稽首,服之甚也。"即使是平辈跪拜,也有彼此恭敬的意思。"跪拜礼"表现形式有多样,但主要有以下几种:(1)"稽首":是臣拜君之礼。拜者头着地,并停留较长一段时间;(2)"顿首":即叩首、叩头。头一触地就起,是一种用于平辈间的,比较庄重的礼节。古人就常常在书信的头或尾书以"顿首"二字,以表敬意;另外,还有"空首"、"再拜"等。

虚 左 礼

古人一般尊崇右,故以右为较尊贵的地位。但乘坐车辆时,却恰好相反:车骑以"左"为尊位。如《信陵君窃符救赵》:"公子车骑,虚左,自迎夷门后生。"后来经过演变,"虚左"就表示对人的尊敬。在"待客"或"给某人留下官位"时,常谦称"虚左以待"。"虚左以待"的行为,就成为尊重人的一种礼节。

冠礼和笄礼

冠礼是成人礼,是给跨入成年人行列的男子加冠的礼仪。在氏族社会,男女青年发育成熟时要参加一种"成丁礼",这样才能成为自己部落的正式成员,享受应有的权利和履行应尽的义务。冠礼应当是从这种"成丁礼"演变而来的。

男子二十而冠,女子十五而笄。女子在 15 岁许嫁之时举行笄礼,结发加笄,也要取"字"。结发是将头发梳成发髻,盘在头顶,以区别童年时代的发式。女子到了 20 岁,如果还未许嫁,也要举行笄礼,表示今后要以成人相待。笄礼至明代即废而不用。

古人结发礼

结发是我国古代人人必须行的一种礼节,起源甚早。在原始社会,人们就把散乱的头发结成发髻。商代,人们已普遍使用梳理束发的用具。

古时男子满 20 岁时,要举行"冠礼",将头发盘结戴上帽子,因未成壮年,故称"弱冠"。女子满 15 岁时,举行"加笄礼",把绾结的发束插上簪了,因而有"及笄"、"笄年"之称。"结发"表示已成年,一般在吉日进行。据《礼记》载:"古者冠礼,笄礼筮日(即祥日)筮宾。"男女结发后都称"髻"。髻,是指扎束在头上或脑后的各种发式。

我国古代妇女对发式极为讲究,发式的花样和名目繁多。有发盘卷得如惊鸟翼展的"惊鹄髻";结成向前突出的"推髻";结成两球状的"双丸髻";结成螺状的"螺髻",以及"盘桓髻"、"堕马髻"、"偏髻"等。其中"云髻"(亦称云环)以造型精美居各种发式之上,如环状,浓密卷曲似波浪。古学者吕延济有"云鬟,美发如云也"的说法。

古代还有"结发夫妻"的美谈。汉代苏武诗云:"结发为夫妻,恩爱两不疑。"结发系指年轻,后来人们据此诗句称"妻子",故南朝文学家江淹有"而我在万里,结发不相见"的诗句。那时,人们认为刚结完发的男女就结成夫妻,是幸福美满的。在唐代还出现了一种新奇的婚礼,就是新婚之夜男女将头发缠绾在一起,象征永不分离的爱情。后来,这种婚礼虽消失了,但"结发夫妻"一词却沿用至今。

古人跪拜礼

跪拜礼是中国古代社会最常见的一种礼节。"伸展及股而势危者为跪,因跪而益至其恭,以头着地为拜。"它原是原始社会中人们互相致意的姿势,阶级社会变成了一种表示臣服的礼节,并日渐繁杂化、规范化。辛亥革命后,跪拜礼才被正式从法令上取消,而在现实生活中,它还仍未绝迹。

长跪:双膝跪地,上体伸直,离开小腿,叫"长跪"。行这种礼时以示庄重。

再拜:两手在胸前合抱,头向前俯,额触双手,叫"拜",也叫"拜手";拜两次叫"再拜"。行这种礼是再进一步表示敬意的意思。

顿首:拜时头手触地,触后即起。由于头触地面的时间很短暂,所以叫"顿首"。这种礼同现在的鞠躬礼近似,属于地位相等或平辈间相交的一般礼节。

稽首:顿首时,头在地上停留一段时间,叫"稽首"。"稽"就是留的意思。是臣子对君王表示毕恭毕敬的隆重大礼。

空首:所谓"空"就是头并没有真正叩到地面。行礼时拜跪在地上,先以两手拱至地,然后行头至手。

第一章　社交礼仪

坐·跪·跽·箕

古人席地而坐，坐的姿态与跪的姿态虽是相似，但两者也有区别。以两膝着地，两股贴在脚跟上，是"坐"。两膝着地，直身，股不着脚跟，是"跪"。跪而挺腰耸身，叫做"跽"（ji）。

坐席也有讲究："虚坐尽后，食坐尽前。"尽后，是尽量把身体坐向后一点，表示谦恭的样子；尽前，是尽量把身体往前挪一点，不因饮食而玷污坐席。跪则不同，往往有急事或表示谢罪之时，直身，两股也离开了脚跟。所以前人指出跪与坐两者的区别是"跪危而坐安"。《史记·刺客列传》："荆轲见太子，言田光已死，致光之言。太子再拜而跪，膝行流涕。"跪又表示对长者的尊敬。《论语·先进》中《子路曾皙》公西华侍坐章："（当孔子问曾皙）点（曾皙）xi，名点）、尔何如？"鼓瑟希（瑟声渐稀），铿尔（鼓瑟的余音），舍瑟而作，对曰："异乎三子者之撰（陈述）。"这里的"舍瑟而作"，就是指曾皙放下瑟，从席地而坐到耸身直起腰来，与跪相同，表示尊敬。

跽，跪起，准备起身，膝尚在地上。如《史记·项羽本纪》中《鸿门宴》写樊哙进账，项王按剑而跽曰："客何为者？"跽，是受惊而耸身欲起的样子。这种动作因与跪的动作相似，因而也叫"长跪"。如《战国策·唐雎不辱使命》："秦王色挠（nao 神色慌乱），长跪而谢之（谢罪）。"

两股着地伸直两腿，形似畚箕，叫做"箕踞"。这种姿势是表示傲视对方的意思。如《史记·刺客列传》写荆轲刺秦王不中，身被八创，"轲自知事不就，倚柱而笑，箕踞以骂。"

坐而论道·跪而奏事

在我国古代史上，君臣之间的关系有一个从亲到疏的过程，这从臣见君时的礼节变化中可见一斑。自有君臣之分以来，大臣朝见君主（或皇帝）的礼节均比较随便，凡有大事，君臣之间可以当面讨论决定，宰相见皇帝时，皇帝一般都比较客气，如"命坐"、"赐坐"、"请坐"等，讨论时还有"赐茶"的礼节，这可称为"坐而论道"。

到宋朝，由于宋太祖赵匡胤（960～976 年在位）是靠发动兵变"黄袍加身"的。为了提高君权,加强中央集权,实行了一系列措施,连"坐而论道"的"制度"也决意废除了。他当皇帝的第二天,执政登殿奏事,他说,朕眼睛看不见,把奏章拿到面前来!等执政走到他面前,他早已安排好的侍从便把执政坐过的座椅搬走了。从此,大臣们向皇帝奏事就只能"立而上言",没有"坐而论道"的权利了。

到清朝(1644~1911年),由于是满族人当皇帝,而满族人的祖先是曾在我国北方建立过政权的女真人,女真人建立过的金朝(1115~1234年)就已有见到皇帝时行跪拜礼,并要求什么官职跪拜多少次的习俗,到后金沿袭此制,满族人建立政权后,又因循下来,并且要求事情没有说完或皇帝没有说要站起来就跪着不能起立,此可谓:"跪而奏事。"

从坐、立、跪的变化过程,反映出君臣间的礼节越来越繁琐,也可窥见君臣间由亲到疏的关系,更可反映出皇权的集中程度越来越高。

作揖与拱手的由来

古代的作揖,就是后代称之的拱手。拱手的姿势最初是双手抱拳前举,模仿前面带手枷的奴隶。拱字古人解释为执,甲骨文中的执字就是由手枷和人的象形二字组成,殷墟出土的带枷的女奴隶就如同拱手的姿势。因而"作揖"这种礼节可能产生于奴隶社会初期,最初不晚于商末周初。但当时这种礼节只是在奴隶主和自由人中流行,含意是愿意做对方的奴仆,供对方驱使,为对方服务,它是礼貌上一种友好的表示。古人作揖的方法有许多种并且有许多等级,可参见邓拓《燕山夜话·握手与作揖》。

握手的来由

握手最早发生在人类还处于"刀耕火种"的年代。那时,在狩猎和战争时,人们手上经常拿着石块或棍棒等武器。他们遇见陌生人时,如果大家都无恶意,就要放下手中的东西,并伸开手掌,让对方抚摸手掌心,表示手中没有藏着什么武器。这种习惯古时便已逐渐演变成于分别、会晤或有所嘱托时,皆握手以示亲近。《文选》汉苏武诗之三有:"握手一长叹,泪为生别滋。"《后汉书·马援列传》:"援素与述同里闸,相善,以为既至,当握手欢如平生。"《三国志》魏《曹爽传》:"爽以支属,世蒙殊宠,亲受先帝握手遗诏,托以天下。"

邓拓曾写过一篇文章,认为握手在欧洲最为普遍,而在中国古时,实际上被看作轻佻的举动,或是特殊感情的表现,并非我国传统的正式礼节。古礼中见得更多的倒是跪、拜手、拜、稽首、作揖等(见《燕山夜话·握手与作揖》)。但今天握手礼节在中国是很普遍的了。

筵席与坐席

古人席地而坐,所以席是常见用具。细分之,铺在底下的叫筵,覆在上面的叫席,通称筵席。《周礼·春官注》:"筵,亦席也。铺陈曰筵,籍之曰席。筵铺于下,席铺于上,所以为位也。"

按古代礼制,筵长一丈六尺,铺上缁布(黑色的麻布),席长八尺,铺上绿色的丝绸。假使不是宴饮,为了便于讲话指划,席与席之间相距中一丈左右。"虚坐尽后",表示谦恭,也便于相对讲话。

至于饮食时,又要"食坐尽前",以防食物玷污坐席。因为俎豆皆陈于席前,若坐后,容易溅污坐席,那就不够礼貌了。

捧席有一定规矩。《礼记·典礼》:"奉席如桥衔。"意思是捧席要横捧。左高右低,表示主次。铺席时,则分主次,正馔(主食)在左,庶馐(菜肴)在右。卷席时,要先从末端卷起。《公食礼》:"卷白末。"这是席卷之法。

古人坐席,又有尊卑高下之分。《礼记·典礼》"请席何乡",就是指坐席朝什么方向。"席南向北向以西方为上,东向西向以南为上"。从坐席中可看出地位之尊卑。《史记·项羽本纪》中记鸿门宴上的座位也可看到:"项羽、项伯东向坐;亚父南向坐,亚父者,范增也;沛公北向坐;张良西向侍。"项羽是主位,东向坐。则南向为上,坐的是亚父范增,可见范增在项羽军中的地位之尊。张良地位最低,不叫坐而叫侍。侍,就是在旁边陪坐。

古人坐席时,有时表示向对方致敬,离开座位,叫做"避席"。《史记·魏其武安侯列传》:"饮酒酣,武安起为寿,坐皆避席伏。已,魏其侯为寿,独故人避席耳,余半膝席。"避席,表示对武安侯的敬畏。膝席,膝不离席,只是抬一抬身子而已。《刺客列传》中记燕太子丹接见荆轲:"荆轲坐定,太子避席顿首。"避席,是离开自己的席位向荆轲表示敬意;顿首,见本书"古人跪拜礼"。

北上南下礼

我国古代帝王的座位设在北方,面向南方。因帝王是一朝之长,万人之上,所以帝王坐在北边,北就为"上",而坐在南边的群臣则为卑下,南就称"下"了。可以说"北"和"上"、"南"和"下"的联称,原是古代制度的"产物"。后来又带进了人们的实际生活,比如看地图时,有一个共同的标准:即上北、下南、左西、右东。这里的"上北"、"下南"只不过是"北上"和"南下"的倒说罢了。

宫廷朝会规则

君臣相见,自有一番客套,但这却是由简而繁,由宽而严的。

上古时,君臣相见一律站立,讨论政事时则同坐,文武大臣向君王施礼、拜叩,君王有时也以礼相还。秦汉以后,皇帝威严日渐膨胀,"朕"、"万岁"等为皇帝专有。但汉时,皇帝召见丞相,仍要从御座上站起来。唐代,大臣向皇上奏事,皇帝还给其赐坐。但到宋朝,皇帝为了立天威,一次乘宰相起立递呈公文之机,密令内侍将相座移去。从此宰相立而论事。到了清朝,大小官员晋见天子,则变成跪见。而朝会之时,礼仪更是繁琐。明清时,每遇新皇登基、大婚、册立皇后、元旦、冬至、万寿节(皇帝生日)等,天子都要接受文武百官和外国使臣的朝贺。

清代行朝贺仪式时,由銮仪卫陈设法驾卤簿(指仪仗、步辇等)于金銮殿下,直至午门外,乐部把由编钟、编磬、琴瑟、箫、笙等乐器组成的中和韶乐置千金銮殿东西檐下,由云锣、方响、管子、仗鼓等乐器组成的丹陛大乐设在太和门内东西檐下,礼部把王公百官的贺表放在午门外龙亭内。文武百官皆着朝服,王公在丹陛上,其他官员和外国使臣在太和殿院中,按品级排在规定的位置上。是日,皇帝须穿上黄色朝服,乘舆出宫,午门鸣钟鼓,至保和殿后下舆,先到中和殿升座,接受在典礼中传班、执事、导从等官员的三跪九叩之礼,尔后进入金銮殿,这时中和韶乐声起,皇帝升宝座。

随之,丹陛大乐奏响,文武百官跪下,乐声随即止住。宣表官宣读贺表,完毕再奏升陛大乐,文武百官行三跪九叩礼。然后皇帝降座,奏中和韶乐,退朝。朝贺结束。

在元旦、冬至、万寿节等朝会后,皇帝还要回到乾清宫分别接受皇后、妃嫔、皇子等朝贺。

每遇元旦、冬至、皇后千秋节(皇后生日),皇后除向皇太后、皇帝朝贺外,自己也在交泰殿或住宫内接受朝贺。受贺之日,宫内陈列皇后的仪驾和中和韶乐、丹陛大乐,妃、嫔、公主等向皇后行礼,然后由诸皇子行礼。其礼节与皇帝在乾清宫受贺相近。不过为此服务的是有诰封的大臣之妻——命妇,陈设仪驾和奏乐的人等皆由太监充任。

古代铜礼器

我国古代社会十分注重礼仪,也有一套相应的礼器,用于宗庙祭祀和宴饮之中,以明尊卑,别贵贱,序长幼,分宾主。正如《礼记·礼器》所言:"宗庙之祭,贵者献以爵,贱者献以散,尊者举觯(zhi)卑者举角。"当然,礼器只是古代帝王贵戚们为了统治百姓而挖空心思,借助天地鬼神和祖宗神灵对民众进行愚弄的一种表现。铜礼器可能在夏时即已出现,《左传·宣公三年》说:"禹铸鼎像物。"现今在夏代纪年范围内也发现了铜爵,地点是河南。殷周之际,礼器的用处,甚至意味国之衰亡。下面将常见礼器及其功用简介如下:

鼎:饮食器,用于煮或盛肉鱼。一般三足,有二耳,"和五味之宝器也"(见《说文》)。根据周礼,天子配享九鼎,"诸侯七、大夫五、元士三"。

鬲、甗:《说文解字》:"鬲、鼎属。实五觳,斗二升曰觳。"其绝大者为甗。鬲之三足肥大而空。甗,上为甑下为鬲,也有将二者合铸的。鬲、甗亦作蒸煮之用。

敦:用以盛黍稷,形状较多,一般为三短足,圆腹,二环耳,有盖。有的能倒过来使用,有的盖部与器部皆作半球形,合之则呈球状,俗称"西瓜敦"。

簋:亦食器,用以盛黍、稷、稻、粱等,一般长方形,有四短足,盖与器的形状、大小相同。《诗·秦风·传》云:"外方内圆曰簠,用贮稻粱,容一斗二升。"

盨：亦食器。多椭圆形，敛口，带耳，有盖。盖上一般有四个矩形钮。

豆：《说文解字》："古食肉器也。"《公羊传·注》云："豆，祭器，状如镫。"

尊：铜器铭文常将尊、彝二字联用时，尊是礼器的共名，专名时则为酒器而，非礼器。其形似觚而中部较粗，口径亦大，也有少量方尊。

觚：饮酒器。《说文解字》："乡饮酒之爵也。一曰觞，受三升者谓之觚。"《周礼·考工记疏》："觚大二升，觯大三升。"觚形细高如插花瓶，如角而孤立，因而《论语》有："觚不觚，觚哉觚哉！"

爵：饮酒器。《说文》云："礼器也。像爵（雀）之形，中有鬯酒。又，持之也。所以饮器像爵者，取其鸣节节足足也。"因啜酒时发出雀雀之声，所以仿雀形而制。

盉：盛酒器，或为调和酒、水之器。其形如壶，但有二足，一般作深腹、圆口、有流、带盖。

壶：盛酒用器。《诗经》："清酒百壶。"《说文》："昆吾圜器也。"徐曰："昆吾，纣臣作；瓦器。夏商曰尊彝，周曰壶。"分方圆二类，《仪礼》云："卿大夫用方，士旅食用圆。"

此外，铜礼器还有卣、罍、角、斝、觥、卮等。

铜礼器上的铭文（即金文）是我们研究古史的宝贵材料。

鸣 放 礼 炮

鸣放礼炮起源于英国。据说四百多年前英国海军用的是火炮。当战舰进入友好国家的港口之前，或在公海上与友好国家的舰船相遇时，为了表示没有敌意，便把船上大炮内的炮弹统统放掉，对方的海岸炮舰船也同样做，以表示回报。这种做法以后就逐渐成为互致敬意的一种礼仪。由于当时最大的战舰装有大炮21门，所以鸣炮21响就成了一种最高礼节。

鸣放次数与战舰级别（装炮门数）相当。21响为最高，以下次数为19响、17响、15响、13响。据说当时认为双数不吉利，因此，舰炮都是单数，现在也有鸣双数的。

21响全都鸣放是国家元首享有的礼遇，1875年美国对总统和国旗首

第一章　社交礼仪

次正式采用这一礼仪。

以鸣放礼炮作为国际礼节,我国是从 1961 年 6 月正式开始的,当时印度尼西亚总统苏加诺第二次来我国访问。我国曾多年停止鸣放礼炮,自 1984 年 3 月起,为外国国家元首和政府首脑举行的欢迎仪式恢复鸣放礼炮。

下 半 旗

所谓下半旗,是先将国旗升至杆顶,然后又降到与杆顶距为旗杆的 1/3 处。

相传,这一礼节源自英国,至今已三百多年。1612 年,有艘英国船"哈兹伊斯"号在探寻一条海上航道时,船长被北美洲海岸的爱斯基摩人所害。在返航时就以降旗的方式向死者致哀。久而久之,以下半旗表示哀悼成了一种国际惯例,一直沿袭至今。现在一般说来,只是在一国主要领导人逝世时才下半旗。

第二章　称谓习俗

姓 的 起 源

　　姓的由来与祖先的图腾崇拜有关系。在原古时代,各部落、氏族都有各自的图腾崇拜物,比如说麦穗、熊、蛇等都曾经是我们祖先的图腾,这种图腾崇拜物成了本部落的标志。后来便成了这个部落全体成员的代号,即"姓"。人们推测,姓的产生可能在母系氏族社会。

氏 的 起 源

　　氏是姓的分支,大约产生于父系氏族社会。由于人口的繁衍,原来的部落又分出若干新的部落,这些部落为了互相区别以表示自己的特异性,就为自己的子部落单独起一个本部落共用的代号,这便是"氏"。当然也有的小部落没这样做,而仍然沿用老部落的姓。有的部落一边沿用旧姓,一边有自己的"氏"。这些小部落后来又分出更多的小部落,它们又为自己确定氏,这样氏便越来越多,甚至于远远超过原来姓的规模。

　　秦汉之前,姓和氏在不同场合使用,哪些人有姓,哪些人用氏有严格规定,贵族才有姓氏,贵族男子称氏,贵族女子称姓。而卑贱者则以职业称之,如奕秋、庖丁等,这些职业名后来才成了姓,当时只是通称。

确定姓氏的缘由

　　汉代以后,姓氏合一,统称为姓。根据现有姓氏推究最初确定它为姓氏的缘由,大致有以下几个方面:

　　1. 带女字旁的姓氏,如姒、姬、姜、妫、嬴等,这是母系氏族社会对女性崇拜的反映。有些直接就是女族长的名姓称号。

　　2. 以动植物或其他自然物为姓氏。如马、牛、羊、龙、柳、梅、李、金、石、钢、铁、玉等,这其中很大一部分是部落的图腾。

3. 以封国、采邑，或职官、爵位为姓。如齐、楚、燕、韩、赵、魏、秦；司徒、司马、司空、上官、王、侯、公孙、伯子等。由于古代封爵职官名目繁多，故此类姓很多。

4. 以出生地、居住地或职业为姓，如姚（虞舜生姚墟）、东方、西门、东门、东郭、南、百里、欧阳（越王勾践，被封在乌程欧阳亭）、陶、巫、卜、医等。

5. 以祖先族号、谥号为姓。如唐、虞、夏、商、周、殷，文、武、昭、穆、康、庄、宣、平、成等。

6. 其他情况：

A. 丸皇帝赐姓。如刘邦赐项伯姓刘，李世民赐大将徐世绩姓李。

B. 为避灾难而改姓。如伍子胥在吴被杀后，子孙逃到齐国，改姓王孙。

C. 为避皇帝或圣人讳而改姓。如荀改孙、庄改严、丘改邱等。

D. 嫌原姓复杂、字多而改姓。如司马简姓司或马或冯，欧阳简姓欧。

E. 少数民族主动从汉姓。如北魏孝文帝带头，由原来的姓拓跋改为姓元。

F. 另外，拓跋、字文、长孙、呼延、尉迟、完颜、爱新觉罗等都是少数民族姓的汉语译音。有些少数民族姓在译成汉语詹，嫌字太长就简化，如爱新觉罗，改姓罗。

所以，天下同姓不一定是一家。

名之溯源与演变

"名"的产生也是在氏族社会时期。《说文》对名这样解释："名，自命也。从口夕，夕者，冥也，冥不相见，故以口自名。"意为，黄昏后，天黯黑不能相互认识，各以代号称。这便是名的由来。这多少有些传说意味。人们发现使用"名"的便利性，便逐渐通行起来。实际上，名的出现是私有制经济出现后的必然产物。古代，婴儿出生三个月后由父亲取名，我们现在所看见最早的名是商代人的名。

第二章　称谓习俗

古人的字

"字"只是限于古代有身份的人。《礼记·曲礼》上说:"男子二十冠而字",女子十五笄而字",就是说不管男女,只有到了成年才取字,取字的目的是为了让人尊重他,供他人称呼。一般人尤其是同辈和属下只许称尊长的字而不能直呼其名。

古人命字方法的主要依据有以下几种:

1. 同义反复。如屈原名平,字原,广平为原。孔子学生宰予,字子我;季路字子由;颜回字子渊。诸葛亮字孔明;陶渊明字元亮;周瑜字公瑾;诸葛瑾字子瑜;文天祥字景瑞,都属此类。

2. 反义相对。晋大夫赵衰(减少意)字子馀(增多);曾点(小黑)字子皙(色白);唐代王绩字无功;朱熹(火亮)字元晦;元赵孟頫(俯)字子昂;晏殊字同叔。

3. 连义推想。赵云字子龙(云从龙);晁补之,字无咎;苏轼,字子瞻(《左传僖二十八年》:"君冯轼而观之");岳飞字鹏举。

从以上三类可以看出,字与名有密切关系,字往往是名的补充或解释,这叫"名字相应",互为表里,故字又称作"表字"。这三种是主要的,另外还有以干支五行命字,以排行命字,或者字行加排行,字后加父(甫)的情况一般也归入字的范围。

命字方面与命名同样,有着时代气息,一个总的趋向是美词化和尊老化,在尊老化方面更加明显。唐宋以后,由于理学加强,一些繁文缛节越来越多,读书人之间在称呼上也大做文章,称字,是为了表尊敬,但时间长了之后,渐感称字还不够恭敬,于是又有了比字更表恭敬的号。

号 的 历 史

号也叫别称、别字、别号。名、字是由尊氏代取,而号则不同,号初为自取,称自号。后来,才有别人送上的称号,称尊号、雅号等。号起源很早,但直至六朝时期还不流行,葛洪、陶潜有号,当时多数人没有。到唐宋间才特别盛行起来。宋以后,文人之间大多以号相称,名字反被冷疏了。

自号一般都有寓意在内:

1. 以居住地环境自号:如李白自幼生活在四川青莲乡,故自号青莲居士;白居易晚年居住在洛阳香山,故号香山居士。

2. 以旨趣抱负自号:"一万卷书,一千卷古金石文,一张琴,一局棋,一壶酒,一老翁"——"六一居士"是欧阳修晚年的自号;贺知章,自号四明狂客;金心农自号出家庵粥饭僧,都体现了个人的旨趣。

3. 有些人还以生辰年龄、文学意境、形貌特征,甚至惊人之语自称。如朱尊自称夕阳芳草村落;唐寅自称江南第一风流才子等。

别人赠号主要有三种情况:

1. 以其轶事特征为号。如宋代贺铸因写了"一川烟柳,梅子黄时雨"的好词句,人称贺梅子;张先因写了"云破月来花弄影","浮萍断处见山影","隔墙送过秋千影"三句带"影"字的好诗,人称"张三影"。

2. 以官职、任所或出生地为号。如康有为,广东南海人,称康南海;孔融,曾任北海太守,人称孔北海;顾炎武,江苏昆山亭林镇人,人称顾亭林。

3. 以封爵、谥号为号。诸葛亮封武乡侯,人称武侯;司马光,封温国公。

谥 号

古代帝王、诸侯、卿大夫、高官大臣等死后,朝廷根据他们的生平行为给予一种称号以褒贬善恶,称为谥或谥号。夏商时代的王没有谥号,往往直呼其名,谥号是周朝开始有的,但周文王、周武王不是谥号,是自称,昭王、穆王开始才是谥号。

所谓谥号,就是用一两个字对一个人的一生做一个概括的评价。像文、武、明、睿、康、景、庄、宣、懿都是好字眼;惠帝都是些平庸的,如汉惠帝、晋惠帝都是没什么能力的;质帝、冲帝、少帝往往是幼年即位而且早死的;厉、灵、炀都含有否定的意思,哀、思也不是好词,但还有点同情的意味;如果是末帝、献帝、顺帝,都是可悲的字眼。孙权是个特例,他的谥号是大帝,这在中国是绝无仅有的。秦始皇认为谥号是子议父、臣议君,于是废了谥号。但汉代又开始实行,汉倡导以孝治天下,所有皇帝的谥号都有个孝字,如孝惠、孝文、孝景一直到孝献。除了天子,诸侯、大臣也有谥号。如文忠公(文忠,欧阳修)、忠烈公(忠烈,史可法)等。

庙　　号

庙号是中国古代帝王死后,在太庙里立宣奉祀时追尊的名号,一般认为,庙号起源于商朝。庙号最初非常严格,按照"祖有功而宗有德"的标准,开国君主一般是祖,继嗣君主有治国才能者为宗。周朝确立谥号制度,对君主和大臣的一生作为给予盖棺定论的评价。于是,庙号制度被废止。秦朝时,连谥号制度也废止了。

汉朝以后承袭了庙号这一制度,但对追加庙号一事极为慎重,所以,两汉皇帝人人都有谥号,但有庙号者极少。唐朝以后,皇帝一般都有庙号。习惯上,唐朝以前对殁世的皇帝一般简称谥号,如汉武帝、隋炀帝,而不称庙号。唐朝以后,由于谥号的文字加长,则改称庙号,如唐太宗、宋太祖等。

一般来说,庙号的选字并不参照谥法,但是也有褒贬之意。太祖、高祖开国立业,世祖、太宗发扬光大,世宗、高宗等都守成令主的美号,仁宗、宣宗、圣宗、孝宗、成宗、睿宗等皆乃明君贤主,中宗、宪宗都是兴之主。另外,哲宗、兴宗等都是有所作为的好皇帝。神宗、英宗功业不足,德宗、宁宗过于懦弱,玄宗、真宗、理宗、道宗等好玄虚,文宗、武宗明褒实贬,穆宗、敬宗功过相当,光宗、熹宗昏庸腐朽,哀宗、思宗只能亡国。另外,清朝康熙皇帝被叫做圣祖,也是中国历史上绝无仅有的。

年　　号

年号是中国古代封建皇帝用以纪年的名号。年号发端于中国,后来日本、越南等国受到中国影响,也都使用过自己的年号。现在的日本仍然使用自己的年号。

年号被认为是帝王正统的标志,称为"奉正朔"。在中国历史上,第一个年号出现在西汉汉文帝时期,年号为"后元"(前163年～前156年)。此后,每次新皇帝登基,常常会改元纪年,并同时改变年号。一般改元从下诏的第二年算起,也有一些从本年年中算起。明清两代皇帝一般不改元,一个皇帝一个年号,故往往就用年号来称呼皇帝,如明成祖朱棣在位年号永乐,称永乐皇帝;爱新觉罗·弘历在位年号乾隆,称乾隆皇帝。如果一个政权使用另一个政权的年号,就意味着藩属、臣服。

中国年号的使用情况非常复杂。还有的政权一年之中数次改元,几个年号重叠使用。也有的政权自己不建年号,而沿用前朝或其他政权的年号。还有许多年号在不同时期重复使用。辛亥革命后,"中华民国"废除年号纪年的做法,而改用民国纪年。中国皇帝的最后一个年号为清末的"宣统"(末代皇帝,爱新觉罗·溥仪)。袁世凯称帝时使用过"洪宪"的年号和爱新觉罗·溥仪在担任伪满洲国时使用过"大同"和"康德"的年号,都不为正史所承认。

年龄表达方式

1. 幼儿的代称

初度:小儿初生之时。

赤子、襁褓:泛指不满周岁的初生婴儿。

汤饼之期:指婴儿出生3日。旧俗小儿出生3日,设宴招待亲友谓之"汤饼筵",也称"汤饼宴"、"汤饼会"。

孩提:指幼儿开始知道发笑并尚在襁褓中的时候。

牙牙:象声词,婴儿学语的声音,如牙牙学语。

垂髫、髫年、总角:泛指幼童时期。古代儿童尚未束发时,短发自然下垂,故称之垂髫,也称作"垂发"。女孩7岁称"髫年",男孩8岁称"龆年"。

童龀、黄口:指童年。

膝下:幼年,子女幼年仅能依附父母的膝下。

孺子:儿童。

2. 少年、儿童的代称

指数之年:儿童9岁。

外傅之年:儿童10岁。

舞勺之年:少年13～15岁。

舞象之年:少年15～20岁。

金钗之年:女子12岁。

豆蔻年华：指少年十三四岁的时候。

红颜：年轻人的红润容颜。代指少年。

处子：未出嫁的女子。

千金：对人家女儿的敬称，多指未婚者。

3. 男子、女子成年的代称

儿女：指青年男女

束发：男子15岁。古代男子到15岁束发为髻。

及笄：女子15岁。笄，古代妇女束发用的簪子，束发贯之以笄，表示已经成年。

成童：15岁或15岁稍上的年纪。

待年、待字：指女子成年待嫁的年纪。

幼艾：指美貌的青年男女。

破瓜年华、碧玉年华：女子16岁。古文人把瓜拆分为两个八字以纪年。

弱冠、初冠：男子20岁。

有室、有家：男子娶妻、女子出嫁之年。

怨女：指年龄大而没有结婚的女子。

桃李年华：女子20岁。

花信年华：女子24岁。

4. 中年的代称

克壮：正当壮年。古代30岁为壮。

而立之年：30岁。

半老徐娘：女子30岁。

不惑之年：40岁。

知命之年：50岁。50岁的人常自称"未知之年"。

5. 老年的代称

垂白：白发下垂，形容老年。

花甲：60岁。

古稀：70岁。

下寿：60岁。

中寿：70岁。

上寿：90岁。

耄耋：八、九十岁。

双稀：双庆：140岁。

期颐：百岁。颐，即寿高百岁。

黄耇：耇，老人面冻梨色，如浮垢。也称黄发、黄耇，也称元老。

皓首：白头。指老年。

鲐背：老年。

古代如何称呼教师

中国古代对教师的称呼比较复杂，所涉及的典故也比较多，现列名录如下：

师父、师傅：对老师的尊称，师傅原为春秋时国君的老师。

夫子：古代对老师的一种尊称，尤其流行于旧时私塾。

师长：对教师的尊称。

外傅：古代对教师的特称。

博士：经学教师称博士，至唐朝时，各专业学校更有律学、算学、书学博士之分。

教授：原为学官称谓，自宋开始，律学、医学、武学等科均设教授，以传授学业，后世相沿。

讲师：讲授武学或讲解经籍的教师。

助教：古代学官名，西晋武帝咸宁四年(278年)设置，协助国子、博士教授学生。南北朝、隋代相沿设置助教。唐代国子学、太学、广文馆、四门学等都设有助教。明清两代，仅仅设有国子监助教，为国子学(即后来的国子监)教师。

教谕：宋代京师所设小学和武学中的教师称谓，到元、明、清的县学沿袭此设置。

教习：明朝入选翰林院的进士之师称教习，到清末，学堂兴起后，仍用教师这个名称。

经师：汉代以后，历代在校传授经学的教师称经师。

训导：明清时府设教授、州设学正、县设教谕，来教育生员，其副职皆称训导。

先生：古时对门馆、私塾中老年老师的尊称。

老师：原为宋元时期小学教师的称谓。

万　岁

"万岁"原本是从喜悦、赞美、感激、祝愿等情感中迸发出来的欢呼。在西周、春秋时，"万年无疆"、"眉寿无疆"等是人们常用的颂词和祝福语。"万岁"一词，便是这些颂词、祝福语的简化。汉武帝以后，才用以专称皇帝。除了皇帝，谁也不能将自己与"万岁"联系起来，就连明朝权倾朝野的大宦官魏忠贤，也只敢以"九千岁"自居。

皇　帝

秦王嬴政统一六国后，认为自己"德兼三皇，功高五帝"，把"皇"和"帝"连起来始称"皇帝"，为封建社会中历代君主所沿用。"皇帝"也有简称为"皇"或"帝"的，如"唐明皇"、"汉武帝"。臣下不直呼"皇帝"，而是采用皇帝的别称，如皇上、陛下、国家、大家、天家、圣人、至尊、万岁、万岁爷、天子等。

太 上 皇

1. 对皇帝父亲的尊号。秦始皇统一中国后，曾追尊其父庄襄王为太上皇。这就是太上皇称号的开始。第一位活着享受太上皇待遇的是汉高祖刘邦的父亲刘太公。

2. 把皇位让给太子而自己退位的皇帝。

有的是主动传位于太子，比如乾隆，退位后仍牢握权柄，操纵朝政；有的则是为形势所迫，不得不让位，比如李渊，在度过了一段闲散失意的生活后，死于太安宫。

皇　后

　　自秦始皇确立皇帝作为中国君主的称号以后，皇帝的嫡妻就称为皇后。由于秦始皇称皇帝的时候并没有册立皇后，所以中国历史上的第一位皇后是汉高祖刘邦的妻子吕雉，史称吕后。"皇后"名称自秦汉一直沿用至清末。

　　皇后的遴选有四种途径：

　　1. 册封：皇后的产生要经过皇帝册立。册立皇后是一件非常重大的事件，要诏告天下，普天同庆。皇后在礼仪上与皇帝平等，出同车、入同座。在元旦，皇帝以及妃嫔们要接受百官的朝贺。皇后拥有自己的官署（如汉朝的皇后三卿），负责管理后宫，理论上皇帝的其他妃嫔都是她的臣属。皇后所生长子一般都被封为皇太子。

　　2. 续弦：若皇后被废或皇后去世，皇帝就会从后妃之中挑出一位成为继皇后。继皇后的地位高于寻常妃嫔，但比大行皇后要低。继皇后一般是皇帝宠幸的贵妃或皇贵妃中德行高尚者，要么是皇妃中育有子女者。

　　3. 母以子贵：皇帝死后，皇子中的某一位继承皇位，新皇帝的母亲自然应该是皇后。一般来说，皇帝生母（如果不是正宫皇后）的地位要低于大行皇帝的正妻，清朝时一般称皇帝的生母为圣母皇太后，而原来的皇后则为母后皇太后。

　　4. 追封：这是给予已过世的妃嫔的一种荣耀的。一般被追封者都是新皇帝已过世的母亲，但也有例外。例如顺治皇帝的妻子孝献世皇后董鄂氏，死后就被顺治皇帝追封为皇后。

皇　太　后

　　皇太后是中国古代皇帝法定母亲的尊号。

　　1. 皇帝以嫡子身份继位的，嫡母在，则以嫡母为皇太后；如果没有嫡母，则先帝的皇后为皇太后；如果嫡母、先帝皇后皆无，则以抚育皇帝的先帝嫔妃为皇太后。

　　2. 皇帝以庶子继位的，则以生母为皇太后，如果嫡母也在，则并为皇太后,但是生母身份过于低微的,也不能称皇太后。

3. 皇帝以旁支人继位的,以继母为皇太后;继位皇帝与先帝同辈甚至比先帝更为尊辈的,则以皇帝本人的生母为皇太后,这个时候,先帝的皇后就只能称皇后(为先帝的最后一个年号)。

公　主

周朝称周天子的女儿为王姬,公主这名称是从春秋战国时开始的。当时各诸侯国的诸侯都称为公,周天子把女儿嫁给诸侯时,自己不主持婚礼,而叫同姓的诸侯主婚。当时各诸侯国的诸侯一般称"公","主"就是"主婚"之意,所以因为是诸侯主婚,天的女儿就被称为"公主"了。当时诸侯的女儿也被称为"公主",也称"君主"。古书上也常简称为主。

从汉朝开始,只有皇帝的女儿才能称为"公主",诸侯王的女儿则称为"翁主"。皇帝的姊妹称为"长公主",先皇帝的姊妹为大长公主,加上"大""长"的字样是表示尊崇。那时公主都有封邑,且由皇帝赐给上等的华丽住宅,还有山庄、园林,允许设府自置官吏。东汉时的公主一般是"县公主",如光武帝的女儿为舞阳公主、涅阳公主等等,舞阳和涅阳都是县名。

晋朝的公主则是"郡公主",因为公主封号之前是郡名,如晋武帝的女儿为平阳公主。隋唐时期,太子和诸王的女儿也封郡、县,但不能称为公主,太子的女儿为郡主,诸王之女为县主。唐高宗专门下诏书规定,皇帝的女儿出嫁称"出降"或"下降",而诸王之女出嫁只能叫"适",娶公主称"尚主",娶诸王之女只能叫"娶"。

北宋徽宗时曾改公主为帝姬。宋徽宗最宠爱的女儿就叫柔福帝姬。

明清时,皇帝的女儿称为公主,亲王的女儿称为郡主,郡主的女儿称为县主。清代皇帝的女儿封号有两种:固伦公主和和硕公主。固伦公主是皇后生的女儿,妃嫔的女儿为和硕公主。只有一个例外,慈禧收弈沂的女儿为养女,却封为固伦公主。

格　格

"格格"不是公主,它原为满语的译音,译成汉语就是"小姐、姐姐"之意。清朝前身后金初年,国君(即大汗)、贝勒的女儿(有时也包括一般未嫁之妇女)均称格格,无定制。清朝时,格格成为王公贵胄之女的俗称。

驸　马

驸马原是官名,叫驸马都尉,是汉武帝时初设的。原为近侍官的一种。三国时,玄学家何晏尚金乡公主,魏文帝让他做驸马都尉,从此以后,皇帝的女婿照例授驸马都尉的官职,简称驸马。于是,驸马就变为一种专用称号。公主的丈夫还有个别称"粉侯",这个名称也起源于何晏。因为何晏面白如敷粉,所以人们称他为粉侯,后来成了驸马的别称,并由此引申出去,称驸马的父亲为"粉父",驸马兄弟为"粉昆"。

三　公

中国古代朝廷中最尊显的三个官职的合称。周代已有此词,西汉今文经学家以为三公指司马、司徒、司空。古文经学家则以太傅、太师、太保为三公。

秦不设三公。西汉初承秦制,从汉武帝时起,丞相、御史大夫和大司马被称为三公。汉武帝削弱了丞相的权力,大司马权越丞相之上。汉成帝时将御史大夫改为大司空,确立起大司马、大司空和丞相鼎足而立的三公制。西汉末仍以大司马权力最大。新莽时,沿袭了西汉三公制。东汉初仍设三公,改大司马为太尉,改大司徒、大司空为司徒和司空。三公中仍以太尉居首位。东汉末年,董卓为相国,居三公之上。建安十三年(208),曹操罢去三公而又置丞相、御史大夫,且自为丞相,两汉时实行了 200 年之久的三公制,至此遂告终止。

曹魏重新恢复三公之制。在魏晋南北朝时期,三公依然位居极品,但实权则进一步向尚书机构转移。隋朝时期,三公完全变成虚衔或"优崇之位"。宋代以后，称太师、太傅、太保为三公，但其虚衔性质不变，并渐次演化成加官、赠官。

九　卿

《周礼·冬官·考工记》"匠人"条谈到建筑宫室规模时说："内有九室，九嫔居之；外有九室，九卿朝焉。九，分其国以为九分，九卿治之。"注云："六卿三孤为九卿。"此指天官冢宰、地官司徒、春官宗伯、夏官司马、秋官司寇、冬官司空，以及少师、少傅、少保，合为"九卿"。

秦汉通常以奉常（太常）、郎中令（光禄勋）、卫尉、太仆、廷尉、典客（大鸿胪）、宗正、治粟内史（大司农）、少府为九卿，实即中央各机关的总称。

北齐改廷尉为大理，少府为大府。魏晋南北朝以后，设尚书分主各部行政，九卿专掌一部分事务，职位较轻。

明清有大小九卿之别。明之大九卿为六部尚书及都察院都御史、通政司使、大理寺卿；小九卿为太常寺卿、大仆寺卿、光禄寺卿、詹事、翰林学士、鸿胪寺卿、国子监祭酒、苑马寺卿、尚宝司卿。清代皇帝的谕旨中常以六部九卿并提，可见不把六部计算在九卿之内。九卿究竟指哪些官，说法不一致。其小九卿则指宗人府丞、詹事、太常寺卿、太仆寺卿、光禄寺卿、鸿胪寺卿、国子祭酒、顺天府尹、左右春坊庶子。

诰命夫人

诰命又称诰书，是皇帝封赠官员的专用文书。所谓诰是以上告下的意思。古代以"大义谕众"叫诰。汉代以后王公大臣（即官在"执政"以上之人）的妻子称夫人，唐、宋、明、清各朝还对高官的母亲或妻子加封，称诰命夫人。诰命夫人跟其丈夫或儿子的官职品级有关，一品诰命夫人的丈夫或儿子就是一品高官。诰命夫人有俸禄，但没实权。明清时期形成了非常完备的诰封制度，一至五品官员授以诰命，六至九品授以敕命。《清会典》中载，诰命针对官员本身的叫诰授；针对曾祖父母、祖父母、父母及妻时，存者叫诰封，殁者叫诰赠。清代诰命用五色丝织品精制，书满汉文，皇上钤以印鉴。通览之下,色彩绚丽,有一股华贵喜庆的气氛。

秘　书

秘书这个名称,原来是指皇家秘密的藏书。自从汉代以来我国封建政权便设有秘书监、秘书郎,三国魏有秘书令、秘书丞,掌管典籍或起草文书。但那时秘书并非官名,要在秘书后缀上"令、监、丞、郎"等才是完整的官名。此外尚有"秘书省",这是南朝梁设的官署,是行政机关,虽有"秘书"之名,却无现在秘书之义。为后期沿袭,明清不设此官署,也没有"秘书"的职称。清代各衙署设文案,一般称"师爷"不称"秘书"。到民国时,大多数的行政机关才开始设秘书。现代的秘书职务,是领导的助手,其任务是收发起草文件,办理文书、档案和领导交办的事项。各党政机关和企业、事业单位,一般均设有秘书工作部门或秘书工作人员。

百姓与黎民

几千年前,在黄河流域集中着几个势力较大的部落,有黄帝族、炎帝族、夷族和九黎族等。他们之间经过多年的征战,最后黄帝、炎帝的部落联盟,战胜了九黎族。其中黄、炎、夷三个部落的联盟,是由大约一百个氏族构成的,因此称"百姓",而在战争中抓到的九黎族俘虏就称作"黎民"。百姓与黎民,意味着奴隶主与奴隶的区别。到了西周奴隶制时期,百姓成为贵族的通称。这时的黎民(也称庶民)包括自由民、农奴、奴隶,与百姓形成了互相对立的两大阶级。

到了春秋末期,随着宗族世袭制的破坏,土地私有制的出现,百姓的地位逐渐降低,他们中的大部分人最后也降到黎民的行列中来。因此,后来"百姓"和"黎民"或"庶民"就变成一回事了。

黔首、黎庶

战国和秦代对百姓的称呼。战国时期,黔首之称已经广泛使用,《吕氏春秋》和《战国策》、《韩非子》中均曾出现。它的含义与当时常见的"民"、

"庶民"相同。公元前 221 年,秦始皇下令将民改称"黔首",是由于秦为水德,水德尚黑,而黔又与黎同义,故秦始皇二十八年泰山刻石用"黎民",三十二年碣石石刻也用"黎庶"称谓百姓。

布　衣

古代的"布"就是麻布,布衣即麻布衣服。古时衣料的优劣次序是绸缎为首,棉布上乘,麻布是普通之物。由于当时中国盛产各种麻类,而棉花产量甚少,所以物以稀为贵,棉布衣服只有显赫人家才穿得起,普通人只能穿麻布衣服。直到元朝时,黄道婆从琼州带回黎族人的纺织技术,棉制品才得以逐步取代麻制品。由于"布衣"长期为百姓和军队所使用,所以就成了普通劳动百姓的代名词。

先　生

"先生"这个称呼由来已久。但在历史上各个时期,"先生"这个称呼所针对的对象是不同的。《论语·为政》"有酒食,先生馔"中的先生指父兄。《孟子》"先生何为出此言也"中的"先生"是指长辈而有学问的人。《战国策》"先生坐,何至于此"则是称呼有德行的长辈。

第一个用"先生"称呼老师的,始见于《典礼》:"从于先生,不越礼而与人言。"汉代,"先生"前加上一个"老"字。清初,称相国为"老先生",到了乾隆以后,官场中已少用"老先生"这个称呼了。辛亥革命后,"老先生"这个称呼又盛行起来。交际场中,彼此见面,对老成的人,都一律称呼为"老先生"。现在"先生"的用法更为广泛。妇女也将自己以及别人的丈夫称为"先生"。

同　志

"同志"一词最早出自 2700 年前的《国语》,其中有:"同德则同心,同心则同志。"中国民主革命的先行者孙中山先生有句名言:"革命尚未成功,同志仍须努力。"中国共产党成立后,为了在称呼上体现平等,党内无

你应该具备的

论职务高低一律互称同志。"同志"一词的广泛使用,是在毛泽东同志"七一"重要讲话中,用了二十多处。

丫 头

丫头也作"鸦头",一般多用于对年轻女子的称呼。古时候,凡是未成年的孩子,不分男女多将头发集束于顶,结成两个小髻,左右各一。其形状和牛角有点相似,故名"总角",因集发为髻,故而又叫"总髻"。这种风俗早在先秦时期就已形成。男子到了 20 岁时,就要举行冠礼,女子到了 15 岁时,也要举行笄礼,以示成年。从这个时候起,男女的发式便有所改变。男的将头发合起来梳成发髻,女的则留发不剪,梳成左右对称的双髻。由于这种双髻与树枝丫杈酷似,所以被称之为"丫髻",或称"丫头"。发展到后来,"丫头"就成了年轻女子的代称。

黄花闺女

南北朝刘宋时,宋武帝有一个貌美如花的女儿,叫做寿阳公主。有一天,她在宫里玩累了,便躺卧于一棵梅树之下,当时正逢梅花盛开,一阵风吹过,梅花片片飞落,有几瓣梅花恰巧掉在她的额头,留下斑斑花痕寿阳公主被衬得更加娇艳妩媚,宫女们见状,都忍不住夸赞好看。从此,寿阳主就常将梅花贴在前额。人们将寿阳公主这种打扮称为"梅花妆"。传到民间,许多富家大户的女儿都争着效仿。但由于梅花是有季节性的,所以,女人们便收集其他黄色花粉,而后做成涂饰粉料代替腊梅,以便长期使用。大家把这种粉料称为"花黄"。在当时,人们都认为不贴花黄,就缺少了女性特征。用黄颜色在额上或脸上两颊画成各种花纹成为少女的一种必不可少的装饰。但少女出嫁以后,就要改变这种贴黄的装饰,作另一番打扮。

同时,"黄花"在古代又指菊花,因菊花能傲霜耐寒,常用来比喻人有节操。因此,人们在"闺女"前面加黄花,不仅说明这个女子还没有结婚,还说明这姑娘心灵美好,品德高尚。这样,"黄花闺女"就成了未出嫁的年轻女子的代名词了。

巾帼

古时候,贵族妇女常在举行祭祀大典时戴一种用丝织,品或发丝制成的头饰,这种头巾式的头饰就叫巾帼。通常,巾帼上面还装缀有一些金珠玉翠制成的珍贵首饰。巾帼的种类很多,五彩缤纷,如用细长的马尾制作的叫"剪耄帼";用黑中透红颜色制作的叫"绀缯帼"。因为巾帼是古代妇女的高贵装饰,人们便称女中豪杰为"巾帼英雄"。后来,人们逐渐地把"巾帼"作为了对妇女的尊称。

须眉

清代徐时栋的《烟屿楼笔记》中说:"古人称男子为须眉。"《红楼梦》中也有"我堂堂须眉,诚不若彼裙钗"的说法。须(胡子)是男子所独有的,而眉毛则是男女皆有的。为什么要称男子为须眉呢?原来,古时男子以须眉浓密秀丽为美,而古代妇女又有剃眉的习惯,剃去眉毛后再画眉。这样一来,眉就可视为男子的"独有"之物了。所以,男子便被称为须眉。

东床

东床即女婿。东晋时,太尉郗鉴派了一位门客到王导家去物色女婿,门客回来后对郗鉴说:"王家的年轻人都挺不错,只是听说我是为您去选女婿,一个个都拘谨起来,只有一位照样袒腹卧在东边床上吃东西,好像什么都没有听见。"郗鉴听了以后便说:"这个人就是我要找的好女婿。"袒腹卧于东床之上的人就是大书法家王羲之,郗鉴果然把女儿嫁给了他。后来,人们就称女婿为"东床",对皇帝的女婿也有称为"东床驸马"。

糟糠

"糟糠"常用来形容患难与共的妻子。该典故出自于《后汉书·宋弘传》。东汉朝廷官员宋弘为官清廉，不徇私情，深得光武帝的信赖。光武帝的姐姐湖阳公主寡居在家，对宋弘产生了爱慕之情，于是光武帝招宋弘进宫，与他交谈，并让湖阳公主在屏风后面倾听。光武帝笑着对宋弘说："人显贵了，就要另交朋友；发财了，就要改娶妻子。这是人之常情啊！"宋弘一听就明白了皇上的用意，他想："自己夫妻感情很好，当初父亲被奸臣害死，妻子与自己一直共患难，同甘苦，怎么能中途抛弃而另觅新欢呢？"于是对光武帝说："我听说，古人有'贫贱之交无相忘，糟糠之妻不下堂'的佳话啊！"光武帝听后便不再提起此事。明代李贽《器黄宜人》运用了这个典故："贫交犹不弃，何况糟糠妻！"

结发夫妻

在我国古代，不论男女都要蓄留长发。男子 20 岁时要行"冠礼"，即把头发盘成发髻，叫做"结发"，再戴上冠（帽子），表示成年了。所以，男子 20 岁也称"弱冠"。女子 15 岁时要行"笄（簪子）礼"，即把头发盘成发髻，再插上簪子，表示长大成人了。所以女子 15 岁也叫"及笄"。可见"结发"一词原指男女成年。当时女子订婚后，即用丝缨束住发辫，不再保留少女时代的发式，表示她已经有了对象。在成婚的当夜，再由新郎解下。新婚夫妇在饮交杯酒前，各剪下一缕头发，绾在一起表示同心。这种礼仪是结发的变种，盛行于唐、宋以后。后来，人们就称首次结婚为"结发夫妻"，即元配夫妻，若再婚，男方称续弦。

两 口 子

"两口子"这种称呼源自清朝乾隆年间。当时，山东有一个才子名叫张继贤，由于一个偶然的机会，认识了本地恶少石万仓的妻子曾素箴。二人一见钟情，常常私自往来。石万仓酗酒成性，一次，因饮酒过度，引起酒精中毒而身亡。但石家人都深信石万仓是被曾素箴和张继贤合伙害死的，于是告到县衙，说曾素箴因偷奸杀死亲夫。县官接状后，不问青红皂白，就把张继贤和曾素箴打入大牢，判为死罪，从县府押到京城。乾隆皇帝审阅卷宗时，看到了张继贤的供状，见其文笔不凡，十分惊讶。于是，乾隆皇帝亲

你应该具备的

自到牢中去看望张继贤。在交谈中，乾隆皇帝确信张继贤是个才子，便有心救他。不久，乾隆皇帝下江南私访，途经微山湖时，停留了几天。乾隆熟悉这里的山山水水后，便御批：将张继贤发配到卧虎口，将曾素箴发配到黑风口。张继贤、曾素箴二人虽然双双冤入大牢，但是情却始终未断。这次获皇帝恩准发配到"两口"后，真是喜出望外，二人时常互往互来，甚是自由。他们这样来往于卧虎口与黑风口，被人们称为"两口子"。后来，人们就把"两口子"衍指"夫妻俩"。

岳父、岳母

古代，帝王常于泰山设坛祭天地山川，晋封公侯百官，史称"封禅"。一次，唐玄宗李隆基"封禅"泰山，命中书令张项做"封禅使"。张项利用职务之便把女婿郑镒由九品一下子提到五品。后来玄宗问起郑镒的升迁之事，郑镒支支吾吾，无言以对。在旁边的黄幡绰便讥笑他："此乃泰山之力也。"玄宗这才明白是张项徇了私，很不高兴，不久又把郑镒降回了九品。后来，人们知道此事，就把妻父称"泰山"。又因泰山乃五岳之首，又称为"岳父"，同时，又把妻母称为"岳母"。

连　襟

在我国民间，人们把姐妹们的丈夫俗称为"一担挑"，而书面语言则雅称为"连襟"。这个词语最早见于唐代大诗人杜甫的一首诗。杜甫晚年寓居川东，与当地的一位李姓老翁甚是投缘，经常相邀小聚，饮酒谈天。后来仔细交谈，两家还是拐弯抹角的亲戚呢，自然更添几分亲切。过了一段时间，杜甫要出峡东下湖湘，临别之际，感慨之下写了一首《送李十五丈别》的诗，有几句是："孤陋忝末亲，等级敢比肩。人生意气合，相与襟袂连。"襟是蹇襟，袂是衣袖，形容彼此的关系像衣服的襟与袖一样密切。

但真正把连襟一词移用姐妹丈夫间的称谓的人，是北宋末年的洪迈。当时，洪迈有个堂兄在泉州做幕宾，很不得志，其妻的姐夫在江淮一带做节度使，得知此事，便写了一封荐书，让洪迈的堂兄去京城供职。所以，洪迈的堂兄甚为感激,托洪迈替写了一份谢启,寄予妻子的姐夫,里边有这样几句:"襟袂相连,凤愧末亲之孤陋;云泥悬望,分无通贵之哀怜。"这里的襟袂相连,就是用来形容姐妹的丈夫之间的密切关系了。后来,人们又将"襟袂相连"简化为连襟,成为姐妹的丈夫间专用称谓。

红　娘

　　红娘是元代剧作家王实甫的杂剧《西厢记》中的一个关键人物。她是崔家小姐的小丫环,聪明伶俐,活泼勇敢,有胆有识,足智多谋。她为了成全张君瑞和崔莺莺的美满婚事,从中牵针引线,传书递柬,跑来跑去,甚至遭到毒打,但她无怨无悔。最后,在她"一张利嘴"的说服与劝导下,坚守封建门第观念的老夫人终于取消"崔家三代不招白衣女婿"的清规,将莺莺小姐许配给了张生,使"有情人终成眷属"。后来,民间就把那些热心促成他人美满婚姻的人褒称为"红娘"。

月下老人

　　月下老人简称"月老",是婚姻之神,典出唐代李复言的《续幽怪录》唐朝韦固年少未娶,某日夜宿宋城南店,外出遇一老人,靠着一口布袋,坐在月光下,翻看着一本书,像在查找什么。韦固问老人家在翻查什么?老人答:"天下人的婚书。"韦固又问袋中何物?老人说:"袋内都是红绳,用来系住夫妇之足。虽仇敌之家,贫富悬殊,天涯海角,吴楚异乡,此绳一系,便定终身。"韦固十分惊奇,忙打听自己的婚事。月下老人翻书查看,笑着对他说:"你的未婚妻,就是店北头卖菜的老太婆的三岁女儿。"韦固一听勃然大怒,便派人去杀那个女孩,未果,但女孩额头上留下了一道疤痕。十年之后,韦固已成为一名武将,娶相洲刺史王泰之女香娘为妻。洞房之夜,韦固揭开香娘的红头盖,见妻子貌美非凡,只见眉心贴着一朵红纸剪的小花,问其缘故,方知香娘就是当年卖菜老妪之女。夫妻如梦初醒,从此恩爱有加,后子孙满堂,白头偕老至终。宋城的县令知道这件事后,把那间客栈定名为"订婚店"。牵红线的老人,从此称为"月下老人"。以后,民间就把"月下老人"当成司婚之神来膜拜。

螟 蛉

《诗·小雅·小宛》:"螟蛉有子,蜾蠃负之。"蜾蠃(一种蜂)捕螟蛉为食,并以产卵管刺入螟蛉体内,注射蜂毒使其麻痹,然后负子置于蜂巢内,作蜾蠃幼虫的食料。古人错以为蜾蠃养螟蛉为子,因把螟蛉作为养子的代称。

老 衲

"老衲"是老和尚的谦称。因为禅僧多着纳衣,而纳衣是"拾取人弃不顾与粪扫均之贱物,缝纳为法衣",所以"老衲"、"衲子"指僧徒;"衲衣"指僧人;"衲师"指僧侣;"衲徒"指僧人、僧众;"衲僧"指和尚、僧人。这许多称谓,除了用衣服指带其人,更取衲衣贫苦之意。"老衲"一词便由此而来。

鼻 祖

人们喜欢把创始人称为"鼻祖"。"鼻"的本字原为"自"。甲骨文和金文中的"自"字都像人的鼻子的模样,"自"和"鼻"的读音是一样的。"自"在古文中一般作为第一人称代词,即解为自己。后来为便于区别"自己"与"鼻子",就在"自"字的下面加了一个声符"畀"。于是就出现了一个新的"鼻"字。从此,"自"和"鼻"就有了不同的分工。古人又通常把第一个儿子称"鼻子",那么"鼻"字就有了"最初"或"开始"的含意。所以,人们习惯把最早创始人称为"鼻祖"。

翘 楚

出自《诗经·周南·汉广》:"翘翘错薪,言刈其楚。"东汉郑玄笺注:"楚,杂薪之中尤翘翘者。"翘楚本指高出杂树丛的荆树。后用以比喻杰出的人才或突出的事物。

泰　斗

　　泰山，是我国五岳之首。北斗，即大熊星座，终年位于北方。《新唐书·韩愈传》中称赞大文学家韩愈说："自愈没（死后），其言大行，学者仰之如泰山北斗云。"意思就是说，人们敬仰韩愈，把他看作高大的泰山和指示方向的北斗星一样。后人便用"泰山北斗"用来称颂学问品德高尚或艺术修养精深，可为榜样的杰出人物。也简称"泰斗"。

包　衣

　　包衣为满族语，即包衣阿哈的简称，又作阿哈。包衣即"家的"，阿哈即"奴隶"。汉语译为家奴、奴隶、奴仆或奴才。为满族上层统治阶级贵族所占有，被迫从事各种家务劳动及繁重的生产劳动，没有人身自由。来源主要是战争俘虏、罪犯、负债破产者以及包衣自己所生的子女等。到清朝在全国范围内建立统治后，包衣越来越省，只有皇帝和少数王爷还拥有包衣，留在身边做奴仆，不再从事生产活动。包衣中也有因战功等而置身于显贵的，但对其主子仍然保留其奴才身份。皇帝的包衣编成内务府三旗，奴隶身份世代承袭。

东　道　主

　　关于"东道主"一词，还有一个典故：

　　鲁僖公三十年（公元前630年），晋文公和秦穆公的联军包围了郑国国都。郑文公走投无路，只得向老臣烛之武请教，设法解围。当夜，烛之武偷偷出城，会见秦穆公。由于秦晋两国之间本来就不和谐，常常明争暗斗，烛之武就巧妙地利用他们的矛盾，对秦穆公说："秦晋联军攻打郑国，郑国怕是保不住了。但郑国灭亡了，对贵国也许并无一点好处。因为从地理位置上讲，秦国和郑国之间隔着一个晋国，贵国要越过晋国来控制郑国，恐怕是难于做的吧?到头来得到好处的还是晋国。晋国的实力增加一分，就意味秦国的实力相应的削弱一分啊!"秦穆公觉得烛之武说得有理，烛之武于是进一步说:"要是你能把郑国留下，让他作为你们东方道路的主人。你们的使者来往经过郑国，万一缺少点什么，郑国一定供应，做好充分的安排，这有什么不好?"秦穆公被说服，单方面跟郑国签订了和约，晋文公无奈，也只得退兵。秦国在西，郑国在东，所以郑国对秦国来说自称"东方道上的主人"。

后来"东道主"便成了一个固定的名词，泛指居停之所的主人或以酒食请客的人。

店 小 二

"店小二"是指古时候饭店、旅店里的服务员，又称"小二"或"小二哥"。元代时，统治者认为寻常百姓不配有名字。所以普通老百姓一般是没有名字的，只有上了学才有学名，一旦做了官也就有了官名。但是，普通百姓家能够上学或当官的只是极少数，绝大多数没有这个机会。但没有名字很不方便，于是统统用数字作为人名。多用行辈或者父母年龄合算一个数目作为称呼。如明代朱元璋祖宗五代的名字都含数字。其五世祖名仲八；高祖名百六；曾祖名四九；祖父名初一；父亲名五四。朱元璋原名重八，后来才改名为朱元璋。古代酒店或旅店里的服务员，很显然都是老百姓，所以，人们也要给他们取一个数目符号用来称呼。当家老板是理所当然的"店老大"，识两个字能记账的就称"先生"。一般服务员也就随之被人们称之为"店小二"或"小三"了。

关于朋友的称谓

贫贱之交:贫贱而地位低下时结交的朋友。

金兰之交:情谊契合，亲如兄弟的朋友。最早出自《周易》:"二人同心，其利断金;同心之言，其嗅如兰。"后来指结拜兄弟或姐妹。

刎颈之交:同生死、共患难的朋友。

患难之交:在遇到磨难时结成的朋友。

莫逆之交:情投意合、友谊深厚的朋友。

竹马之交:从小一块儿长大的异性好朋友,也叫发小。

布衣之交:以平民身份相交往的朋友。

忘年交:辈分不同、年龄相差较大的朋友。

忘形交:不拘于身份、形迹的朋友。

车笠交:不因贵贱的变化而改变深厚友情的朋友。

君子交:在道义上彼此支持的朋友。

神交:心意相投、相知很深的朋友,也指彼此慕名而未见过面的朋友。

古人的谦称

一般表示谦逊的态度,用于自称。愚,谦称自己不聪明。鄙,谦称自己学识浅薄。敝,谦称自己或自己的事物不好。卑,谦称自己身份低微。窃,有私下、私自之意,使用它常有冒失、唐突的含义在内。臣,谦称自己不如对方的身份地位高。仆,谦称自己是对方的仆人,使用它含有为对方效劳之意。古代女子自称,一般用妾、奴等。

古人称自己的亲属朋友时,常用"家"、"舍"等谦词。"家"是对别人称自己的辈分高或年纪大的亲属时用的谦词,如家父、家母、家兄等。"舍"用以谦称自己的家或自己的卑幼亲属,前者如寒舍、敝舍,后者如舍弟、舍妹、舍侄等。称自己的妻子为拙荆、贱内、内人、山荆、荆屋、山妻;称自己的儿子为小儿、犬子、息男;称女儿为息女、小女等。

古代帝王的自谦词有孤(小国之君)、寡(少德之人)、不谷(不善)。

古代官吏的自谦词有下官、末官、小吏等。

读书人的自谦词有小生、晚生、晚学等,表示自己是新学后辈;如果自谦为不才、不佞、不肖,则表示自己没有才能或才能平庸。

其他自谦词有:因为古人坐席时尊长者在上,所以晚辈或地位低的人谦称在下;小可是有一定身份的人的自谦,意思是自己很平常、不足挂齿;小子是子弟晚辈对父兄尊长的自称;老人自谦时用老朽、老夫、老汉、老拙等;老和尚自称老衲;对别国称自己的国君为寡君。

第二章　称谓习俗

古人的敬称

敬称表示尊敬客气的态度,也叫"尊称"。

1. 对皇族的敬称:对帝王的敬称是万岁、圣上、圣驾、天子、陛下等。驾本指皇帝的车驾,古人认为皇帝当乘车行天下,于是用驾代称皇帝。古代帝王认为他们的政权是受命于天而建立的,所以称皇帝为天子。

古代臣子不敢直达皇帝,就告诉在陛(宫殿的台阶)下的人,请他们把意思传达上去,所以用陛下代称皇帝。对皇太子、公主、亲王的敬称是殿下。

2. 对官吏的敬称:对使节称节下;对将军的敬称是麾下;对三公、郡守等有一定社会地位的人称阁下,现在多用于外交场合,如大使阁下。

3. 对于对方或对方亲属的敬称有令、尊、贤等。令,意思是美好,用于称呼对方的亲属,如令尊(对方父亲)、令堂(对方母亲)等。尊,用来称与对方有关的人或物,如尊上(称对方父母)、尊公、尊君、尊府(皆称对方父亲)、尊驾(称对方)等。贤,用于称平辈或晚辈,如贤郎(称对方的儿子)、贤弟(称对方的弟弟)。仁,表示爱重,应用范围较广,如称同辈友人中长于自己的人为仁兄,称地位高的人为仁公等。

4. 称年老的人为丈、丈人,如"子路从而后,遇丈人"(《论语》)。唐朝以后,丈、丈人专指妻父,又称泰山,妻母称丈母或泰水。

5. 称谓前面加"先",表示已死,用于敬称地位高的人或年长的人,如称已死的皇帝为先帝;称已经死去的父亲为先考或先父等。称谓前加"太"或"大"表示再长一辈,如称帝王的母亲为太后;称祖父为大(太)父;称祖母为大(太)母。

6. 唐代以后,对已死的皇帝多称庙号,如唐太宗、唐玄宗、宋太祖、宋仁宗、元世祖、明太祖等;明清两代,多用年号代称皇帝,如称朱棣为永乐皇帝;称玄烨为康熙皇帝等。

7. 对尊长者和用于朋辈之间的敬称有君、子、公、足下、夫子、先生、大人等。

8. 对品格高尚、智慧超群的人用"圣"来表敬称,如称孔子为圣人;称孟子为亚圣。后来,"圣"多用于帝王,如圣上、圣驾等。

9. 君对臣的敬称是卿或爱卿。

古代的避讳

避讳是一种反映封建礼法的忌讳。避讳大体可分三类:一是国讳,即国家强令臣民所做的避讳,如避本朝皇帝名,也叫"公讳";二是圣讳,即避圣贤之名,如孔孟之名;三是私讳,即避长辈之名。避讳制度起源于周代,秦代避讳的办法初步确立。直到辛亥革命后才彻底废除。

避讳有严格的规定,但在具体的情况下也有某些特殊的要求。如:皇帝已故五世的祖宗不讳,但也有照讳的。在唐代,人们一直避李世民的讳,五世以后出于保险、尊敬、习惯等人们还照讳不误。

避讳的方法有四种:

改字法:就是把帝王及所尊者之名改用其他同义字或同音字来代替。

空字法:即将应避讳的字空而不书,或作"某",或作"口"。

缺笔法:即对所避之字少写一笔。但少写的一笔在什么地方是有严格规定的。

改音法:就是读书时遇到讳字,应改变声调或读别的字音。

盖 世 太 保

盖世太保是德语 "德国秘密警察"(GeheimeStaatapolizei) 的缩写Gestapo 的音译。1933 年春季,戈林在接管普鲁士警察局之后,以政治警察为核心组建普鲁士"国家秘密警察处",简称"盖世太保"。1934 年 4 月,希姆莱任普鲁士警察总监和盖世太保首脑。1936 年 6 月,希姆莱任德国警察总监、盖世太保首脑和党卫队帝国长官,具体组织实施法西斯恐怖统治。希姆莱将警察系统改组为保安警察总局(下辖秘密警察局和刑事警察局)、治安警察总局和风纪警察总局。

1936 年 10 月,全国政治警察统一名称为国家秘密警察。1939 年,秘密警察局转隶德国中央保安局。秘密警察共有三万余名成员,渗透并控制着德国社会的各个领域和德占区,拥有大量监狱和集中营,利用发布监护拘留令和押送集中营的特权,大肆迫害和残杀犹太人、共产党人、民主人士和无辜居民。参与制造1938年的"布洛姆贝格事件"和"弗里奇事件"，导致德国国防部长布洛姆贝格和陆军总司令弗里奇的去职；参与吞并奥地利和侵占捷克斯洛伐克；参与制造所谓波军士兵袭击德国格莱维茨广播电台，造成波兰进攻德国的假象的事件；组织实施对犹太人的所谓"最后解决"，在欧洲范围内制造全面恐怖。纳粹德国战败后被取缔。1946年，被纽伦堡国际军事法庭宣判为犯罪组织。

经纪人的由来

经纪人是为买卖双方说合交易而收取佣金的中间商人。在我国，经纪人约源于汉代。开始，有人专门说合双方的牲畜买卖，故汉称为"驵会"或"驵侩"。后逐渐扩充到各种买卖，甚至买卖人口、雇用人力、充当宦官都有专业经纪人。

自唐始，经纪人称"牙人"。《唐韵正》中《中山诗话》云："古称驵侩，今谓牙，非也。"刘道厚云："本道原云：'本称互郎，主互市。'唐人书互为乐，似牙字。因讹为牙耳。"

宋代已有官牙、私牙之分。明代区分更明显，除说合买卖外，还有代官府监督商人纳税的责任。清依明制，但以私牙为主。民国时期，经纪人亦称"捐客"或"市侩"，而一般为外国和我国做生意进行说合，有交易所经纪人与一般经纪人之分。

蓝领、白领和金领

美国经济学家罗伯特·赖克在《国家的作用》一书中，将当今的劳动力分为三种类型：从事大规模生产的劳动力、个人服务业劳动力以及解决问题的劳动力。其中，第一类劳动力，因为每天都穿着不容易弄脏的蓝色制服而被称为蓝领。现在，"蓝领"泛指从事体力和技术劳动的工作者。第二类劳动力是研究开发或管理人员，从事的是分析、研究、开发、管理性质的工作，如研究人员、策划人员、投资银行家、法学家、审计师、各类专业顾问、企业各级主管、产品策划员、政府公务员、导演及文艺演出组织者等。由于他们上班时千篇一律穿着深色西服，白衬衫加上领带，因而产生了

"白领"(White-Collar)的称呼。但从收入来讲,蓝领并不一定比白领低。

"金领"是高科技发展的产物,是企业发展走向信息化、现代化的一个重要标志。金领阶层是社会精英高度集中的阶层,年龄在 25 岁至 45 岁之间,受过良好的教育,有一定的工作经验、经营策划能力、专业技能和一定社会关系资源,收入年薪在 15 万元到 40 万元之间。这个阶层不一定拥有生产资料所有权,但拥有一个公司最重要的技术和经营权。金领阶层一般是三资企业高级管理,外商驻华机构的中方代表,规模较大的民营公司的经理,国企的高层领导等。

嬉 皮 士

嬉皮士是英语 Hippies 的音译,指西方国家 20 世纪六七十年代反抗习俗和当时政治的年轻人。嬉皮士这个名称是通过《旧金山纪事》的记者赫柏·凯恩普及的。嬉皮士不是一个统一的文化运动,它没有宣言或领导人物。嬉皮士用公社式的和流浪的生活方式来反映出他们对民族主义和越南战争的反对,他们提倡非传统的宗教文化,批评西方国家中层阶级的价值观。他们批评政府对公民的权益的限制、大公司的贪婪、传统道德的狭窄和战争的无人道性。他们将他们反对的机构和组织称为"陈府"(Theestablishment)。嬉皮士后来也被贬义使用,来描写长发的、肮脏的吸毒者。

雅 皮 士

雅皮士(Yippies)是美国人根据嬉皮士仿造的一个新词,意思是"年轻的都市专业工作者"。雅皮士从事那些需要受过高等教育才能胜任的职业,如律师、医生、建筑师、计算机程序员、工商管理人员等。他们的年薪很高。雅皮士们事业上十分成功,踌躇满志,恃才傲物,过着奢侈豪华的生活。与嬉皮士们不同,雅皮士们没有颓废情绪,不关心政治与社会问题,只关心赚钱,追求舒适的生活。雅非士意为"都市中失败的年轻人"。嬉皮士虽然觉得自己的生活无法与雅皮士的生活相比,但又不愿意有失落感,并发誓要找到自己的归宿。

握 手 礼

握手的起源究竟何时,何人何地最先采用,已无法考证。据说,握手最早产生于人类还处于刀耕火种的年代。那时的人们在狩猎和打仗的时候,如果遇见熟人,双方为了表示均无恶意,就放下手中的武器,伸开手掌,让对方抚摸手掌心,以示手中没有武器,这种简单的做法渐渐演变成今天人们最常用的"握手"礼节。

握手时必须注意以下几点:

1. 永远将握手的主动权让给女性,如果女性不伸手,没有握手之意,男人就点头或鞠躬表示敬意;

2. 永远将握手的主动权让给主人;

3. 永远将握手的主动权让给年长者;

4. 永远将握手的主动权让给地位高、知名度高的人。

握手时应避免眼睛东张西望,为了表示尊重对方,要目视对方;不要坐着和站着握手,若因病或其他原因确实无法站起来,也应欠身表示敬意;不要带着手套握手,如果来不及脱去应向对方表示歉意;男人同女人握手,用力不可过大,时间不宜过长;不能一只脚站在门里,一只脚跨在门外握手。

炎 黄 子 孙

"炎黄"是指中国原始社会中两位不同部落的首领。炎帝姓姜,是炎帝族的首领。他们自西方游牧进入中原,与以蚩尤为首领的九黎族发生长期的部落间冲突,最后被迫逃避到涿鹿,得到黄帝族援助,攻杀蚩尤。黄帝姓姬,号轩辕氏。后来炎黄两族在阪泉(据说,阪泉在河北怀来县),发生了三次大冲突。黄帝族打败了炎帝族,由西北进入了中原地区。黄帝族与炎帝族,又与居住在东方的夷族、南方的黎族、苗族的一部分逐渐融合,形成了春秋时期的华族,汉以后称为汉族。炎黄二帝被人们称为中华民族的始祖。因而,人们往往称中华民族为"炎黄子孙"。

万 万 岁

"万岁"一语是封建时代臣下对皇帝的一种尊称,最早出现在战国时期,而"万万岁"的称呼,则首创于唐朝。武则天称帝后,特别喜欢臣下奉承她,借此以抬高自己"名不正"的地位,但她又不好直言。一天,武则天在金銮殿召集翰林院众学士,出题答对,她出了一道题:玉女河边敲叭梆,叭梆!叭梆!叭叭梆!众学士搜肠刮肚,对答几十句,武后都不满意。一位惯于拍马屁的学士看出她的心思,忙吟道:金銮殿前呼万岁!万岁!万岁!万万岁!武后兴高采烈,推为杰作。从此"万万岁"一词就流传于朝野上下。

老 佛 爷

我国历史上历代帝王除了有"庙号"、"谥号"和"尊称"以外,有些帝王还有"特称"。明代皇帝的"特称"叫"老爷",而清代皇帝的"特称"则叫"老佛爷"。在有些历史小说、电影、戏曲中,把慈禧太后称作"老佛爷"。实际上,"老佛爷"的称呼不是慈禧专用的,清朝各代皇帝的特称都叫"老佛爷"。清朝帝王之所以用"老佛爷"这个称呼,是因为满族的祖先女真族首领最早称为"满柱"。"满柱"是佛号"曼殊"的转音,意为"佛爷"、"吉祥"。后来,有的显赫家族,世袭首领,起名就叫"满柱"。清王朝成立后,将"满柱"汉译为"佛爷",并把它作为皇帝的特称。

老爷·大人

明清时官场上称"爷",是一种很普遍的现象。中央九卿、翰林和地方司道以上官员统称"老爷";其余的小官只能称"爷"。清乾隆年间,九卿、翰林和司道以上官吏升格称"大老爷";府县长官称为"太老爷";举人、贡生则称"太爷"。清末,知县、未加衔的知府以及六品以上的佐吏俱称"大老爷";举人、贡生和监生称"老爷"。

"大人"的规格比"爷"的尊称高出一等。清代京官四品以上,地方官司、道以上称为"大人"。清末六品翰林、七品编修有时也称作"大人"。

第二章　称谓习俗

宰　相

　　"宰相"是我国历史上一个泛指的职官称号。"宰"是主持的意思，"相"是辅助的意思。宰相的职责为辅佐皇帝，总揽政务，是封建国家的最高行政长官。宰相的正式官名随着朝代的更替，先后出现过丞相及相国、大司徒、中书令、尚书令、参政知事、内阁大学士、军机大臣等几十种官名。

翰　林

　　"翰林"起源于唐代。唐玄宗置翰林院，内设有翰林待诏、翰林供奉，后来又称翰林学士，为文学侍从之官，到唐德宗以后，职掌机要文书，管理书写皇帝的命令，当时号称"内相"。首席翰林学士称承旨。宋代，翰林学士的地位进一步提高，设有翰林学士院，与实际掌政事堂(中书门下)枢密院居平等地位。明代的翰林是从进士中选拔的，他们协助皇帝处理政务，成了正规的朝官。清代翰林院以大学士为掌院学士，其下设侍读学士、侍讲学士、侍读、侍讲、修撰、编修、检讨等官。

中　堂

　　"中堂"是大学士的俗称。清朝时，"大学士"是个空名，为了满足大学士对权力的要求，常常管理一个部。朝廷官员，一般设汉、满族各一人，就座时分东西入座，当中是空的。如有管部大学士，则便坐在正中，两旁由汉满尚书陪坐，满汉四侍郎在下面两旁分坐，所以大学士就被称为"中堂"。随着时间的推移，"中堂"成了一种尊称，只要是大学士、协办大学士，不管是否管部，一律称为"中堂"

博　士

　　秦汉时掌通古今，备顾问。汉武帝设五经博士并置博士弟子学习经

你应该具备的

术,以聪明威重一人为博士祭酒。魏晋以后的太常博士只是礼官性质,和作为教官的国子博士、太学博士等职掌不同。

陛 下

"陛",原指帝王宫殿的台阶。"陛下"是臣僚谒见帝王时所处的地点和位置。后来,可能是臣僚们为表示对帝王的恭敬而用的一种称谓。因而臣僚见帝王常用陛下一词,慢慢就转变成了对帝王的尊称。

丈 人

"丈人"现仅指"岳父",而在古代却有很多含义:

1、对老者和前辈的尊称。例:"子路从而后,遇丈人……"(《论语·微子》)。

2、指家长或主人。例:"家丈人召使前击筑"(《史记·刺客列传》)。

3、女子对丈夫的称呼。例:"妇病连年累岁,传呼丈人前一言"(汉乐府《妇病行》)。

4、代表岳父。宋代话本《错斩崔宁》里的"丈人"便指岳父。

泰 山

唐玄宗李隆基到泰山封禅。丞相张项担任封禅使,顺便把他的女婿郑镒也带去了。按照老规矩,有幸随皇帝参加封禅者,丞相以下的官吏都可以升一级。郑镒本是九品官,张项利用职权,一下子把他连升四级。唐玄宗在宴会上看到郑镒突然穿上五品官穿的红色官服,觉得奇怪,便去问他。郑镒不知如何回答。这时,擅长讽刺的宫廷艺人黄幡绰在一旁调侃道:"此泰山之力也!"一语双关,唐玄宗心照不宣,事情就这样混过去了。后人因此称妻子的父亲为"泰山"。因为泰山又称东岳,是五岳之长,所以又转而把妻父称作"岳翁"、"岳父"等,妻母则称作"岳母"。

月老·冰人

　　月老,指媒人。唐代韦固在赴长安途中旅寓宋城。晚上,他见一老人在月下查书,便上前攀谈。老人说自己是管人世间男女婚姻的,他袋中有一条红绳,如果用这红绳两端系住男女的脚,这对男女即使两家世仇也会成为眷属。韦固便问自己的婚姻,老人说,你将与一个种菜的女儿结婚,后来果然如此。因此,人们就称媒人为"月下老人",简称"月老"。

　　冰人,也指媒人。《晋书·索统传》记载,索统很会释梦。孝廉令狐策一天晚上做了一个怪梦,梦见自己站在冰上与冰下的人说话,令狐策不知吉凶,就请索统为他圆梦。索统说:你这梦说的是阴阳之事,实际讲的是男女婚姻。你在冰上对冰下人说话,是代表阳对阴说话,这说明你将替人做媒。何时冰破,何时婚成。于是,后人也称媒人为"冰人"。

丈夫·老婆

　　古代女子选择夫婿, 主要看他是否够高度, 一般以身高一丈为标准(当时的一丈约相当于今天的七尺)。有了身高一丈的夫婿,才可以抵御强人的抢婚。于是,女子都称她所嫁的男人为"丈夫"。"老婆"最初指老年妇女,到唐末,"老婆"逐渐演变为妻子之意。随着"老婆"叫法的流传,人们也将丈夫称为"老公"。

先　生

　　"先生"一词最早见于《论语》。《为政》篇里记载"有酒食,先生馔",这里"先生"的意思是指父兄。但是不同时代"先生"的指代有所不同。经书中的先生大多指的是老师,后来人们把年长有德者也尊称为先生。正因为如此,孔子被后来封建各王朝尊称为"大成至圣先师"。到了元代,把道士也称作先生。如今,"先生"已成为社会场合通用的礼貌称谓,不仅男人可以称作"先生"。女人也可称作"先生"。有些女子也把自己的丈夫称为"先生"。在有些地方,有称医生为"先生"的。

太 太

"太太"作为对已婚妇女的称呼,始于明代官场。明代中丞以上官员的妻子被称为太太。北洋军阀和民国时期,太太的称呼开始泛用,从大帅到芝麻官,其眷属可相称太太。后来此风渐渐扩大到了民间。现在,更是广泛在我国澳、港、台及海外华人地区流行。

妻子的别称

小君、细君:最早是称诸侯的妻子,后来作为妻子的通称。

皇后:皇帝的妻子。

梓童:皇帝对皇后的称呼。

夫人:古代诸侯的妻子称夫人;明清时,一二品官的妻子封夫人;近代用来尊称一般人的妻子。

荆妻:旧时对自己的妻子的谦称,也说荆人、荆室、荆妇、拙荆、山荆、贱荆。表示贫寒之意。

糟糠:形容贫穷时共患难的妻子。

内人:过去对人称自己的妻子。书面语也称内子、内助。对别人尊称贤内助。

内掌柜:旧时称做生意人的妻子为"内掌柜",也称"内当家"的。

浑家:早期丈夫对妻子的称呼。

娘子:有些地方称妻为娘子,也有的称娘儿们,还有的称婆娘。

堂客:江南一些地方称妻子为堂客。

媳妇儿:河南农村普遍的叫法。

老婆:北方城乡的俗称,多用于口头语言。

继室、续弦:妻亡后再娶的。

第二章　称谓习俗

中国的别称

赤县·神州：最早见于《史记·孟子荀卿列传》。

华："华"作为中国的简称，历史悠久。《左传疏》："中国……有服章之美，谓之华。"

诸华：晋代杜预为《春秋·左传》作的注解上说："诸华，中国也。"

夏：《史记·夏本纪》："禹封国号为夏。"后来人们就常用"夏"来称呼中国。

诸夏：类似于"诸华"。

华夏：华夏族是商朝时的主要民族，后来人们就把华夏作为中国的代称。

中华："中国"和"华夏"的简称。

中夏：《后汉书》："目中夏而布德，瞰四裔而抗棱。"

函夏：《汉书》："以函夏之大汉兮，彼曾何足与比功。"

九州：源于大禹治水划定九州的传说。

九牧：《荀子》："此其所以代殷王而受九牧也。"

九域：《汉书》："《祭典》曰：'共工氏伯九域'。"

八州：《汉书·许皇后传》："殊俗慕义，八州怀德。"

海内：古人以为中国周围皆是海，故有此称。

中国古代皇族称谓

皇帝：公元前221年，秦王嬴政统一六国后，自称"始皇帝"。从此历代封建君主都称皇帝。

皇后：皇帝的正妻称皇后。

太上皇：皇帝父亲的称号。

皇太后：皇帝母亲的称号。

昭仪：妃嫔的称号。汉元帝时始置，原为妃嫔中之第一级。魏晋至明均置，但地位已经下降。

贵嫔：妃嫔的称号。三国魏文帝时始置，仅次于皇后。晋及南北朝多沿置。

才人:妃嫔的称号。始设于晋武帝,南北朝至明多曾沿置。唐时,才人初为宫官之正五品,后升正四品。贵妃:妃嫔的称号。南朝宋武帝时始置,位次于皇后,隋至清多沿置。皇太子:皇帝所指定的继承人。一般为皇帝的嫡长子,但亦常有例外,由皇帝选定册立。清代自雍正帝起不立皇太子。一般称预定继承君位的长子为"太子"。

良娣:古代太子妃妾的称号。始于西汉,魏、晋至唐多曾沿称。

太孙:皇帝的长孙称太孙。历代王朝往往于太子殁后册立太孙为预定之皇位继承人。

公主:帝王之女的称号。始于战国。汉时皇帝之女称公主,帝之姊妹称长公主,帝姑称大长公主。历代沿之。

驸马:皇帝女婿的称号。清代称"额驸"。

殿下·麾下·阁下·膝下·在下

殿下:和"陛下"是一个意思。原来也是对天子的敬称。但称谓对象随着历史的发展而有所变化。汉代以后演变为对太子、亲王的敬称。唐代以后只有皇子、皇后、皇太后可以称为"殿下"。

麾下:对将帅的尊称。麾,本是古代指挥军队的旗帜。

阁下:旧时对一般人的尊称。常用于书信之中。原意也是由于亲朋同辈间互相见面不便直呼其名,常常先呼其在阁下的侍从转告,而将侍从称为"阁下"的,后来逐渐演变为对挚友亲朋间尊称的敬辞。

膝下:子女幼年时经常在父母的膝下活动,故以"膝下"表示幼年。后来借指父母,有亲切之意。

在下:自称的谦词。古时坐席,尊长在上座,所以自称"在下"。

我国古代对人的尊称

我国是四大文明古国之一,向有"礼仪之邦"之称。人们在过去长期的交往中,形成了许多文雅的尊称,比如"子"是古代对有学问、有道德的男子的尊称,可译为"先生"。春秋战国,诸子百家的"孔子"、"孟子"、"荀子"、

"墨子"、"老子"、"庄子"、"韩非子",分别是对"孔丘"、"孟轲"、"荀况"、"墨翟"、"老聃"、"庄周"、"韩非"的尊称,代表了儒、墨、道、法四家。"子"有时可译为"您"。如:"子何恃而往(《为学》)!"在儒家著作中,"子"特指"孔子"。在我国的典籍中,常见的尊称除"子"外,还有"君"、"公"、"卿"、"将军"等。如"徐公何能及君也(《邹忌讽齐王纳谏》)!""卿欲何言(《赤壁之战》)""将军宜枉驾顾之(《隆中对》)。"

除上述外,还有许多文雅的称呼,如:父母称高堂、椿萱、双亲。

称别人的父母为令尊、令堂;称别人的兄妹为令兄、令妹;称别人的儿女为令郎、令爱。

自称父母为家父、家严、家母、家慈;自称兄妹为家兄、舍妹。对妻子的父亲俗称丈人,雅称岳父、泰山。

兄弟称昆仲、棠棣、手足。

夫妻称伉俪、配偶、伴侣。

父母死后称呼加"先"字,父死称先父、先严、先考;母死称先母、先慈、先妣。同辈人死后加"亡"字,如亡妻、亡妹。

称老师为恩师、夫子;称学生为门生、受业。

学校称寒窗,同学又称同窗。

称别人家庭院为府上、尊府;自称为寒舍、舍下、草堂。

宦官·太监

"宦官"是在皇宫中为皇帝及皇族服务的官员的总称。宦官自古就有之,东汉以前,宦官并非都是阉人;东汉之后,宦官都成了阉人。

"太监"一词,最早始于唐高宗龙朔二年(662年),将掌管乘舆、服饰的殿中省改为中御府,设"中御太监"、"少监"。辽代政府机构中,太府监、少府蓝、秘中监皆设有"太监"。金、元袭辽制,所设各监也多有"太监"。元代太监是诸监中的二级官吏,并非尽是阉割之人。明代,充当太监者必是宦官,但宦官却不尽是太监。太监是宦官的上司,是具有一定品级、俸禄的高级宦官。到了清代,太监成为宦官的专称,宦官与太监便混为一谈了。

你应该具备的

县官为何称知县

知，就是管理、主持的意思。知县就是管县，管理、主持一县的政事。知，解释为管理、主持，古诗文中常常遇到。《左传》中说"子产其将知政矣"，就是说子产将主持政事了。宋朝魏了翁《读书杂钞》指出，后世官职上加"知"字，就是从这里开始。《宋史·苏轼传》说苏轼"知徐州"、"知湖州"、"知杭州"就是说派苏轼主持徐州、湖州、杭州的政事，即任这些州的知州。唐宋以后的知府、知州、知县、知事（知县又称县知事）都是这个意思。

"诗圣"杜甫

杜甫之所以被称为"诗圣"，这和他一生勤学苦练、精益求精的创作态度是分不开的。所谓"读书破万卷，下笔如有神"，"语不惊人死不休"，便是他的名言。他在做诗上勇于创新，又不落俗套，因此成就极高，诗名与李白并驾齐驱，故史称"诗圣"。

杜甫一生写下一千四百多首诗，其中，反映社会现实，具有崇高的忧国忧民思想的名篇极多。大都反映了战争给人民带来的无尽痛苦与祸害。倾诉了自己萦思国难的感情，杜甫的诗同时又具有高度的艺术性。语言上达到了炉火纯青的地步，他的律诗是唐代的最高峰，而且博采众家之长，形成"沉郁顿挫"的风格，对后代文学产生了巨大的影响，故颇受后人推崇、赞赏。他逝世后40年，元稹为他写的墓铭序称道：自诗人以来，未有如杜甫者；晚唐人们称之为"诗史"；宋代誉其诗为"诗圣"。从此以后，"诗圣"便成了人们对杜甫的美称。

"诗仙"李白

李白为什么被称为"诗仙"？这要从他得名的由来和他的诗作特点来说明。

原来李白出生于中亚碎叶城，5 岁即随父入川。他自幼轻财爱侠，从小就有治国平天下的大志，但直到 40 岁依然未登仕途。42 岁那年，由朋友推荐，应召入京。初进长安，即访谒文坛名流贺知章，拿出《蜀道难》来请教。据说贺读完十分惊叹，把他比做天上下凡的诗人。称为"谪仙"。从此，他的诗名大振，誉满京华。后人因而沿称"诗仙"。

另外，李白被称为"诗仙"，还因为他的诗作极善于运用浪漫主义的表现方法，诗作所具有的那种想落天外的意境给人一种飘飘欲仙的感觉。李白的富于想象，超然洒脱的诗句，在他的诗中是屡见不鲜的。难怪后人称他为"诗仙"了。

各国的"三大姓"

中国：张、王、李
朝鲜：金、朴、尹
美国：史密斯、詹森、卡尔森
苏联：伊凡诺夫、华西里叶夫、彼得洛夫
英国：史密斯、琼斯、威廉斯
法国：马丁、勒法夫瑞、贝纳
德国：萧滋、穆勒、施密特
瑞典：约翰森、安德森、卡尔森
荷兰：德夫力斯、德扬、波尔
西班牙：加西亚、弗朗德兹、冈查列兹

"东坡"苏轼

宋代杰出文学家苏轼自号"东坡"居士，是他谪居湖北黄冈以后的事。他之所以自号"东坡"居士，与白居易大有关系。苏轼的一生，由于与白居易有相似的遭遇，又有共同的志趣，因此常自比白居易，曾写有"我似乐天君记取，华颠赏遍洛阳春""出处依稀似乐天，敢将衰朽较前贤"等诗句，可见他对白居易是非常敬慕的。公元 820 年，白居易任忠州(今四川忠县)刺史时，常在忠州城的东坡植树，这在他的诗文中也有很多记载："东坡春身

民俗知识

暮,树木今如何?朝上东蓁步,夕上东坡步。东坡何所爱,爱此新成树。"苏轼就在白居易文中选取了曾给白居易留下美好记忆的"东坡"作为自己的号。

　　苏轼起号"东坡",还有一种说法是:黄冈城南门外约一里左右,有一个风景优美的山坡,这个山坡称作"东坡"。坡上绿树成荫,不远就是滚滚东去的长江。苏轼经常到这里来玩儿。他曾说过:"夜饮东坡醒复醉,归来仿佛三更,家童鼻息如雷鸣,敲门都不应,倚杖听江声。"他很喜爱这个地方,所以把"东坡'作为自己的号。

你应该具备的

第三章　节气习俗

元　旦

每年阳历一月一日，是我国人民传统的新年——元旦。

"元"是开始、第一之意；"旦"是早晨、一天之意。"元旦"就是一年的开始，一年的第一天。

从字面上看："旦"字下边的一横代表着大地的地平线。这个象形字生动地反映了旭日东升的形象。把"元"和"旦"合在一起，就是要人们以蓬勃的朝气和奋发的斗志，来迎接崭新的开始。

"元旦"这一名称，据说取自传说中三皇五帝之一的颛顼。颛顼以农历正月为"元"，初一为"旦"。此后，夏、商、周、秦、汉的元旦日期并不一致。据《史记》记载：夏代以正月初一为元旦；商代以十二月初一为元旦；周代以十一月初一为元旦。到汉武帝时，又规定以正月初一为元旦。辛亥革命后，我国把农历正月初一改称做春节，把阳历一月一日称为新年，不称元旦。直到 1949 年 9 月 27 日。中国人民政治协商会议第一届全体会议通过使用"公元纪年法"，才又将阳历一月一日正式定为"元旦"。

各国元旦习俗

俗话说：十里不同俗。世界各地的人们怎样用不同的习俗迎接新年呢？到非洲坦桑尼亚的斯瓦希里族聚居地去，在元旦这天不必担心饿肚子。那里家家把一碗一碗的玉米、菜豆干饭摆在门前，让过路的人随便吃。

在欧洲，比利时的农民元旦清晨起床后第一件事就是给马、牛、猪、狗等动物拜年，说"新年快乐"。西班牙人除夕夜全家坐在一起，当半夜教堂的钟声开始敲 12 点时，大家便争着吃葡萄，谁能按照钟声吃下 12 颗葡萄，就意味着谁在新的一年里每个月都如意、顺利。在保加利亚过除夕，最好偷偷带上点胡椒面，因为吃年夜饭时谁第一个打喷嚏，主人就要把刚出生的羊羔、马驹或牛犊送给谁，他们认为打喷嚏的人会给全家带来幸福。

而在希腊的提诺斯岛上,除夕前要搬进屋一块长满苔藓的大圆石头,象征财源茂盛、五谷丰登。居住在希腊的克里特岛上的人,他们在元旦互相拜年时不带任何礼物,只需带一块大石头送给主人,然后说:"愿你家有一块像这石头一样大的金子。"石头越大主人越高兴、越感激。

拉丁美洲的巴拉圭人,在新年前五天就不许生火做饭,只吃冷餐,等元旦到来、教堂的钟声响过,才生火做饭,饱餐一顿。原来,当年巴拉圭曾被外族统治,群众奋起反抗,战争持续了一年,粮食吃光了,在元旦那天才有粮食接济。为了不忘过去的艰辛,人们便流传下这个习俗。

此外,世界上还有许多国家和许多民族由于使用的历法以及宗教信仰、风俗习惯、季节气候等不同,新年元旦的日期也各不相同。爱斯基摩人把一年中第一次下大雪的日子作为新年元旦。非洲的刚果把一年中第一次降雨的日子作为新年元旦。泰国传统的新年(宋干节)元旦是每年4月13日。巴基斯坦的新年在阳历3月中旬。印度的新年从10月31日开始,节日一共5天,第四天才是元旦。菲律宾把民族英雄何塞·黎萨尔的就义日——12月30日定为新年元旦。印度尼西亚的凯拉比特族把一年中候鸟最早飞来的日子作为新年元旦。乌干达一些民族以收获节为新年元旦,由于一年中有两次收获节,因而他们一年过两次新年元旦。瑞士阿彭策尔地区中部的土著居民,以每年1月13日为新年元旦。

春　节

春节,俗称"过年",是我国民间最盛大、最热闹的一个传统节日。

过年,最早叫度岁,至少已有三千多年的历史。在夏商时代,人们把岁星(本星)走完一周为一岁,把岁首的几天作为喜庆的日子,广泛开展各种欢庆活动。由岁改年,是周朝的事情。当时我国社会已由游牧转为以农为主,人们都盼望一岁能够五谷丰登。据许慎《说文解字》的解释,"年"就是谷熟。两千多年前,过年的主要活动是"天子祈谷于上帝",以及天子率领三公九卿诸侯大夫躬耕等提倡生产的事情。至西汉,过年时宫廷里有了游艺活动。到东汉时已有了一些简单的民间过年习俗,如祭祀祖先、子孙为家长祝寿等。南朝时,在我国南方的过年风俗是老幼穿戴整齐、互相拜年,在门上钉桃符板(春联的前身)、放爆竹、饮桃汤和屠苏酒等。

至于改过年为春节，不过是九十多年前的事。我国古代使用一种始于夏朝的历法，叫做夏历，元旦在正月初一，以后商、周、秦元旦固定在正月初一。辛亥革命以后我国自 1912 年起使用公历，才把夏历新年改称春节。夏历元旦多在立春前后，正是春回大地的时候，因而把夏历新年叫春节是非常恰当的。

春节的风俗

　　历史上遗留下的过春节的风俗习惯很多，经过长期演变，现已有了新的内容。

　　例如春节前的大扫除，民间叫"扫房"，早在宋代就有这一风俗。据《梦粱录·除夕》记载：宋代除夕前，"不论大小家具洒扫门伺，去尘秽，净庭户"。这习俗流传到现在，就是春节前大搞环境卫生，防病保健。

　　放爆竹和贴春联，起源也很早，它有声有色，增强了节日气氛。南北朝时，宋懍的《荆楚岁时记》上说："正月一日……鸡鸣而起，先于庭前爆竹以劈山臊恶鬼。"宋代王安石还写下了著名诗句："爆竹声中一岁除。"到了清代，人们还制造出了能显示戏曲人物形象的花炮。新中国成立后，鞭炮、烟火的工艺更为精妙。节日之夜那种"火树银花不夜天"的盛况，已成为我国各族人民团结欢乐的象征。

　　在民间，春节还有"除夕守岁"的习俗。南北朝时就有"除夕守岁"的诗文。有的文章记载："是夜，禁中爆竹山呼，声闻于外，士庶之家，围炉团坐，达旦不寐。"守岁一般是在吃年饭后。年饭在我国北方多是吃饺子，饺子状如元宝，这也反映人们的美好愿望，预祝来年生产好，能发家致富。我们今天过除夕，虽不再"达旦不寐"，但城乡群众仍然习惯大放烟火，鞭炮之声此起彼伏，长夜不断。以此来表达愉快欢乐的心情。

少数民族的春节风俗

　　春节，是我国各族人民的传统节日。这一天，由于各族人民的风俗不一，各以特有的方式欢度佳节。

　　藏族人民过藏历年，春节一过，藏历新年就到了。这天，人们穿着艳丽的服装,戴上各式各样的假面具,在海螺、大鼓、唢呐等乐器伴奏下,高歌狂舞,举行隆重盛大的"跳神会",以示除旧迎新、驱邪降福。大初一,家家户户煮上肉,打好酥油茶,还把糌粑和红糖捏成供品,并在上面插上几束染了颜色的麦穗和青稞穗,表示预祝丰收。人们互相拜年,亲友见了面互赠哈达,表示祝福和敬意。

居住在粤、桂、湘一带的瑶族人民过春节有一项活动叫"耕作戏"。初一姑娘们穿上了漂亮的花衫、花裙,戴上精致的银饰;小伙子也穿上节日的盛装,从四面八方聚到一起。集会一开始,每三人为一组,一人扮牛,一个扶犁,一个荷锄,表演"耕作戏",以示喜迎春耕,预兆丰年。

内蒙古自治区的达斡尔族,春节前夕,青年们跳着富有民族风格的"鲁日格乐舞"通宵达旦。初一清早青年们双手各自沾满锅灰,互相往对方的脸上涂抹。据说,这是预祝丰收和吉祥的意思。

广西壮族人民的风俗更有趣,年初一大早,人们各自到邻居家的菜园拔掉两三棵青菜,表示来年要团结互助。这一天,青年男女一起跳"打谷舞"。这个流行的传统舞蹈分四节,包括插秧、车水、割稻和舂米,富有农民风味。

西南边疆的布依族人民,春节前夕,一家大小要通宵达旦地守岁。天一亮,姑娘们争着到屋外去挑水,谁先挑回来第一担水,谁就是最勤劳的姑娘。这一天男女青年互相串门拜年,并结伙出外游玩,尽兴方归。

云南的哈尼族人民在春节前几天,妇女们都忙着舂粑粑(用糯米做饼)准备过年。而青年男女呢,都忙着上山砍竹子、立秋千架。年初一,男女老少穿着自己最喜爱的衣服,成群结队地去参加荡秋千比赛。青年男女并乘此良机互相选择自己的意中人。

爆　竹

说起放爆竹,这要追溯到汉代。当时,人们为了新的一年平安无事,必须驱走恶鬼。于是,他们想出了烧竹竿的办法。他们认为万恶怕火,火烧竹竿,又连续发出噼里啪啦的响声,恶鬼就一定被吓跑不敢再来了。人们便在每年农历正月初一,清晨鸡刚叫的时候,在门前燃烧竹竿。后来,火药的发明,给爆竹带来了根本的变革。到了宋朝,已经开始有纸裹着的装上火药的爆竹,并把它编成一串儿,像长鞭一样,燃放起来响声不断。当时有这么一首诗:"花爆聒新年,嘉名一一传。晴飞遍地锦,迅落霸王鞭。"形象地描绘出当时放爆竹的情景。随着时间的变迁,放爆竹又由原来的驱鬼增加了迎神的内容。

新中国成立以后,再不用放爆竹赶走"恶鬼",迎接"财神"了。然而,每逢喜事佳节,人们仍喜欢放爆竹,爆竹也由原来品种单一发展到五光十色。

元宵节和元宵

农历正月十五日是元宵节,又叫灯节。

元宵节起源于汉朝。据传,汉惠帝刘盈死后,吕后一度篡权。吕后死后,一心保汉的周勃、陈平等人,协力扫除诸吕,一致拥刘恒为主。汉文帝刘恒博采群臣建议,广施仁政,救灾济贫,精心治国,使国家强盛起来。因为清除诸吕的日子是正月十五,为了纪念这个日子,在古代"夜"字同"宵",正月又称元月,刘恒就将正月十五定为元宵节。

正月十五日,已是春节的尾声,又是大地回春的第一个月圆之夜。所以,自古以来这个节日就十分快乐。汉初时,每到正月十五日的晚上,人们就到寺院"祭神"。到了唐朝,唐肃宗于公元761年始定每年的正月十五日为灯节。从此,人们在元宵节观灯赏灯便成为节日的主要习俗,一直延续至今。

元宵节中人们还要吃元宵。相传这个习俗起源于唐代。当时有些产棉区的农民扎些稻草把儿,用糯米粉或面粉做成棉花似的粉果,插到草把上,捆成捆,每逢正月十四和第二天元宵节,放到田里去,烧香祭祀,祈求棉花丰收。随后就用糯米做成球形带馅的汤圆吃,其意是全家人团圆、和睦、幸福。因为人们是在元宵节这天吃汤圆,所以汤圆也就被叫做"元宵"了。

二月二是"龙头节"

每年农历二月初二,我国农村许多地方都有过"龙头节"(也叫"青龙节")的习俗。

它的来历相传是:武则天篡夺唐室江山后,改国号周,自封大周武皇帝。玉帝闻之大怒,命太白金星传谕四海龙王,三年内不准向人间降雨。这可苦了老百姓，从立夏到寒露，整整五个多月滴雨未下。人们眼看就要生路断绝，一天，忽然从远处飘来一朵云彩，并越来越大，不一会儿就把整个天空遮住了，一阵和风吹过，下了一场倾盆大雨。久旱得雨，人心欢畅。原来这是管天河的玉龙行的雨。这玉龙上次曾为救民行雨，被打到凡间变成一匹白马，随唐僧西天取经。后因取经成功，被重新召回天河。这些天来，它听到人们的哭声，看着人被饿死的惨景，不顾再次被打下凡间的危险，违旨行雨。玉帝听说，勃然大怒，又把它打下凡间，压在一座山下受罪。山上立道碑，上写道："玉龙降雨犯天规。当受人间千秋罪。若想重登灵霄阁，金豆开花方可归。"才知道，玉龙原来是降雨造福于人民而触犯了玉帝，为了挽救玉龙，亟待金豆开花。他们找呀找呀，总找不到金豆开花。到了第二年二月初一这天，正逢赶集之日，一个老婆婆背着一袋包谷去卖，不小心金黄金黄的包谷洒了一地。人们见此心头一亮，心想，这包谷不就是金豆吗？炒炒不就开花了吗？于是一传十、十传百，很快传到这一方人的耳里，次日家家都要炒包谷豆。

二月初二这天，各家各户把炒好的包谷花供到当院，有的还送到玉龙身边。玉龙见人们待它如此之好，再也忍不住了，便大声喊道："太白老头，金豆开花了，还不快快放我回去。"太白金星人老眼花，看不清楚，便一招手收了拂尘。镇压玉龙的那座山原是太白金星的拂尘化的，随着拂尘升起，玉龙腾身跃上云间，用尽平生之力对着旱得冒烟的大地"哗哗哗"又喷起来，转眼之间，沟满坑平。

再说玉帝听说玉龙又违旨降雨，急唤来太白金星责问。太白知道把事办错了，只好说："你那时不是说等金豆开花便放它吗？今早我看见凡间的金豆都开花了，就收了拂尘。"玉帝气得浑身发抖说："那是包谷花呀！"太白金星见玉帝发了火，就一言不发地站在那里，直到玉帝气消了些，才试探着说："我想着咱天上的香烟全靠老百姓供奉，要是把他们都饿死了。咱以后咋办呢？"玉帝听后，无言可答，只好又把玉龙召回天庭。玉龙虽不被治罪了，但民间为了纪念它，每年二月初二这天很早就起来炒包谷花。有的还边炒边唱："二月二，龙抬头，大仓满。小仓流。"这一习俗一直流传至今。

第三章 节气习俗

"清明节"与"寒食节"

　　清明节是我国民间传统节日之一，节期在每年公历 4 月 5 日前后。"清明"一词，起初是被用来形容天下太平，人民安定的，含有天清地明之意。相传禹治住了水患后，人们就用"清明"一词庆祝水患已除，天下太平。另据《玉海》："五日为一候，三候为一气，放一岁有二十四气。"清明时候，正如《岁时百问》所说的："万物生长时，皆清净明洁，故谓之清明。"由此，"清明"就称为我国夏历二十四节气之一。

　　清明称为节日，始于春秋。据史相传，春秋时期，晋国公子重耳被晋献公的宠妃骊姬迫害，带了一批人马逃亡在外，颠沛流离 19 年。随行的臣子介子推，忠心耿耿。有一次，重耳想吃肉荤而不可得，介子推竟然暗自割下自己腿上的肉煮给重耳吃。后来重耳回国做了国君即晋文公。在赏赐有功之臣时，他竟一时疏漏了介子推。后经别人提醒，晋文公懊悔不已，忙召介子推进宫受封。孰料介子推不贪富贵荣华，竟带着老母隐居凤阳县绵山（今山西省介县东南），过着清贫的生活。晋文公派人满山寻找，终未能见。正当晋文公一筹莫展之时，有人献计说：介子推是个孝子，若放火烧山，他为了母亲，一定会背着老母下山的。于是，晋文公便下令烧山。介子推还是不出山，结果发现介子推与其母相抱死于枯柳树下。晋文公万分悲痛，为了纪念他，在绵山立庙祭祀，改绵山为介山，凤阳县改封介休县，并下令每年在介子推遭焚之日，全国禁火三日，家家吃干粮冷饭，喝冷水，因其死于火，不忍举火，为之冷食，"以志吾过，且旌善人"。自此，清明前夕为寒食节。当时，在清明节这天前后，晋国的百姓家家门上挂柳枝，人们还前往介子推墓前扫墓。后来人们将寒食与清明并称。到秦汉时期，民间普遍兴起清明祭扫活动，唐代尤盛。清明节除了祭祀扫墓，还有植树、荡秋千、放风筝等等活动。历代承袭，几千年来，称为有中国特色的民族习俗。

端 午 节

　　端午节与春节、中秋节，并称为我国人民的三大传统佳节。关于它的来历主要有四种说法。

其一是与我国古代的伟大诗人屈原有密切的联系。屈原,名平,字原,公元前340年生于楚国秭归乐平里(今湖北省秭归县)。楚怀王时,他曾做过左徒(仅次于宰相一类的官)和三闾大夫。他不仅是一位伟大的诗人,而且还是一位杰出的政治家。他主张举贤任能,彰明法度,改革政治,统一中国。后因坚持抗秦被放逐至汨罗江边(今湖南省汨罗县境内)。楚襄王二十一年(公元前278年),楚国都城被秦军攻破,屈原悲愤郁怒,于这一年的五月初五抱石投汨罗江而死。消息传出以后,人们纷纷驾着渔船打捞他的尸体,并将粽子投入江中吊祭。后来民间相沿成习,每年端午节这天都要赛龙舟、吃粽子,以此来纪念屈原这位忧国忧民的伟大诗人。

其二是"龙"的节日,闻一多先生在《端午节的历史教育》一文中认为"端午节"是古代吴越民族——一个龙图腾团族举行图腾祭的节日。简言之,一个龙的节日。古代的吴越民族就是以龙为图腾的。为表示他们龙子的身份,借以巩固本身的被保护权,故有"断发文身"的风俗。每年五月初五这一天,他们要举行一次盛大的图腾祭,将各种食物装在竹筒中,或者裹在树叶里,一面往水里扔,献给图腾神吃,一面自己吃。最后还在急鼓声中(那时没有锣)划着那刻画成龙形的独木舟在水面上做竞渡的游戏,给图腾神看。

其三是认为起源于恶日。战国时代的齐国宰相孟尝君出生在五月初五,他父亲曾要妻子把他除掉。据《风俗通义》记载:"五月五日生子,男害父,女害母。"宋王镇恶也生于这天。他祖父给他起名叫"镇恶"。南北朝以前人们一直把它当做一个恶性的节日。

其四是认为起源于夏至。论者从端午节的两个主要风俗,即食粽、竞渡人手,征引古代岁时专著《荆楚岁时记》、《玉烛宝典》中有关材料,指出最早的食粽风俗,正是在夏至节,并援引《后汉书礼仪志》中的有关记载,认为汉代的一些端午风俗都来自夏、商、周时期的夏至节。论者还对端午节又叫"天中节"这一名称进行分析,认为从地理学角度讲,夏至这天太阳直射北回归线,夏至日的确是一年里太阳最居中的一天。所以古人又有以"日叶正阳,时当仲夏"来解释端午节的。

第三章　节气习俗

七　夕

每年七月七日，我国民间有乞巧的风俗，叫"乞巧节"或"少女节"。

《荆楚岁时记》记载："七月七日为牵牛织女聚会之夜……是夕，人家妇女结彩缕，穿七孔针，或以金银蝓石为针，陈瓜果于庭中以乞巧。"这种乞巧既是乐戏也希望心灵手巧，幸运到来。

唐代文学家柳宗元在《乞巧文》中写道："柳子夜归自外庭，有设祠者，谊饵馨香，蔬果交罗，插竹垂绥，剖瓜犬牙，且拜且祈。怪而问焉。女隶进曰：'今兹秋盂七夕，天女之孙将嫔于河鼓（即牵牛），邀而祠者，幸而与之巧，驱去塞拙，手目开利，组织缝制，将无滞于心焉。为是祷也。'"我们从女佣口中可以了解到，"人家妇女"之所以乞巧，就是希望通过织女的感召，除去笨拙，使自己变得眼明手巧，织布缝衣都能得心应手。

然而，织女又是什么人呢？六朝梁殷芸的《小说》中称："天河之东有织女，天帝之子也，年年机杼劳役，织成云锦天衣，容貌不暇整，帝怜其独处，许嫁河西牵牛郎。"古诗中也提到"迢迢牵牛星，皎皎河汉女，纤纤擢素手，札札弄机杼"。可见，织女是一个聪明能干、心灵手巧，在天上织云锦的仙女。因而每当七夕牛郎织女相会的时候，年轻的姑娘们"且拜且祈"，向她乞巧。

关于牛郎织女七七相会的神话传说，有个逐步形成的过程，开始，织女、牛郎只不过是银河两岸的两颗星名。所以，当时也就不存在乞巧的事。到了西汉，就有七夕上街看织女星的风俗。据唐韩鄂，《岁华纪丽》引窦皇后传："后观津人也。少小头秃，不为家人所齿。遇七夕夜人皆看织女，独不许后出。"到了六朝时代，牛郎织女的传说就比较完整。《续齐谐记》记叙："桂阳成武丁，有仙道，常在人间。忽谓其弟曰：'七月七日，织女当渡河，诸仙悉还宫；吾向已被召，不得停，与尔别矣。'弟问曰：'织女何事渡河？兄当何还？'答曰：'织女暂诣牵牛。吾后三年当还。'明旦，失武丁所在。世人至今犹云：七月七日织女嫁牛郎。"这里写桂阳成武丁七夕奉天帝召回天庭，因为织女将会牵牛，说得活灵活现。在当时文人的笔下也有不少咏七夕的诗篇。如庾信的《七夕赋》中写道："缕条紧而贯中，针鼻细而穿空。"说明当时已有穿针乞巧的习俗了。

你应该具备的

中 秋 节

中秋节的风俗是怎样形成的?据史籍记载,古代帝王就有"春天祭日,秋天祭月"的礼制,并将农历每季中的三个月分别称为"孟"、"仲"、"季"。八月十五日,居于秋季的正中,故称为"仲秋"或"中秋"。

由于战争烽火或自然灾害,造成了国破民穷,妻离子散,人们渴望团聚康乐,自由幸福,常常以月寄情,望月思乡,怀念亲人。这种情景可见于历代诗人和文人的笔下,诸如:唐代李白的"举头望明月,低头思故乡";杜甫的"露从今夜白,月是故乡明";王建的"今夜月明人尽望,不知秋思落谁家";宋代王安石的"明月何时照我还";以及民间广泛流传的"月儿弯弯照九州,几家欢乐几家愁"等诗词歌赋,充分说明了月亮一直被人们作为光明、纯洁、美好的象征。

古时候,由于人们对宇宙间的自然科学缺乏了解,更将"月缺月圆"作为"悲欢离合"的象征,由此幻想到月宫里一定有什么神仙菩萨,祭拜他们可以保佑自己。同时,也由于人们对美满生活的向往,常将自己美好的理想,寄托于天上月亮中的月神,以求其降临幸福,并以幻想编造和流传了"嫦娥奔月"、"吴刚伐桂"、"白兔捣药"、"广寒宫玉蟾"以及"唐明皇游月宫"等种种神话故事传说。所以,在民间逐渐地形成了祭月、拜月的仪式和赏月吃月饼的风俗习惯了。

重 阳 节

为什么把农历九月初九叫"重阳"呢?《易经》载:"阳爻为九"。将"九"定为阳数,两丸相重为"重九",日月并阳,两阳相重,故名"重阳"。汉末曹丕在《九日与钟繇书》中说:"岁往月来,忽九月九日。九为阳数,而日月并应,俗嘉其名。"可见,重阳节最迟在汉代已形成。

重阳节的活动内容很丰富,有登高、赏菊、喝菊花酒、插茱萸等。《齐人月令》中说:"重阳之日,必以糕酒登高眺远,为时宴之游赏,以畅秋志。酒必采茱萸甘菊以泛之,既醉而还。"陶渊明在重阳这一天"引吟载酒,须尽一生之兴"。《武林旧事》记载:南宋宫廷,"于八日作重阳排挡,以待翌日隆重游乐一番。"明代皇宫初一吃花糕,九月重阳,皇帝亲自到万岁山登高。此风俗一直流传到清代。

九月既是黄金季节,又是丰收之时。橘红橙黄,栗开榴绽,金桂飘香,金风送爽。时逢佳节,置身高处,极目远眺,那漫野的山花,金黄的果实,各种绮丽风光尽收眼底。如果在晨光熹微的拂晓或夕阳如火的黄昏,登临高处,静观日出或晚霞,顿觉心旷神怡,豪情满怀。

为什么把农历十二月称为"腊月"

人们称农历的十二月为"腊月",这是为什么呢?原来,我国古代习惯是要在年末祭祀百神和祖先,这种祭典,"夏曰嘉平,殷曰清祀,周曰大蜡。秦汉曰腊。"这话记载在《风俗通》的古书里。因"腊"是一种盛大的祭典,所以每逢到腊祭的这个月也就叫做腊月了。古代劳动人民在一年的劳动之后用收获物来祭祀古神与祖先,用以感谢大自然的赐予。现在人们所说的"腊月"只是表示农历十二月,与原来的含义不同。

腊 八 节

农历腊月初八是我国传统的"腊八节"。按习俗家家户户都要熬一锅香喷喷的"腊八粥"。

腊八吃粥的习俗由来已久。宋代《东京梦华录》中记载:"自冬至后戌日,数至第三戌便是腊日,谓之君主腊,寺院谓之'腊八',大刹等寺具备五味粥,名曰腊八粥,亦名佛粥。"

相传当初佛祖如来进山修行取得正果的日子是腊月初八,教徒们为了纪念此日,每年的这一天除了诵经释佛之外还要用多种粮食、果仁煮混合粥以示纪念。 腊八粥也叫佛粥。这种纪念形式逐渐传入民间,发展成一种特殊的风俗习惯。

过腊八节虽起源于佛教,但早在佛教未传入我国的西汉时期就已有腊月祭祀古神和祖先的习俗。到了南北朝时期,佛教兴盛起来,才把年终祭祀日与佛祖纪念日合为一体,统一在十二月初八这一天。

除 夕

　　"除夕"中的"除"字的本义是"去",引申为"易",即交替;"夕"字的本义是"日暮",引申为"夜晚"。因而"除夕"便含有旧岁到此夕而除,明日即另换新岁的意思,即一年最后一天的夜晚。

　　"除夕"源于先秦时期的"逐除"。据《吕氏春秋·季冬纪》记载:古人在新年的前一天,击鼓驱逐"疫疠之鬼"。这就是"除夕"节令的由来。而最早提及"除夕"这一名称的,则有西晋周处的《风皇记》等书。"除夕",在古代还有许多雅称,如:除傩、除夜、逐除、岁除、大除、大尽等。

　　古往今来,我国民间在除夕有很多富有积极意义的习俗。"岁晚相与馈问"为"馈岁","酒食相邀呼"为"别岁",至除夕达旦不眠为"守岁"。"蜀之风俗如此"(苏轼《岁晚三首序》)。多少年来民间还有除夕"吃年饭"的习俗。这顿年饭中,鸡、鸭、肉、鱼样样具备,全家团聚,共进丰餐。这也是人们回顾旧岁、憧憬新年的一种形式。

平 安 夜

　　平安夜即圣诞节前的一个晚上,类似于我国的除夕。平安夜这天,每家都要摆圣诞树。当晚,全家人团聚在客厅中,围在圣诞树旁唱圣诞歌曲,互相交换礼物,彼此分享生活中的喜怒哀乐,表达内心的祝福和爱,祈求来年的幸福。

　　这天晚上,还会看到一群可爱的小男孩或小女孩,手拿诗歌,弹着吉他,一家一家地唱着诗歌报佳音。据说这与耶稣降生有关。

　　耶稣诞生的那个夜晚,在旷野看守羊群的牧羊人,突然听见天上传来了声音,告诉他们耶稣降生的消息。根据《圣经》记载,耶稣来到人间,是要做人世间的王,因此天使便通过这些牧羊人把消息传给更多的人。

　　后来,人们就效仿天使,在平安夜的晚上,到处传讲耶稣降生的消息。直至今日,报佳音已成为圣诞节不可缺少的活动。

圣 诞 节

每年 12 月 25 日，是基督教徒纪念耶稣诞生的日子，称为圣诞节。它是许多国家最主要的节日，相当于我国的春节。

圣诞节这个名称是"基督弥撒"的缩写。弥撒是教会的一种礼拜仪式。诞节是一个宗教节，人们把它当做耶稣的诞辰来庆祝，因而又名耶稣正节。

据《圣经》记载，耶稣诞生在犹太的一座小城——伯利恒。关于耶稣的出世，书上还载有一个故事，叫《圣母玛利亚纯洁受孕记》。

相传圣母玛利亚做了一场梦，梦中怀了孕。神便派遣使者加伯列在梦中晓谕约瑟，不要因为马利亚未婚怀孕而嫌弃她，而应与她成亲，并把那孩子起名为"耶稣"，意思是要他把百姓从罪恶中救出来。

马利亚快要临盆的时候，罗马政府下了命令，要求全国人民务必到伯利恒申报户籍。当约瑟和马利亚到达伯利恒时，天色已晚，两人未能找到旅馆住宿，只有一个马棚可以暂住。就在这时，耶稣要出生了！于是马利亚唯有在马槽上生下耶稣。

耶稣生辰无据可考，后来把划分世纪的那一年（即公元 1 年），定为耶稣诞生之年，时间是一个冬天的夜晚。到公元 354 年，基督教派中的多数派，把罗马帝国密司拉教在 12 月 25 日纪念太阳神诞辰的节日定为圣诞节，旨在取耶稣为"正义的太阳"之意。

圣诞节这一天也是世俗的农神节，这个日子正当农历冬至左右，开始昼长夜短，日照时间变长，太阳赐予人们的光明和温暖与日俱增。人们为了感谢太阳赐福，常常举行各种欢庆活动，向太阳顶礼膜拜。把耶稣诞辰定于传统的农神节这一天，其用意是为了表示耶稣的降生就是太阳的再生。

复 活 节

复活节是基督教纪念耶稣复活的节日，是欧美各国仅次于圣诞节的重大节日。

据《圣经》上说,耶稣是在他去耶路撒冷参加犹太教"逾越节"的那天遇难的,他被钉死在十字架上,死后复活升天。这一天又是古代斯堪的纳维亚地区庆祝大地回春的"春太阳节"。后来,"复活节"逐渐替代了"逾越节"和"春太阳节"。

古代"复活节"的日期,由于各地教会的历法不同,故因地而异。古基督教徒曾在犹太教"逾越节"那天纪念耶稣复活。公元325年,在罗马帝国的一次教士会议上,决定将每年春分月圆后的第一个星期作为"复活节"。

情 人 节

每年的2月14日是情人节。这一天,人们都把玫瑰花或巧克力送给自己心爱的人,以表达自己的爱慕之情。

情人节英文译音是"瓦伦丁"(Valentine),相传是为了纪念一位叫瓦伦丁的基督教圣徒。

公元3世纪,罗马帝国有一个基督教徒瓦伦丁,因带头反抗罗马帝国统治者对基督教徒的迫害而被捕入狱。在狱中,瓦伦丁治好了典狱长女儿的眼疾,也得到典狱长女儿的悉心照料,两个人建立了感情。

公元270年2月14日这一天,瓦伦丁被处死。行刑前,瓦伦丁给典狱长的女儿写了一封信,表明了对姑娘的深情。此后,基督教徒为了纪念殉教者瓦伦丁,便把这天视为"情人节",节日的标志是红心和鲜花。

情人节最初叫"圣·瓦伦丁纪念日"(SanValentine'Day),之所以改叫"情人节",有两种不同的说法。

一种说法是,由古罗马的牧神节(2月15日)风俗改变而来,在牧神节期间,每个青年男子从一只盒子里抽签,盒子里放的是写有青年女子姓名的条子,抽到谁,谁就成为那个青年男子的心上人。后来这个节目便与瓦伦丁节合二为一。

另一种说法是,古人认为2月14日是百鸟发情择偶的开始,林中的鸟儿啼春发情,人们推鸟及人,便认为青年男女也应该在这一天择定佳偶,或者互相致以最好的祝愿,表明心迹。由于这一天正好是瓦伦丁节,人们便沿用了瓦伦丁这个名字。

久而久之，"瓦伦丁"这个名字便成为"情人"的代名词了。

愚 人 节

每年 4 月 1 日，是西方民间的传统节日——愚人节。这一天，人们会带着善意去任意愚弄他人。

愚人节起源于法国，与历法改革有关系。

1564 年，法国首先采用新改革的纪年法——格里历（即目前通用的阳历），以 1 月 1 日为一年之始。但一些因循守旧的人反对这种改革，依然按照旧历固执地在 4 月 1 日这一天送礼品庆祝新年。

主张改革的人对这些守旧者的做法大加嘲弄。聪明滑稽的人就给他们送假礼品，邀请他们参加假招待会，并把上当受骗的保守分子称为"四月傻瓜"和"上钩的鱼"。

从此，人们在 4 月 1 日互相愚弄成为法国流行的风俗。18 世纪初，愚人节的习俗传到英国，接着又被英国的早期移民带到了美国。

在英国，也有一个关于愚人节由来的故事。

1545 年，一位叫卢夫·利尔波的科学家，一直在研究有关飞行的奥秘。有一天，他给国王亨利八世寄去一封信，声称他已揭开了飞行的奥秘，并恭请国王在 4 月 1 日驾临威斯敏斯特教堂，观看他的飞行表演。

4 月 1 日这一天，国王和政界要员们站在教堂外广场上，等待着利尔波先生从空中飞过。然而，他们什么也没有看到。利尔波不是存心开玩笑，他确实已掌握了飞行的诀窍，但由于飞行器出了故障，他撞在一棵树上不幸遇难，才没有在国王面前出现。从此，英国就形成了一种习俗，把 4 月 1 日定为"愚人节"。

感 恩 节

感恩节不同于圣诞节、情人节，它是美国人民独创的一个古老节日。因此，美国人提起感恩节总是倍感亲切。至今，感恩节已有 300 多年的历史了。

17 世纪初，英王詹姆七一世独尊英国国教，当时，英国有一批清教徒,曾想"净化"英国国教,但反而受到迫害,为了躲避宗教迫害,于是逃往荷兰。

几年后,异国孤独而清贫的生活,使他们感到无限惆怅。于是,他们之中的 102 人于 1620 年 9 月搭乘"五月花"号木船离开荷兰,横渡大西洋。

他们历尽艰险,终于在酷寒的十一月来到一个遥远陌生的新世界——鳕鱼角。当船员由鳕鱼角上岸后,却找不到水源。于是,船只继而转向今美国东北部,于当年的 11 月 21 日到达了今马萨诸塞州的普利茅斯。

普利茅斯原是印第安人居住的一个村落,几年前,天花流行,夺去了全体村民的生命,这里正适合这批英国移民落脚。

移民们初到普利茅斯,就遇上了严寒的冬天。他们缺乏装备和经验,又因传染病流行,夺走了这里过半数人的生命。

第二年春天的一个早上,普利茅斯来了一位印第安人。他是附近村落的酋长派来察看情况的。酋长得知情况后,当即给移民们送来了很多生活必需品,并派来不少能干的印第安人,教移民们捕鱼、狩猎,种南瓜、玉米、笋瓜、蚕豆和饲养火鸡等。

这一年,移民种的庄稼获得了丰收,生活有了很大的好转。移民怀着愉悦感恩的心情,特地在 11 月底的一天,大办筵席,邀请印第安人一起赴宴,共同庆祝丰收的成果。筵席上有打的野火鸡,还有用丰收的土豆、南瓜做的土豆泥和南瓜饼等。印第安人欣然应允,并提前送来了 5 只鹿。

这一天,除了相互欢宴外,还举行多种活动,如摔跤、赛跑、唱歌和跳舞等,搞得喜气洋洋。从此以后,这个习俗在普利茅斯流传下来,并逐渐推广到美国各地和北美一些国家。当时的一些食物,烤火鸡、南瓜饼、玉米面包等食品,也逐渐成为这一节日的传统菜肴。

1789 年,美国第一任总统华盛顿宣布每年的 11 月 26 日为美国的感恩节,在 1863 年,林肯总统又把感恩节定在每年 11 月的最后一个星期四。

"二战"期间,罗斯福总统与有些州的州长在感恩节的日期上发生争执。最后,经过国会讨论,1941 年以法令的形式确定每年 11 月的最后一个星期四为感恩节。

妇 女 节

每年的 3 月 8 日是妇女节,又称国际妇女节,是世界各国妇女争取和平、平等、发展的节日。一个世纪以来,各国妇女为争取到这一权利做出了不懈的努力和斗争。

1908 年 3 月 8 日,1500 名妇女在纽约市游行,要求缩短工作时间,提高劳动报酬,享有选举权,禁止使用童工。她们提出的口号是"面包和玫瑰","面包"象征经济保障,"玫瑰"象征较好的生活质量。五月,美国社会党决定以二月的最后一个星期日作为国内妇女节。

1910 年,德国社会学家蔡特金建议,为了纪念美国服装工人的罢工,应设定一天当"国际妇女节"。该建议被在哥本哈根召开的国际妇女社会学家会议接受,但并未定出具体日期。

1917 年,俄国妇女号召在 2 月 23 日罢工,要求"面包和和平",抗议恶劣的工作环境和食物短缺。这天依据俄国使用的儒略历是当月的最后一个星期日,相当于欧洲使用格里高历的 3 月 8 日。

1924 年,中国共产党在广州召开了第一次"三八"节纪念大会。

1949 年,中央人民政府做出决定,将 3 月 8 日定为妇女节。这一天,全国妇女放假半天,并举行各种庆祝活动。

1977 年 12 月,联合国采纳了一项决议声明,联合国妇女权益和平日,在每年的某一天,服从各成员国的历史和传统。对联合国而言,国际妇女节定为 3 月 8 日,且从 1975 年开始。

南非妇女节的时间有别于国际妇女节。1956 年 8 月 9 日,数百名黑人妇女在比勒陀利亚举行示威游行,抗议当局推行种族隔离的"通行证法"。新南非政府将这一天定为妇女节,以纪念南非妇女在争取平等斗争中所做的贡献,并将这一天定为全国公假日。

母亲节的由来

为了表达对母亲的敬意,许多国家都相继确定了母亲节。在这一天,人们会举行各种庆祝活动,赞扬全世界的母亲。

据说,美国南北战争结束以后,安娜·贾维斯的母亲,当时是美国格拉夫顿城教会学校的总监,并兼职在教堂讲述美国国殇纪念日的课程。当她讲述到在战役中英雄捐躯的故事时,不禁感慨万分,认为应该给予失去儿子的母亲们一种慰藉、一个纪念日。同时也衷心希望,有人会创立一个母亲节来赞扬全世界的母亲。

安娜·贾维斯的母亲死后,她立志要实现母亲的愿望,创立母亲节,借以纪念世上所有的母亲,提倡孝道等。为此她向社会发出呼吁,结果她的呼吁获得各方面热烈的支持,取得了良好的反应,并纷纷邀请她前往演讲。

经过安娜·贾维斯的努力,在全国人民的支持下,1914 年,美国参众两院通过一项决议案,将每年 5 月的第二个星期日定为母亲节。

随后,又有许多国家建立起这一伟大的节日,现在它已经成为世界性的节日。虽然,许多国家是在一年中不同的时节庆祝属于他们的母亲节,但每到这一天,人们都会想起辛勤操劳、哺育儿女的母亲。

父 亲 节

父亲节是表达对父亲敬意的节日,在世界各国广泛流行。父亲节是由美国人约翰·布鲁斯·多德夫人倡议建立的。

家住华盛顿的多德夫人早年丧母,她有 5 个弟弟,姐弟 6 人的生活负担全落到了父亲身上。父亲每天起早贪黑,无微不至地关心着孩子们的成长,既当父亲又当母亲,自己则过着节衣缩食的日子。

多德夫人切身体会到父亲的关爱,感受到父亲的善良与伟大。她长大后,深感父亲这种自我牺牲的精神应该得到表彰,做父亲的也应该像母亲们那样,有一个让全社会向他们表示敬意的节日。

于是,她给华盛顿州的政府写了一封言辞恳切的信,建议设立父亲节。州政府被她的真情所打动,便采纳了这一建议,日期定在每年 6 月的第三个星期。据说,把父亲节设定在 6 月,因为 6 月的阳光是全年中最炽热的。以象征父亲对子女的爱。

随后,在社会各界人士的强烈呼吁下,1972 年,美国总统尼克松签署了建立父亲节的议会决议,使其成为全国性的节日。

目前，这个节日受到了世界上许多国家民众的普遍认同。每到这一天，子女们总是向辛劳的父亲致以敬意。父亲节和母亲节的庆祝方式大致相同，只不过父亲们喜爱的礼物不是糖果而是雪茄而已。

劳 动 节

五一国际劳动节简称五一节，它是全世界劳动人民的共同节日。每年的这一天，世界各国的工人群众，都会组织不同形式的纪念活动。

这个国际性节日，来自于美国芝加哥的工人大罢工。

19世纪80年代是美国资本主义经济高速发展的时期，美国已成为世界上最发达的资本主义国家之一。但是，美国的工人却和其他国家的工人一样，工作繁重，工资很低，工时很长。马萨诸塞州一个鞋厂的监工直言不讳地说："让一个身强力壮、体格健康的18岁的小伙子，在这里的任何一架机器旁边工作，我能够使他在22岁时头发变成灰白。"

繁重的劳动和阶级压迫激起了劳工群众的巨大愤怒，他们发起了第一次罢工运动。他们要求缩短工时，实行八小时工作制。

1882年美国总统切斯特·阿瑟的一番讲话，却激起广大工人的愤怒。

阿瑟宣称："我不认为八小时工作制的法律是符合宪法的，而世界上没有任何力量能够使我实施一项不符合宪法的法律。"这实际是对八小时立法运动的否定，使工人的要求和希望全部破灭。在忍无可忍的情况下，美国工人再次走上街头，进行了全国性的大规模斗争。

1886年5月1日，全美国几十万工人，为争取八小时工作制举行罢工。这次罢工浪潮席卷了芝加哥、纽约、波士顿、匹兹堡和华盛顿等一系列城市，波及美国的各个生产部门。芝加哥是这场争取八小时工作制斗争最激烈的城市。

当时，在罢工工人中流行着一首"八小时之歌"，歌中唱道：

我们要把世界变个样，
我们厌倦了白白的辛劳，
光得到仅能糊口的工饷，
从没有时间让我们去思考。

我们要晒晒太阳，
我们要闻闻花香，
我们相信：
上帝只允许八小时工作日。
我们从船坞、车间和工场，
召集了我们的队伍，争取：
八小时工作，八小时休息，
八小时归自己！

强大的罢工运动，使美国政府胆战心惊，他们开始策划阴谋，调动警察，进行镇压，在芝加哥引发了流血事件。

美国工人提出的八小时工作制的要求，不仅反映了世界各国工人的愿望，而且也受到了他们的重视和欢迎。1889 年，各国社会主义者代表大会在巴黎召开。大会决定接受法国代表拉文的建议，把每年的 5 月 1 日作为全世界无产者的节日，以纪念芝加哥工人的英勇斗争。从此，这个伟大的国际性节日就诞生了。

我国人民庆祝劳动节的活动可追溯至 1918 年。这一年，一些革命的知识分子在上海、苏州、杭州、汉口等地向群众散发介绍"五一"的传单。

1920 年 5 月 1 日，北京、上海、广州、九江、唐山等各工业城市的工人群众浩浩荡荡地走向街头，举行了声势浩大的游行集会，这就是中国历史上的第一个五一劳动节。

1949 年 12 月，中央人民政府政务院将五月一日定为法定的劳动节。

六一国际儿童节

六一国际儿童节是全世界儿童的节日，也是全世界爱好和平，为争取儿童生存、健康和受教育的权利而斗争的日子。

1925 年，"国际儿童幸福促进会"举行第一次国际大会，发表了有关儿童福利问题的原则以后，一些国家先后有了儿童节的规定，如美国定为 10 月 31 日，英国定为 7 月 1 日。

第二次世界大战结束后,世界各地经济萧条,成千上万的工人失业,过着饥寒交迫的生活。儿童的处境更糟,加上传染病的流行,他们一批批地死去。有的则被迫当童工,受尽折磨。

　　1949年11月,国际民主妇女联合会在莫斯科举行理事会议。为了保障世界各国儿童的生存权、保健权和受教育权,为了改善儿童的生活,会议决定以每年的6月1日作为国际儿童节。

　　我国的儿童节,早期为每年的4月4日,是1931年根据中华慈幼协会的建议设立的。

　　新中国成立后,为了培养广大儿童的国际主义思想,1949年12月,中央人民政府政务院发出通令,废除旧的“4·4”儿童节,将6月1日作为我国的儿童节,与六一国际儿童节统一起来。

　　从此,每年的这一天,全国少年儿童都要举行各种活动,欢庆自己的节日,这是孩子们最愉快的一天。

第四章　民间工艺

彩陶纹饰

　　通过对各地新石器文化遗址的发掘，出土了大量的各式各样的彩绘陶器。在这些50年前的陶器上，除了描绘有简单的几何图形外，还有人物、鸟兽、花草等图案。从这些彩陶纹饰的描绘方法上，可见当时的绘画技法已相当熟练。几何纹的严整连续、动植物纹的生动造型，以及对人类自身生活的认识与表现，体现了先民们复杂的构思和想象能力。

　　几何形纹饰彩陶主要出自甘肃永靖或宁夏出土的马家窑器物；青海大通孙家寨出土的1只陶盆上描绘着舞蹈的人们；西安半坡村陶器上已开始出现蛙和鸟纹；河南临汝仰韶文化遗址出土的一个陶缸上鲜明地绘着"鹳鱼石斧图"。这些形象生动、意趣盎然的彩陶绘画，充分表明了原始人类对美的认识已具有相当的能力。

帛　画

　　帛画是中国绘画中的一种重要形式。河南洛阳东郊殷人墓葬中出土的画幔是现存最早的帛画。战国时代的帛画艺术已有相当高的成就，尤其是人物肖像画。这个时期的帛画，到现在共发现4件：一是《龙凤人物图》；二是《御龙图》；三是缯书四周的画像；最后一件帛画画面已经无法辨识，出自湖北江陵马山一号墓。

漆　画

　　我国漆工艺历史悠久，早在新石器时期的浙江河姆渡文化遗址中就出现漆器。周代就已出现了正式的漆工，到了春秋战国，漆工艺更为发达了。

　　在棺椁、乐器以及日用器物上的漆绘艺术，是春秋战国时期绘画艺术的一大特色。1994年在山东烟台发掘的春秋齐国古墓葬中就有数件漆器,其中有一件黑漆木枕,图案对称。而战国的漆器在很多地方都有发现;湖北随州曾侯乙墓内出土了漆内棺、漆衣箱及鸳鸯形漆盒等,上面有对乐舞及怪活动的描绘;湖北江陵拍马山楚墓出土的彩绘漆盒、彩绘木梳等;河南信阳长台战国墓出土的漆绘锦瑟;湖南长沙颜家岭战国土墓出土的狩猎纹漆奁。

春秋战国时期的漆画,色彩鲜明,搭配巧妙,禽兽神怪和人物的造型都夸张而生动。画面一般不大,多用于装饰,在表现技巧上,比同时代的青铜器上的画面有很大的进步。

石窟壁画

魏晋南北朝时期,战乱频起,生灵涂炭。于是传入中国的佛教顺应时局,宣扬一些与战争对立的"慈爱"、"超度"的"佛法",因而"深得朝野之心"。统治阶级只要在混乱之中得到喘息的机会,便大兴佛事。佛教艺术也随之兴起。佛教艺术主要体现在建筑、雕塑、壁画上,一般的石窟和寺庙中都绘有壁画。佛寺壁画因建筑的破坏而荡然无存,但北朝的石窟壁画仍然保存至今,主要有新疆的克孜尔千佛洞壁画、库木吐喇石窟壁画和被誉为东方艺术宝库的甘肃敦煌莫高窟壁画。

中 国 画

中国画,简称国画,是我国乃至世界艺术领域中的一朵奇葩,被誉为"三大国粹"之一。中国画大致可分为人物、山水、花鸟三个门类。中国画按手法可分为工笔、写意、勾勒、没骨、设色、水墨等。所强调的是立意传神、钩皴点染、浓淡干湿、阴阳向背、虚实疏密、留白等手法,以描绘物象与经营构图;其取景布局视野宽广,不讲焦点透视,强调抒发作者的主观情绪。其画幅形式有卷轴、壁画、屏障、册页、扇面等,并以诗、书、画、印相结合。还有特殊的装裱工艺。所用工具,为我国特制之笔、墨、纸、砚。

第四章　民间工艺

丹　青

　　丹青本是指丹砂和青雘这两种可制作颜料的矿石。因中国古代绘画中常用朱红及青色，《汉书·苏武传》中就有"竹帛所载，丹青所画"的说法。所以，丹青就成为泛指绘画艺术的代称。我国民间也称画工为"丹青师傅"。

写意与工笔

　　写意与工笔是中国画中相对应的两种画法。写意要求用简练的笔墨来勾勒人或物的形神，借以表达画者的意向；工笔则正好相反，它是通过细致工整的笔墨，来精细地描绘人物或景色。

四大名绣

　　清代民间的染织业发达，刺绣已经商品化，从而推动了各地民间刺绣的大发展，刺绣品种众多，尤以江南民间刺绣水平最高。苏绣、湘绣、蜀绣、粤绣被称为"四大名绣"。

　　苏绣：是苏州地区的手工艺品。苏绣艺人能用四十多种针法、一千多种花线，绣出形象逼真、光彩夺目的艺术珍品。苏绣具有独特的艺术风格和浓郁的地方特色，涌现出了大批优秀作品，如"白孔雀"、"金鱼"、"小猫"、"滕王阁"等。清代苏绣还出现了双面绣，能在一次刺绣过程中使绣品具有两面完美的刺绣效果，是刺绣中的精品。

　　湘绣：起源于湖南长沙近郊，早在汉代就已出现，清代后期形成独具风格的刺绣体系。其特点是擅长表现走兽，富于写实气息；追求刻画形象的逼真，具有浓郁的生活气息；劈丝细若发丝，且经加工后不起毛；针法以参针最具特色，可点染阴阳浓淡，形成色彩渐变的效果；配色以灰及黑白为主，素淡雅致。

　　蜀绣：是四川省成都地区盛行的传统刺绣工艺。在魏晋时就与蜀锦并

81

称,在清代自成一体。其特色是采用本地软锻彩线,厚重鲜丽;用针工整,平齐光亮,丝路清晰。产品多以生活用品为主,也有装饰品,富于诗情画意,又自然淳朴。

粤绣:包括广绣和潮秀。其特点是:多用马尾毛、孔雀羽刺绣,配色讲求明快华丽,并喜用金线作轮廓线,花纹繁茂,色彩富丽。常采用百鸟朝凤、海产鱼虾以及佛手瓜果一类题材。最主要的针法为撬和针、套针和拖毛针。清代中期后,粤绣大量出口,渐现异国风味。

竹　编

竹编是运用竹材制作家具,编织用品。各地竹编风格各异。浙江竹编造型优美,做工精巧,往往是用细篾丝编成器体,用宽竹片制作把手或提梁。福建竹编可以编成十字花、海棠花等十多种花样,并且往往在竹篾上加以色漆和金彩,更使人感到精巧华丽。四川竹编以纤细精美著称,那些作为卷轴面的竹丝帘、那些薄如蝉翼,光泽似娟的竹丝扇等,都美不胜收。安徽舒城的竹席,闻名中外,被称为"舒席"。湖北章水泉的竹器,用刮花、刻花进行装饰,并擅长用不同的竹节组成图案,也具有独特风格。

翻簧竹刻

翻簧竹刻是一种特殊的竹制品。它是将竹簧煮后压平,制成各种文具器皿。簧片光洁淡雅,具有象牙的质感。在制品上,往往用单刀或双刀雕刻,或用"火绘"(即烫花)进行装饰。这些工艺品在湖南邵阳、浙江黄岩、四川江安、江西井冈山等地都有生产。

草　编

草编材料种类很多,有黄草、蒲草、咸水草、龙须草、金丝草等。由于传统技艺不同,各地风格也不尽相同。如北方生产小麦,麦秆编就极为发达,山东、河北、河南等省都是著名产地,草帽编在历史上就已大量出口。河北、山东地区的蒲草编,历史极为悠久。唐代诗人李白有"初霜刘渚蒲……织作玉床席"之句,就是描写蒲草编的。此外,嘉定地区的黄草编,广东地区的咸水草编,将草料加工染色,编制具有装饰图案的各种生活用品,如提篮、套盒、鞋帽、杯垫、草箱、草席以及玩具装饰等,品种丰富多彩,技艺也十分精美。

藤　编

山藤多产于南方各地,有梨藤、灰藤、花黑藤、盘山藤等多种品种。韧性最强而又金黄闪光的藤是上品,以海南岛产的最佳。藤编工艺能编出各种不同的花样和网眼。根据器物的不同部位,可制出各种各样的藤丝。例如,称为"合丝"的藤片,两边锋利,用于编藤席;"沙丝"两边平整,适于编织家具;"梨皮"的弹力大,韧性好,可以编织器物的提梁和双耳。藤编除了制作家具外,还可编织提篮、灯罩、花插,以及鸟、兽、灯笼等各种玩具。

剪　纸

剪纸,又叫刻纸、剪花,是使用镂空透雕来创造美的一种艺术形式。中国民间剪纸艺术起源于古代"镂金剪采"的风俗。"镂金"工艺发展至汉唐称"金银平脱",主要用于装饰漆器和银镜背面。当纸发明后,剪纸艺术就从"镂金剪采"的古俗中产生了。中国民间剪纸是富有民族风格的工艺美术作品,充满喜庆的节日气氛。剪纸题材大都是家禽、家畜、农作物、花鸟、娃娃、戏曲故事、吉祥图案等。除了贴在窗上做窗花,还可用来做墙花、顶棚花、喜花、灯花和各种绣衣底样。

四大名扇

杭州的檀香扇、苏州的绢扇、肇庆的牛骨扇、新会的葵扇。

泥　人

泥塑来自民间,古代就有做俑人殉葬、塑佛像供人膜拜、捏玩具供人玩赏的风俗。天津的"泥人张"、无锡的惠山泥人是全国闻名的泥塑。"泥人张"由天津张明山所创,源于清代,世代相传。其泥人形象逼真,神采各异,具有生活实感和独特的风格,形成天津传统工艺的一绝,因此被誉为"泥人张"。张明山传世之作有"惜春作画"、"黛玉抚琴"、"张敞画眉"等,现藏于故宫和颐和园。

鼻 烟 壶

"鼻烟壶"集烧瓷、玛瑙、料器、玉石、水晶雕琢、金漆镶嵌、雕漆、景泰蓝、象牙、竹木雕刻、金属工艺、书法、绘画等各种工艺技术于一身,是中国工艺美术的一个浓缩。康熙、乾隆年间,鼻烟风行一时,因而鼻烟壶的制作达到了它的黄金时代。鼻烟壶有陶瓷、料、套料、玉、玛瑙等不同的质地。而瓷制鼻烟壶也几乎囊括了所有瓷器类别。鼻烟壶的造型多为爆竹筒式,也有方形、扁形、葫芦形、圆形、瓜果形、双联形、人物形等。还有一种出色的是珐琅彩鼻烟壶。珐琅器胎分为金胎、铜胎、玻璃胎和陶瓷胎。绘画题材有西洋风景、仕女、花卉等。珐琅彩的绘制大多出自名家之手,非寻常画匠可比。乾隆时期的珐琅彩鼻烟壶是世界闻名的珍品,堪称鼻烟壶之最。

岭 南 盆 景

岭南指广东、广西。岭南盆景历史悠久,以广州的产品最具代表性。岭南盆景吸收了岭南画派的特点,特别是根据"起伏收尾"、"一波三折"的画理,创造出以"蓄枝截干"为主的折枝法。岭南盆景的树干曲折苍劲,如画中树枝的"鸡爪"、"鹿角"形;树枝疏密有致,比例得当,达到"疏散密聚"的效果。岭南盆景常用萌发力强的植物,如鹊梅、九里香、建茶、六月雪、榆等。其造型主要有模仿参天古树的大树型、主干刚健挺直侧枝平生的木棉树型,还有悬崖型、丛林型、飘斜型、古梅型等。

第五章　中国少数民族习俗

阿昌族

　　阿昌族的歌谣、故事、传说等口头文学十分丰富。民间流传着不少优美的传说，如长篇叙事史诗《遮帕麻和遮咪麻》；长篇叙事诗《曹扎》、《铁匠战龙王》；风俗故事《谷稷》、《亲堂姊妹》、《胯骨》；动物故事《麂子和豹子换工》、《老熊撕脸皮》等。这些诗歌、传说都十分朴实，生动感人。

　　"对歌"是青年男女在业余时间十分喜爱的活动，大致可分为三种，一种叫"相勒吉"，是男女青年在野外对唱的山歌，一般是融景生情，即兴作词，山、水、云、树等都可入歌；一种叫"相作"，是在夜深人静时，男女青年在林间幽会时，低声对唱的情歌，感情真切，常常一唱就是一个通宵；还有一种"相勒摩"，也是一种对唱的情歌，曲调幽雅亲切，歌词含义深刻，比喻生动。

　　阿昌族的舞蹈以像脚鼓舞和猴舞最流行。民间体育也丰富多彩，如荡秋千、赛马、射击、舞阿昌刀和武术等。

　　阿昌族的工艺美术有刺绣、髹漆、染织、雕刻、银器制作等，制作精细。尤其是雕刻具有较高的水平，在家具、建筑物、佛龛等上面，都可看见雕刻着的各种动植物。此外，建筑、绘画等也都有一定的民族特色。

　　阿昌族一年较大的几个节日，如赶摆、蹬窝罗，会街节、尝新节、泼水节、进洼、出洼等，都与邻近的傣族相同。此外还有火把节、换黄单、烧白柴、浇花水、窝罗节等节日活动。其中以火把节和窝罗节的规模较大，活动内容较多。

　　每年农历正月初四举行窝罗节，以纪念传说中阿昌族的始祖遮帕麻，遮咪麻有为民除害、造福后人的功绩，届时人们要祭献最好的菜肴，然后杀狗，吃狗肉和芋头，如果在祭祀的当天能摘到蟒蛇，则认为更吉利。

　　火把节在每年农历六月二十四日举行，为祈求五谷丰收，驱虫沣灾，要杀猪、宰牛祭祀，届时要熟制火烧生猪肉拌米线给大家分食。入夜后点火把在村寨周围游动。

和当地的傣族一样，阿昌族也过泼水节，泼水节期间是年轻人择偶的好机会，届时常常由姑娘家备好八大碗菜肴招待来串亲的小伙子。参加聚餐的人数相符，大家才能落座入席。小伙子要在别人不察觉的情况下把姑娘家的鸡头偷走，如鸡头被姑娘查出来，要罚偷鸡头者一碗酒，否则就要罚姑娘喝酒。如果偷者被人当场抓住，不仅要受罚，还要被姑娘取笑。酒后小伙子要根据菜价，将钱在不让姑娘察觉的情况下交给姑娘。

白　族

白族是我国西南边疆一个具有悠久历史和文化的少数民族。"三月街"又名"观音市"，是白族盛大的节日和佳期。每年夏历三月十五至二十日在大理城西的点苍山脚下举行。最初它带有宗教活动色彩，后来逐渐变为一个盛大的物资交流会。明清时期，川、藏及江南各省都有商人到此贸易。新中国成立后，三月街已发展成为一年一度的物资交流和民族体育文艺大会。火把节是白族的传统节日，节日当天，男女老少聚集一堂祭祖。通过拜火把、点火把、耍火把、跳火把等活动，预祝五谷丰登、六畜兴旺。

白族在艺术方面独树一帜，其建筑、雕刻、绘画艺术名扬古今中外。唐代建筑的大理崇圣寺三塔，主塔高近六十米，分十六级，造作精巧，近似西安的小雁塔。剑川石宝山石窟，技术娴熟精巧，人像栩栩如生。它具有我国石窟造像的共同点，又有浓厚的民族风格，在我国石刻艺术史上占有很高的地位。

古典戏曲"吹吹腔"发展起来的"白剧"，都具有鲜明的民族特色。白族的文化水准较高，各种人才辈出。

古代白族有音乐舞蹈相结合的踏歌。民间流传的《创世纪》长诗，叙述了盘古开天辟地的故事，追述了白族在原始社会"天下顶太平"、"不分贫和富"、"百姓肥胖胖"的没有阶级压迫剥削的平等生活。南诏白族诗人杨奇鲲的《途中》、杨义宗的《题大慈寺芍药》和《洞云歌》等诗被称为"高手"佳作，收入《全唐诗》中。《望夫云》、《蛇骨塔》、《杀州官》、《钩日头》等文学作品，歌颂了古代白族人民在阶级斗争和生产斗争中的英雄人物。南诏有名的《狮子舞》,在唐朝时已传入中原,《南诏奉圣乐》在唐朝宫廷里被列为唐代音乐14部之一。《白族调》是流传甚广的"三七一五"(前三句七言,后一句五言)的格律诗。15世纪中叶,有些文人应用这一民歌形式写下了有名的诗篇,如杨黼的《词记山花碑》。白剧《吹吹腔》是在早期"大本曲"的基础上发展起来的一种综合性的艺术。根据《南诏中兴国史画卷》所载,南诏时已有《张氏国史》、《巍山起因、铁柱庙、西洱河等记》的历史著作。大理国时期也有《白史》、《国史》,都已失传,仅《白史》片断散见于明代碑文中。元代白族史书《白古通》、《玄峰年运志》虽已失传,但都是明代云南地方史著作《滇载记》、《南诏野史》等书的蓝本。根据史籍考订洱海地区历史的,有明代白族学者杨士云的《郡大记》,该书为另一白族学者李元阳采入嘉靖《大理府志》,是万历《云南通志沿革大事考》的底本。清代白族史学家王崧在总纂道光《云南通志》时,汇集了记载云南的书籍61种,编为《云南备征志》21卷,取材广泛,体例谨严,是研究云南民族史和地方史的重要参考资料。

保 安 族

在长期发展中,保安族创造了丰富多彩的文化艺术。在人民群众中流传的民间故事、诗歌、谚语等,内容以叙述民族历史传说、青年男女淳朴爱情的居多。保安族能歌善舞。绝大多数人能唱民歌"保安花儿"。这种民歌独具一格,分"保安令"、"脚户令"、"六六三"等曲调,即兴编词人唱,优美动听。舞蹈吸收了藏族舞的某些特点,动作节奏鲜明、欢快豪放。男子喜欢奏丝竹乐。造型艺术较丰富,妇女擅长剪纸,家庭木制用具、器皿及保安刀把上刻有十分别致的花纹或绘有色彩绚丽的图画。

保安族人民以村落聚居,住房多为土木结构的低矮平房,房院相互联结,坐落有序,颇具特色。保安族以农业生产为主,部分人兼营手工业和副业。他们的农业生产在东迁前已见诸记载,至清雍正初年,保安、撒拉地区,凡有成熟之地,久为恒产。东迁后学习汉、回等族的生产技术,耕作采用豆、麦倒茬轮遍制,使用先进的生产工具等,开始大量种植小麦。1949年前,保安族的农作物主要有小麦、大麦、豆类、洋芋、荞麦、胡麦、大黄芥和小辣芦等。手工业以打刀为主,被称为"保安刀",有一百多年的历史。保安刀的生产以一家一户为生产单位,制作技艺高超,锋利耐用,精致美观。著名的"双刀"和"双垒刀"的刀把,多用黄铜或红铜、牛骨垒叠而成,图案清雅美丽,享有"十样景"的赞语,誉满甘肃、青海、西藏。

布 朗 族

布朗族的婚姻实行氏族外婚和一夫一妻制,纯情的少男少女恋爱和婚姻都比较自由,但也有受到父母干涉的现象。

布朗族有从妻而居的习惯,布朗族的男孩与女孩到了十四五岁时要举行"漆齿"的成年礼仪式。届时,男女少年相聚在一起,用铁锅片烧取红毛树黑烟,彼此为异性染齿。染齿意味着步入成年,可以公开参加村寨中的社交活动。

布朗人的婚礼也不寻常,一对情侣的婚典要重复举行2至3次。第一次在定亲之后,姑娘被接到男方家行拴线礼仪式。此后新郎、新娘各回各家,尽管新郎每夜必宿老丈人家,但白天仍然回到自己家中劳动生活。直到举行了第二次婚礼,新娘才正式嫁到夫家去当儿媳妇。第三次的婚典往往办在婴儿出生之后,这次一定要杀猪宰牛喝喜酒,招待全村寨的亲朋好友。

布朗族的丧葬习俗各地基本相同。人死后,请佛爷或巫师念经驱鬼,三日内出殡。一般村寨都有公共墓地,并以家族或姓氏划分开来。通行土葬,但凶死者,有的地方行火葬。

布朗族的文化艺术丰富多彩,民间有丰富的口头文学,流传着许多优美动人的故事和抒情叙事诗,题材广泛。歌舞颇受傣族歌舞影响,跳舞时伴以像脚鼓、钹和小三弦等乐器。布朗山一带的布朗人擅长跳"刀舞",舞姿矫健有力。少男少女爱跳"圆圈舞"。墨江布朗族逢年过节或婚娶佳期,盛行"跳歌"。

布 依 族

布依族的婚姻是一夫一妻制。同宗或同姓严禁通婚。也保有"姑舅表婚"和兄终弟及的转房制习俗。男女青年婚前恋爱自由,各地未婚的男女青年都喜欢借助年庆节俗、赶集和集体聚会的时机,以三五人到七八人自由组合的方式,通过谈天说笑和唱歌对调,倾诉或表达彼此的感情。当一个男子看上某一个姑娘时,按照传统,必须找第三者做伴,有的则由自己的姐嫂出面介绍。如女方有此意思,即可单独相约到幽静处进一步对唱山歌,表达爱情,直到双方互赠信物,就表明他俩已盟誓终身了。

订婚时,由男方父母托媒去女家,并送一定的酒、肉、粑粑一类的礼品。如对方同意,第二次媒人则要将男女双方的"八字"互为"效验",只要"八字"相符,则可择定结婚日期。这一带地区送彩礼的数额,特别讲究"六"或"双"数,据说是取"六"即"禄"的谐音,以表示婚后双双有禄必有福之意。结婚时,新郎不迎亲,只请几个相好的男女青年代为相迎。新娘一般都是撑伞步行至男家,个别也有骑马、坐花轿的。结婚当天新婚夫妇不同房,次日即返娘家。聚居区一带的布依族仍保有"不落夫家"或称为"坐家"的习俗。有的要两三年甚至五六年后才长住夫家。杂居区的布依族已大部分革除这一风俗。

布依族的文化艺术绚丽多彩。传统舞蹈有《铜鼓舞》、《织布舞》、《狮子舞》、《糖包舞》等。传统乐器有唢呐、月琴、洞箫、木叶、笛子等。地戏、花灯剧是布依族人喜爱的剧种。由农家自己纺织的布依土布久负盛名。近年来,专门生产布依织锦、蜡染布和民族工艺服装的企业相继建立,产品远销东南亚、日本和欧美等地。

布依族的蜡染久负盛名。早在宋代就有贵州惠水特产蜡染布的记载。清代史书上所说的"青花布",就是蜡染布。布依族姑娘从十二三岁起,便开始跟母亲学习蜡染技术。先把蜜蜡加热熔为蜡汁,然后用三角形的铜制蜡刀蘸蜡汁,在自织的白布上精心描绘各种漂亮生动的图案,再放入蓝靛缸中渍染成蓝色或浅蓝色,最后将布入锅煮掉蜜蜡,捞出后到河水中反复荡涤、晾干,就成独具特色的蜡染工艺品。

做成的蜡染布料,图案丰厚朴实,绘画活泼豪放,并呈现出独有的龟纹(亦称小波纹),具有机器所不能代替的艺术效果。

不同地区的蜡染艺术有不同的风格:有的爱以花、鸟、虫、鱼做蜡染图案,构图大胆,形象生动;有的却以结构严谨、线条细腻为特点;有的取材于龙爪花和茨藜花,色调粗犷明快……蜡染艺术不仅美化了人们的生活,也丰富了中外妇女的衣着。

除蜡染之外,布依族民间传统工艺还有扎染、织锦、刺绣、木雕、石雕、竹编等。

达 斡 尔 族

达斡尔族民间文艺丰富多彩。已搜集的用满文拼写的达斡尔语手抄本中,有清代达斡尔文人阿拉布丹的《蝴蝶花的荷包》、《四季歌》、《戒酒歌》等数十篇优秀作品。叙事诗"鸟春"、民歌"扎恩达勒"和民间歌舞"鲁日格勒"(亦称"哈库麦"),真实地反映了达斡尔族的生产和生活,为人们所喜闻乐见。世代相传的民间美术、剪纸、刺绣、玩具等,是妇女们的手工艺品。达斡尔族传统的曲棍球运动,近年来获得很大发展,该族曲棍球队员成为国家队主力之一,该族所在地区享有"曲棍球之乡"的声誉。

主要节日是春节。达斡尔族称春节为"阿涅",是一年之中最盛大的节日,节日里都着盛装,逐户拜年,妇女们互赠礼物。过年之前家家都要进行充分准备,杀年猪,打年糕。年三十用各种杂物码起一个垛,晚上点燃,老年人要把大块肉和饺子投入火中,祝福人畜兴旺,年三十吃饺子时,有的要在一个饺子里放上白线,意味着吃到这只饺子的人可长寿两百岁;有的在一个饺子里放上铜钱,吃到的人意味着今后不缺钱花。初一开始拜年,拜年的人一进门就要打开主人家的锅,抢吃年糕,表示亲密无间,然后吃猪肘子、手把肉,妇女之间要互相赠礼,礼物有烟叶、奶皮、糕点和冻肉,春节一直过到正月十六。

长者,无论是在路上行走,还是出入房门,青年人都要让路;儿女外出归来,要给老人请安;凡有好吃的或是老人喜欢吃的食品,首先要敬给老人或给老人留下一份。客人来访,主人要递烟、敬酒、端出奶制品热情招待,若是贵客临门,还要增加"瓦奇"(猪肘子)和"手扒肉"等佳肴,盛情款待。无论谁家宰杀牲畜,都要选出好的肉分赠给邻居和亲友,狩猎或捕鱼归来,甚至路人都可以分得一份。

傣 族

傣族历史悠久,傣语属汉藏语系的壮傣语族傣语支。全民信仰佛教,但原始宗教活动亦较普遍,如祭祀寨神、寨鬼、农业祭祀、狩猎祭祀、灵物崇拜等。

孔雀舞——傣语叫"戛洛涌"、"烦洛涌"或"戛楠洛"。这是傣族人民最为喜闻乐见的舞蹈,流传于云南德宏傣族、景颇族自治州和西双版纳傣族自治州境内。富饶美丽的傣乡,素有"孔雀之乡"的美称。

孔雀舞一般由一两人或三人表演。每当舞者跳到高兴时,众人就喝彩"吾——吾","水——水",气氛十分热烈。孔雀舞有较固定的表演程式,多为模仿孔雀,飞出窝巢、灵敏视探、安然漫步、寻水、饮水、戏水、洗澡、抖翅、晒翅、展翅与万物比美、自由幸福地飞翔……孔雀舞的动作异常丰富,最常见的手势有掌式、孔雀手势(拇指稍向里扣,食指屈回,其余三指如扇形翘起)、"眼式"(食指与拇指稍靠拢,其余三指如扇形翘起)等。步伐有踮步、"起伏步"(动力腿由脚跟带动向臀部踢起后全脚掌落地,主力腿随之屈、伸)等。从舞蹈风格上可归纳为如下三类:第一为雄孔雀舞。民间多跳此舞。膝部起伏刚韧。舞姿有明显的"三道弯"特点。第二为雌孔雀舞。在民间多由男子表演。膝部起伏柔韧缓慢,舞姿优美、动作细腻,并常有拱胸和肩的转动,体现其含蓄、妩媚的形态,鼓点轻盈缓慢。第三为小孔雀舞。常采用快速的小颤和保持半蹲状态的矮步,小腿灵活轻巧,常用连续的小耸肩,鼓点快速而轻巧。

傣族人民中间还流传着一个十分有趣的神话:远古的时候,傣族地区有个恶魔,他作恶多端,滥施淫威,弄得庄稼无收,人心不宁,民不聊生。人们恨透了他,可是想了很多方法都对付不了他。后来,恶魔霸占了七个民女做妻子。姑娘们看到自己的同胞过着悲惨的生活,决心找到消灭恶魔的办法。聪明的七姑娘从恶魔的话中发现了他的致命弱点,即唯有恶魔自己的头发才可以置之于死地。一天夜里,恶魔酩酊大醉后沉沉地睡去,姑娘们勇敢地从他的头上拔下一根头发,紧紧拴住他的脖子。果然,恶魔的头颅立刻便掉了下来。可是头一着地,地上就燃起大火。眼看将酿成灾祸,姑娘们立即拾起头颅,大火就熄灭了,恶魔也随之消失。为了避免大火再燃,祸害百姓,姐妹们决定轮流抱住恶魔的头,每年一换。在每年换人的时候,人们都给抱头的姑娘冲水,以便冲去身上的血污和成年的疲惫。后来,傣族人民为纪念这七位机智勇敢的妇女,就在每年的这一天互相泼水,从此形成了傣族辞旧迎新的盛大节日——泼水节。

侗　族

　　侗族的文化艺术丰富多彩,有"诗的家乡,歌的海洋"之美誉。侗族诗歌的韵律严谨,题材广泛,情调健康明朗,比喻生动活泼。其中抒情诗歌优美细腻,真挚热情;叙事诗歌委婉曲折,含意深长,是侗族民间文学的一项极为珍贵的文化遗产。诗歌歌词多以人类起源、民族迁徙和习惯法为题材,具有史料价值。以《珠郎娘媄》、《莽岁》、《三郎五妹》等流传最广。音乐曲调既多又美。一领众和、多声合唱的"大歌"声音洪亮,气势磅礴,节奏自由。

　　琵琶歌,因以琵琶或加"格以琴"(俗称牛罢腿)伴奏而得名,曲调欢快流畅,为侗族所特有。民间的故事传说,题材广泛,形式多样,情节曲折,引人入胜,表现手法富于浪漫性,体现了侗族人民丰富的想象力和追求光明、战胜邪恶的善良愿望。

　　侗戏是由原有的叙事说唱发展起来的,始于 19 世纪初,相传是黎平侗族吴文彩(约 1798～1845)所创。台步简单,动作淳朴,曲调唱腔多样。演唱时,用胡琴、"格以琴"伴奏、击锣钹鼓闹场,着侗装,不画脸谱,富有浓厚的民族色彩。

　　侗族民间舞蹈,有"哆耶"、芦笙舞,和舞龙、舞狮等。"哆耶"是群众性的集体歌舞,或男或女,彼此互相牵手搭肩,围成圆圈,边走边唱。芦笙舞是由舞者吹奏芦笙边吹边舞的集体舞蹈。乐器除上述者外,还有侗笛、唢呐等。手工艺品有挑花、刺绣、彩绘、雕刻、剪纸、刻纸、藤编、竹编。刺绣是侗族妇女擅长的工艺,她们在服饰上刺绣各种图案花纹、人物、禽兽、花卉、草虫,形象生动,色彩绚丽而调和。银饰有颈圈、项链、手镯、耳环、戒指、银簪、银花。纺织品有侗锦、侗帕、侗布。先用靛染,后涂蛋白的"蛋布",颜色鲜亮,为侗族固有衣料。

　　侗族婚姻为一夫一妻制。姑舅表婚较为流行,姨表兄妹和辈分不同的不能通婚。女子婚后有"坐家"(即"不落夫家")的习俗。新中国成立,侗族的社会基本单位是封建家长制的父系小家庭。妇女在社会和家庭中的地位低于男子,妇女禁触铜鼓;男人或长辈在楼下,不准上楼。侗族姑娘在婚后才能享受父母和自己积累的"私房"以及分得少量的"姑娘田"、"姑娘地"。男子继承家业,无继承人的可招赘养子。

丧葬一般同汉族,行土葬。个别地区还有停葬习俗,人死入殓后将棺材停放在郊外,等本族与死者同年同辈的都死亡以后,才一同择日安葬。

东 乡 族

东乡族男人一直保留有"吃平伙"的习惯。即在农闲时,一些人凑在一起,选一只肉膘好的羊,在羊主人家或茶饭做得好的人家,把羊宰了,整羊下锅,杂碎拌上调料上锅蒸,吃平伙的人就喝茶、吃油饼,等"发子"熟了,一人一碗,尔后又在肉汤里揪面片吃,完了再把煮熟的羊肉按羊的全身部位分成若干份,每人一份,最后大家摊钱给主人。也可以用东西和粮食折价顶替。

东乡族热情好客,来了客人,都是长者出门远迎,客人进屋要先请上炕,随后要献上比较讲究的盖碗茶。有时还在茶中加冰糖、桂圆或烧枣,俗叫三香茶。正餐时,东乡族喜用鸡待客,东乡族待客最隆重的是端全羊。即把羊的各个部位如脖子、肋条、前后腿、羊尾巴依次上盘,使餐桌上样样俱全。

东乡族有自己丰富多彩的民间文学和艺术传统,不仅有古老的史诗、传说、故事、民歌,还有富于一定讽刺和哲理性的笑话、谚语和谜语。长篇叙事诗《战黑那姆》、《璐姑娘斩蟒》和《勇敢的阿里》,脍炙人口。《白羽飞衣》等童话故事颇富启迪和教育意义。在现代民族文学领域里,东乡族人民涌现出了不少作家。如著名诗人汪良玉的长诗《米拉朵黑》十分有名。

东乡族人民的民歌很有特色,感情真挚,风格多样。主要分三种类型:劳动歌谣、花儿、婚礼歌。东乡族的"花儿"能即兴将景将情自然融合于一体,生活气息浓郁。东乡族的主要文艺活动有"那敦赤"摆摊献艺,表演说、拉、弹、唱。其民间乐器有"咪咪"(类似两支并排的小竹笛)、"四弦子"和"什鸦"(泥制吹器)。体育和竞技活动主要有赛马、摔跤、打土块等。民间美术则以木、石、砖雕艺术和建筑艺术著名。在绣花、织褐等方面也反映了东乡族人民的艺术水平。

鄂伦春族

在长期的狩猎生产和社会实践中，鄂伦春人创造了丰富多彩的精神文化，有口头创作、音乐、舞蹈、造型艺术等。口头创作是鄂伦春人主要的文学形式。他们的神话、传说，即故事、歌谣等，广泛地涉及了民族历史、社会、狩猎采集、风土人情、生活习俗等各个方面的内容。古老的族源神话《恩都力创造了鄂伦春人》、神话《伦吉善和阿伊吉伦》、《白衣仙姑》、《吴达内的故事》等，涉及鄂伦春先民对人类起源的探索及对祖先的生活、英雄人物业绩的描述和歌颂。鄂伦春族的"扎恩达勒"（民歌），多以固定的曲调即兴编词歌唱，种类繁多，风格多样。尤其是新民歌，内容更为丰富。谚语、谜语是后期发展起来的文学形式，是生产劳动的反映，是生活经验的总结和智慧的结晶。这些口头文学丰富了中华民族文学艺术的宝库。

鄂伦春族能歌善舞，他们边歌边舞，表现劳动、生活的丰富内容。《熊舞》、《野牛搏斗舞》、《树鸡舞》、《依哈赖舞》、《红果舞》等都是表现猎人对野兽、飞禽的观察以及生产过程的模仿。"转圈舞"是一种带有自我娱乐性质的群众性歌舞，男女都参加，边唱边跳。"假面舞"是融进了宗教内容的由"萨满"跳的祈求狩猎获得丰收的祭祀舞。

乐器有"朋奴化"（铁制的一种口琴）、"文土文"（手鼓）。鹿哨、狍哨既是生产工具，也是早期的乐器。鄂伦春族在载歌载舞时，常有这些乐器伴奏。

鄂温克族

鄂温克族能歌善舞，民歌优美动听，风格独特，即景生情、即情填词。特别是牧歌和猎歌，表现了鄂温克族人民勇敢而质朴的性格。每逢年节或举行婚礼时，多由妇女跳鄂温克舞蹈。

"努给勒"舞步独特，刚健有力，节奏性强，以"跟靠步"和"跺步"为其舞蹈特点。猎区的舞会多在晚间围绕篝火举行：主要跳"跳虎"和"猎人舞"等舞蹈。鄂温克族居民从青少年时即开展射击、跳高、跳远、撑杆跳、滑雪等运动。造型艺术有刺绣、雕刻、绘画等，喜在器皿上饰以多种花纹图案，并善于用桦皮做原料制成禽兽形状的儿童玩具。

高 山 族

　　高山族是富有艺术天才的民族。歌舞、音乐、雕刻等民族艺术驰名于世。史载高山族无论是劳动、恋爱、婚宴、祭祀等,均有歌舞表演,挽手合围,顿足踏歌,摇头闭目,极备媚态。雅美人的甩发舞、赛夏人的矮灵祭舞、阿美人的丰收舞等,都具有很高的艺术水平。高山族历史上有构屋笄居、琴箫挑逗的婚俗,因而常用口琴、鼻箫等吹奏悦耳的旋律。此外还有鼻笛、鼻哨等管乐器;木鼓、木琴、杵臼等打击乐器和弓琴等弦乐器,演奏出来的音乐悦耳动听。

　　木雕艺术具有太平洋地区原始艺术的独特风格,其中排湾人的木雕最为突出。无论住宅、武器与生活器皿均雕饰,刀法粗犷,造型古朴。图饰以蹲踞状人像为主题,还有图腾特征的人头、蛇、鹿及几何形纹的组合,追求强烈的色彩对比和夸张的写实手法,藏魂魄于天然,纳灵秀于朴缊。排湾人的木雕饰品为海内外乐于收藏。此外,雅美人的渔船也有别具一格的雕饰,其艺术境界为世人称赞叫绝。

仡 佬 族

　　仡佬族的乐器有二胡、横箫、唢呐、锣鼓等。仡佬族演奏的"八仙"乐曲富有民族特色,由八人使用二胡、横箫各一对和其他乐器合奏,音调十分和谐动听。唢呐是仡佬族喜庆佳节不可缺少的乐器,用唢呐吹出的《老灰调》、《过山调》、《过河调》、《过街调》、《迎亲调》等十余个曲牌,配合锣鼓一起吹奏,气氛更加热烈。

　　仡佬族姑娘出嫁前的三五天便开始"哭嫁"。娶亲时新郎不亲迎,而是于婚期前一日派轿夫在天黑前到女家。进门前,女方有专人主持"拦门礼",要行敬酒、铺毡、恭候等礼数,每道程序都有传统的对答礼词,必须唱得合乎规矩,否则要遭哄笑。姑娘出嫁时先将花轿抬进堂屋,由新娘的兄长或叔叔将新娘"拉出"里屋,给祖宗父母磕头,尔后"强抱"入轿中,表示对娘家的恋恋不舍。娘家人把轿子抬出村寨外,才交给男方轿夫。轿前有两人持大刀开路,花轿周围有彩旗和蓝伞簇拥,途中鸣号放炮,吹吹打打,非常热闹。到新郎家拜堂后,新娘要重新梳妆打扮,然后到寨中宽敞处让大家欣赏、逗笑,以便和乡亲们建立友好感情。

在黔西北的仡佬族,婚礼更有趣。新郎骑马去迎亲,有4个伴郎相陪,其中2人扛着竹扫帚,另2人抬着酒肉礼物。途中有女方派出的几个壮汉拦路"抢劫",把"抢"来的酒肉在山坡上吃掉,表示女家富有,不稀罕你这点礼品。新郎到了女方寨门,有一群人手执木片围"打"新郎,男方执竹扫帚要全力保护突围。新郎跑进女方家门,马上有"敬亲酒"招待,而且新郎与新娘也相互敬酒。敬酒毕,新郎将新娘"抱"上马背,新郎执缰引路而归。

哈 尼 族

哈尼族是一个与音乐歌舞为伴的民族,主要舞蹈有大鼓舞、棕扇舞、木雀舞、罗作舞等。乐器有俄比、扎比、三弦、四弦、把乌、响篾、稻秆、叶号、竹脚铃、牛皮鼓、铓锣等。把乌为哈尼族独有乐器,极有名,金竹制成,状如笛子。吹嘴有簧片、音色宽广浑厚,意蕴悠远缠绵。

白鹇舞是哈尼族人民最喜爱的一种民间舞蹈。流传在云南省元阳县、元江县等哈尼族地区。因模拟白鹇鸟的生活、姿态、动作而起舞,故名白鹇舞。舞蹈时,手执双扇,故民间也叫扇子舞。

在哈尼族的人生礼仪中,葬礼是最为隆重的,哈尼族认为:"人生在世一辈子,死在阴间得永生。"因此,死仅仅是跨向另一世界的门槛,人的灵魂永不灭,因而要举行盛大的葬礼。

哈尼族葬礼中一般都有吃临终饭、续气、鸣枪宣告、易床、停尸、净身穿寿服、钉棺等一系列仪式。其中哭唱挽歌是最重要的部分,它贯穿了丧葬活动的始终。对挽歌唱词掌握得多寡深浅,无形中也成了衡量哈尼女子是否聪颖能干的尺度之一。姑娘少妇一遇丧事,便群起聚集丧家,实地模仿学习。因而整个场面,真假哭声混杂而此起彼伏,热闹非凡。然而一曲丧家哀歌唱下,也足以让每个听者潸然泪下。

出殡前两天,丧家要请有名的摩匹(祭司)给死者念育"指路经"和家谱,眼睛半睁半闭,手拿一把竹筒,每念完一段,竹筒便在地上"咚、咚、咚"敲击几下。归途中还须知道祖先名字,故摩匹也要不断念诵家谱,这样,死者才会顺利得到祖先承认。

哈尼族葬礼中还有最引人注目的盛大仪式"莫搓搓",一般都是为正常死亡的高寿男女举行的。出殡前夜,青年男女在丧家附近燃起篝火,敲锣打鼓。年轻人眉目传情,歌声舞影,通宵达旦。哈尼山寨平时严禁有关性内容的玩笑在异性或亲戚面前出现,然而,在"莫搓搓"之夜,完全代之以生死融哀乐共有的景象,而这恰恰体现了哈尼族的人生理念:死,意味着生,没有生就没有死,没有死也就没有生。个人躯体的死亡和消失,不应成为民族群体衰落的喻示,而应当成为这个民族肌体永生与繁荣的契机。

哈尼族的最大节日是过"十月年",前后历时六天。按照他们古老的历法,每年农历十月第一个辰龙日为新年之始(相当于汉族的大年初一)。新年当天,每个寨子要共杀一头猪。猪无论大小,肉必按户平均分配,哪怕心、肝、肺、肠、肚等数量有限的,也要家家都分到。到了下午,各家各户用分得的猪肉和下水祭献祖先。节日里全家团聚,还邀请附近其他民族的好友参加。他们终日欢声不绝,特别是少不了唱起古老的民歌,讲述节日的来历和民族的历史,歌唱丰收的喜悦。

哈萨克族

哈萨克族的游牧文化在哈萨克族的游牧、迁徙过程中吸收周围民族的文化内容,创造出了具有特色的哈萨克民族文化。特别是中亚和新疆南部地区的绿洲农业文化和来自西北方向的俄罗斯文化、乌克兰文化、塔塔尔文化以及相当重要的中原汉文化和通古斯文化都对哈萨克文化的发展有影响。

哈萨克族人民在生产生活实践中创造了丰富多彩的文化艺术。哈萨克文学包括书面文学和口头文学,后者的地位十分重要。牧民们在相互交流与联系中,将不同部落的杰出人才创作的口头民间文学加以传承和发展,使之日益丰富。神话、传说、民间故事、叙事长诗、爱情长诗、民歌、谚语等,其中尤以长诗所占地位突出。据统计哈萨克族有两千多部长诗,代表作有《英雄塔尔根》、《阿勒帕米斯》等。史诗有《萨里海与萨曼》、《阿尔卡勒克英雄》等。哈萨克族工艺美术丰富多彩。妇女会制作毡房、各种毡制品、毛制品和服饰。不少男子会制作木器、铁器和骨器。用金银、玉石制作的各种装饰品,造型艺术水平较高。哈萨克族爱好音乐,能歌善舞。民间乐器有

"冬不拉"。

哈萨克族有许多禁忌,如:年轻人不准当着老人的面饮酒,不准用手乱摸食物;绝对不准跨越或踏过餐布,不准坐在装有食物的箱子或其他用具上;忌讳当面数主人家的牲畜;不能跨过拴牲畜的绳子,也不能骑马进入羊群;忌讳别人当面赞美自己的孩子,尤其不能说"胖",认为这样会给孩子带来不幸;忌客人在家门口下马和骑快马到家门口下马;忌食猪肉、狗肉、驴肉、骡肉和自死的畜禽肉及动物的血。哈萨克族热情好客,待人真诚。对登门投宿的人,主人都要拿出最好的食品招待。十分尊贵的客人或多年未见的亲人到来,除宰羊外,还需宰马,以马肉相待。入餐前,主人用壶提水放入脸盆让客人洗手,然后把盛有羊头、后腿、肋肉的盘子放在客人面前,客人要先将羊腮帮的肉割食一块,再割食左边耳朵之后,将羊头回送给主人,大家共餐。食毕大家同时举起双手摸面,做"巴塔(祈祷)"。客人中如果有男有女,一般都要分席。

赫 哲 族

赫哲族有丰富多彩的民间文学。流传最普遍的"依玛坎"是一种口头相传的民间说唱文学,其故事内容大多能说唱许多天,大部分是歌颂英雄与复仇事迹、民族的兴衰,以及纯真的爱情等,唱词押韵合辙。说唱时,须按故事的基本内容和词句背诵,不能随意添加。在民间还流传着"说胡力",它是寓言、童话、神话、传说与民间文学的通称,内容丰富多彩,形式短小活泼,通常是老人对儿童讲述,其对儿童有启发教育意义。赫哲族的音乐也很有特点,其特有乐器称为"空康吉"和"口弦琴",前者已失传,后者至今仍有人能演奏。

赫哲族的图案艺术非常发达,他们常常在用鱼皮及兽皮制作的衣服、鞋、帽、被褥上,绣制各种云纹、花草、蝴蝶及几何形图案等。在餐具及桦皮制品上雕刻各种二方连续纹样、云纹、山水、花朵、鸟兽等,形象生动,造型美观别致。妇女们在衣襟、披肩、腰搭、帽子、裤腿等处用彩线刺绣的花纹和图案更为精美。尤其是日用品上的彩绣如"雄鸡衔花"、"花篮与莲藕"等图案,构图新颖别致,格外精彩。赫哲族在不同制品上刺绣、接拼的各种花纹图案,以其独特的形式,从不同角度反映了赫哲族人民的聪明才智和审美的群体意识。赫哲族的图案艺术吸收了汉族图案艺术的精华,并不断创新,既富有本民族气息,又能反映本民族生产、生活的特点,极富民族特色,是中华民族刺绣图案艺术宝库的重要组成部分。

赫哲族人喜欢吃"拉拉饭"和"莫温古饭"。"拉拉饭"是用小米或玉米小渣子做成很稠的软饭,拌上鱼松或各种动物油即可食用。"莫温古饭"是鱼或兽肉同小米一起煮熟加盐而成的稀饭。现在与汉族相同,绝大部分人家均吃馒头、饼、米饭和各种蔬菜。

基 诺 族

基诺族的文化艺术多姿多彩,民间流传着丰富的神话传说、故事和诗歌。在神话传说中,流传较广的是《玛黑和玛妞》、《女始祖尧白》等。前者叙说的是基诺族的创世纪、洪水故事和兄妹成婚。后者叙说的是尧白造天地后,撒茶籽在基诺山,使基诺族以种茶谋生。民间故事有反映纯洁爱情的《两个小伙子》;有反映善有善报、恶有恶报的《宝刀和竹笛》、《猴子和人》、《大姐和四妹》。基诺族诗歌分叙事诗和抒情诗两种,反映的内容广泛,格调含蓄而真切,生活气息浓郁。

基诺族民间音乐也相当丰富。民歌有叙事歌、山歌、贺新房歌、哄娃娃歌、儿歌等。主要乐器有口弦、"毕吐鲁"——二洞箫和二胡、"七柯"(用7个竹筒组成,有7个音阶)、"塞吐"(大鼓)、碴和钹等,基诺族人民喜爱歌舞,从小学习传统曲调,成年时可即兴填词、对歌。在节日和一些重大仪式期间,载歌载舞,舞蹈动作一般较简单。

基诺族还有精湛的刺绣艺术和竹编工艺艺术。基诺族妇女在衣饰、挎包、手帕及送给情人的腰带上,刺绣上精美的图案,做工精致,花纹匀称。

基诺族的婚姻为一夫一妻制,婚前恋爱自由,婚后很少离异,过去仍保留着某些对偶婚和群婚残余。基诺族的青年男女举行"成年礼"之后,即取得了谈恋爱的资格。在劳动中对歌,并用树叶为信,约定相会的时间地点。待两人情投意合后,即可同居。一般是在生了第一个孩子后才举行婚礼。举行婚礼时,必须长老亲临。新娘婚后5日归家,过几天才返回男方家长住。

基诺族的丧葬一般实行土葬,挖独木为棺,葬于公共墓地,不留坟冢。

死者生前的全套生产、生活用品，作为殉葬品，富者还埋入一铜锅银子。墓表搭盖竹楼，内设竹桌，死者家属每天到竹房献饭 3 次，祭供 1~3 年，然后拆竹房。由于公共墓地很少，又不能随意扩大，故基诺族有在前人墓穴中埋入新棺的习俗。孕妇、精神病患者死亡，实行火葬。基诺族夫妇不合葬。

京　族

　　京族传统民间文艺丰富多彩，具有浓厚的民族风格。京族的歌唱艺术颇有特色。唱时由一位哈哥操三弦琴伴奏，两位哈妹则边敲打竹梆子与竹板边轮流进行演唱，内容多为叙事史歌以及中国古诗词等。如《宋珍、陈菊花》、《斩龙传》、《琴仙》、《浔阳江头夜送客》等。歌的曲调不下 30 种。按内容分有山歌、情歌、结婚歌、渔歌、诉苦歌、长篇叙事歌、风俗歌、劳动生产歌等。其中有些歌本是流传下来的，有些却是即兴创作，触景生情，随口而出的。用京语演唱的京歌，有着自己的格律，比较复杂。京族的民歌内容也十分丰富，由于生产的影响，有不少歌曲都与大海相关。如有一首海歌这样唱道："潮涨潮退不离海，风吹云走不离天；大路不断牛脚印，海上不断钓鱼船。"有一首情歌的歌词是："摇船过海摇绳断，还有几摇到岸边；板短搭桥难到岸，望妹伸手过来牵。"京族青年男女一般通过对歌物色对象，所以他们个个能歌善唱。"京戏"是京族传统的戏剧，称"嘲剧"，独具民族特色。独弦琴是京族独有的民族乐器，它用半片大竹筒，或 3 块木片制成长方形的琴身，长约 75 厘米，一端插一根与琴身成直角的小圆柱，或金属片条，另一端安一个把手，两端由高至低拉一弦线。演奏出来的声音十分幽雅动听。

　　京族男女青年订婚，男方要用一定数量的猪肉、糕饼等作为礼品送给女方，贫穷之家也要送少量的糖、糯米、茶叶、糕饼作为订婚礼。结婚时，男方要备一百斤猪肉、两百提酒（每提等于 200 克）、七斗米及其他礼品，送给女方。

　　逢年过节都要进行祭神活动，届时要备猪、鸡、鱼拜祖。煮猪肉拜祖还是京族女子出嫁时的一种礼习。每年哈节，凡年满 16 岁的男子都要置备鸡、酒、糯米饭、槟榔等祭品到哈亭祭祀，经过祭拜的男子才算"入众"（即进入成年），才能被允许参加唱哈节的入席活动，从此便可参加捕鱼生产。

在渔家做客,千万别说饭烧焦了,因为"焦"与"礁"同音,怕触礁。在船上不要说"油",把油称为"滑水",因为"滑"有"顺当"、"顺溜"、"顺利"之意,而"油"与"游"同音,船破后人落水才要游呢。移动器物要拿起来,别拖着或推着移动,因为有"搁浅"之嫌。当然,一般来说,不懂规矩的客人是不会被责怪的。

黎 族

黎族是能歌善舞的民族,他们的音乐和舞蹈具有鲜明的民族风格。民间音乐有自己的传统乐器:鼻箫、口弓、叮咚板、独木皮鼓、蛙锣等。民间歌谣主要有两种:一种是海南汉语作唱词,以黎族民歌韵律为唱腔,称作"汉词黎调";一种是用黎语作唱词,称为"黎谣正调"。内容多样,有劳动歌、生活歌、情歌、颂歌、仪礼歌、叙事歌、杂歌等。歌者即兴作词、吟唱心曲,引人入胜。并有独唱、对唱、说唱、联唱、领唱等不同形式。曲调旋律,各地区略有不同。

有歌就有舞。黎族人民不仅善唱歌,也爱跳舞,他们的舞蹈来源于生产和生活,来源于对祖先的崇拜。内容主要有生产舞、生活舞和宗教仪礼舞。较著名的舞有《招福舞》、《打柴舞》、《竹竿舞》、《舂米舞》等。舞时,往往歌声、打击乐和喊声相融,场面欢快。

黎族的造型艺术,以织锦工艺最为著名。在唐宋时期,黎族的纺织技术就比中原先进。织出的黎锦、黎单闻名于世。他们利用各种不同的纺织工具,从轧棉、弹棉、纺线、染色、理经、织布、刺绣,直到生产出色彩斑斓的锦、被、单、筒裙、花带等,已形成一整套系统的生产工艺。而且至今,著名的"崖州被"和"双面绣",以其技术精巧细密,花色艳丽又富于特色而驰名。此外,黎族的独木器制作和竹藤编织工艺,也十分著名。

傈 僳 族

傈僳族能歌善舞,文化艺术丰富多彩。主要节日有澡塘会、尝新节、阔时节、傈僳年等。

节日期间,一般都要酿制水酒、杀鸡宰猪、舂粑粑,准备各种丰盛的食品。还要采折与全家男人人数相同的松树枝插在门口，寓寄祛疾除病、幸福吉祥。同汉族的习俗一样，除夕之夜要吃团圆饭。即使有人身在他乡，家人也要为他留出席位、摆设碗筷。有的地方，从除夕开始，禁止到别人家里去，即使是分了家的父子兄弟也不能往来。直到初三后才解除限制，多数地方从初一开始，人们便聚集在晒场或开阔地，开展对歌、跳舞、荡秋千、射弩比赛等丰富多彩的文体娱乐活动。怒江地区的傈僳族同胞有的还要前往泸水县登埂澡塘参加"澡塘赛歌会"活动。

同许多民族一样，傈僳族同胞也喜欢饮酒。他们的酒有水酒和烧酒两种，过去多自行酿制。水酒是一种发酵酒。傈僳人认为，"无酒不成礼"，酒是他们宴宾待客必不可少的饮料。按传统习俗，饮宴伊始，主人要先将自己的竹筒杯斟满，并往地上洒倒少许，表示祭祖先。接着自己先举杯略饮，表示酒是好的，然后才将客人的酒杯一一斟满，双手奉献给客人饮用。

在傈僳族的饮宴习俗中，最有趣的莫过于饮"同心酒"了。"同心酒"，亦称"合杯酒"、"双边酒"等。是指2人同捧一筒或一碗酒，相互搂着对方的脖子和肩膀，一起张嘴，仰面同饮，使酒同时流进主客双方嘴里的饮酒习俗。

"江沙埋情人"，是云南省怒江傈僳族自治州福贡县一带，傈僳族青年的传统娱乐、求偶活动。每年正月初四、初五左右举行。届时，男女青年们欢聚怒江河畔，歌舞嬉戏。还要在同伴的帮助下，在沙滩上挖出沙坑，将意中人抬入"埋葬"，并装出非常悲伤、痛哭流涕的样子，唱丧歌，跳丧舞。取闹过后，才将意中人拉出。他们认为，通过这一活动，一来表示恋人间感情的真挚与深厚，二来可以将附在意中人身上的"死神"埋掉，使意中人健康长寿。

毛 南 族

毛南族人民聪明、勤劳，在长期的生产、生活实践中，创造了光辉的文化艺术。毛南族的神话传说、民间故事相当丰富，真实地反映了毛南族人民的道德观、价值观和艺术修养。像《盘古的传说》、《三九的传说》、《太师六官》、《顶卡花》、《七女峰》、《恩爱石》等为毛南族人民世代传颂。毛南族民歌也别具一格，内容丰富。男女青年在室外唱的情歌，七字一句，八句一首,叫做"比",因两句之后有一尾音"罗海",故又叫"罗海"歌。在喜庆嫁娶节日对唱的五字一句、八句一首的祝贺歌,谓之"欢"。由一人独唱、叙述历史故事和祖先来源的叙事歌,则以七字为一句,四句为一首,合若干首为一组,叫做"排见"。同时还流行"毛南戏",多是一些反映古代劳动人民的斗争生活和悲欢离合的爱情等历史故事和民间传说的传统剧目。

毛南族的编织和雕刻,有独特的民族风格。所编织的竹器工艺精湛。著名的花竹帽,又叫"顶卡花",使用削成只有半根火柴粗的竹篾织出精致的花纹图案,非常美观。所雕刻的木质假面具,形象生动逼真。所刻制的石柱、石碑等,均有栩栩如生的龙、凤、麒麟、仙鹤、寿松和几何图案花纹,深为附近各族人民赞赏。

毛南族民间最大的节日是每年夏至后的分龙节。"分龙节"又叫"五月庙节",是毛南族特有的节日,在阴历的"分龙"日前两天开始举行,主要是祭祀神灵与祖先,全村男女以及外嫁的女子和远道的亲友都赶来参加,隆重而热烈。过分龙节时,家家户户都要蒸五色糯米饭和粉蒸肉,有的还要烤香猪。折回柳枝插在中堂,把五色糯米饭捏成小团团,密密麻麻地粘在柳枝上,以表示果实累累,祈望五谷丰登。

毛南族也过端午节,但节日的意义与汉族不同,民间称为"药节"。过药节时,习惯采艾叶、菖蒲、黄姜、狗屁藤等草药熬水饮浊,或用这些草药剁碎做馅包粽粑,可以解毒去病。

毛南族的"南瓜节",时在农历九月九日,即重阳节这天。各家把收获到家的形状各异、橘黄色的大南瓜摆满楼板,逐一挑选。年轻人走门串户,到各家评选"南瓜王"。不仅要看外观,而且要透过表面看到瓜子。待到众人意见基本一致时,由一身强力壮者用砍刀劈开"南瓜王",主人掏出瓜瓢,把饱满的籽留作来年的种子。然后把瓜切成块,放进小米粥锅里。文火煨炖,煮得烂熟,先盛一碗供在香火堂前敬奉"南瓜王",尔后众人共餐同享。

我国许多民族把重阳节视为老人节,有敬老的传统习俗。毛南族也不例外,只是风尚不同。对于年过花甲而又体弱多病的老人,毛南人一般在重阳节时为之"添粮补寿"。子女们在这天置办几桌酒席于家中,请亲朋好友光临,来客都要带几斤细粮好米,或者新鲜水果。亲友送来的"百家米"要单独贮存。日后在给老人做饭时抓一些掺进自家米中。"百家米"吃完了,老人若未康复,还得继续择日搞"添粮补寿"仪式。这种风俗实际上是出于对老人的一片爱心,很符合群众的道德及传统观念,得到当地政府的支持和重视。

蒙 古 族

13世纪初,蒙古族创制了自己的文字。此后,各种形式的历史、文学作品相继问世,有些一直流传至今。其中,历史著作以《蒙古秘史》、《蒙古黄金史》、《蒙古源流》最为著名,被称为蒙古族的三大历史巨著。

《蒙古秘史》,又称《元朝秘史》、《元秘史》,蒙古语为《忙豁它纽察脱卜察安》,作者不详。约成书于13世纪中叶,具体年代有:戊子(1228年)、庚子(1240年)、壬子(1252年)、甲子(1264年)之说,尚无定论。是蒙古民族第一部用蒙古文写成的历史和文学巨著。全书共282节,有12卷和15卷两种。

《蒙古黄金史》,亦译称《蒙古黄金史纲》、《阿勒坦·托卜赤》。有别于无名氏的《黄金史纲》,俗称《大黄金史》,蒙古族编年史。蒙古族学者罗卜藏丹津著,成书于明末清初,是一部承上启下较为完整的古代蒙古史,书中记述了蒙古族从古代至明末清初的历史,书的前半部转录《蒙古秘史》全书282节中的233节,补充了蒙古族兴起前后的一些历史和其他内容。

《蒙古源流》,原名《哈敦·温教苏努·额尔德尼·托卜赤》,蒙古编年史。清康熙元年(1662年),鄂尔多斯部蒙古族学者萨囊彻辰用蒙文著成。乾隆四十一年(1776年),喀尔喀亲王成衮扎布把家传手抄本进献清高宗,次年奉敕译成满文,后又由满文译成汉文,定名为《钦定蒙古源流》,简称《蒙古源流》。全书共分8卷,第一二卷叙述印度、西藏的佛教概况,第三至第八卷按时代顺序和蒙古世系记述蒙古的历史。

蒙古族待客十分讲究礼节和规矩。例如,吃手抓羊肉时,一般是将羊的琵琶骨带肉配四条长肋送给客人。如果是用牛肉待客,则以一块带肉的脊椎骨加半节肋骨和一段肥肠送给客人。招待客人最隆重的是全羊宴。全羊宴包括荐骨、四肢、肋骨、胸椎、羊头,有的地区还要加羊心、羊肝、直肠和羊肚。制法是将全羊的各部位倒入大锅,水温上升后,再加入一定量的熟嗜酸奶用文火煮开,并经常翻动。肠、肚、心、肝和燎好的羊头另锅煮烂,另配调料。开宴时将煮熟的各部位放入大盘子里,尾巴朝外,羊头上要刻有象征吉祥如意的"十"上桌。食用时,主人要请客人切羊荐骨,或由长者先动刀切割,然后大家才同吃。姑娘在出嫁之前,娘家人须煮羊胸脯肉给姑娘吃,以此表示送别。烤全羊过去多用来进行祭典或祭敖包时才用,现在已成为盛大节庆或迎接贵宾时用的一种特殊菜肴。

仫 佬 族

仫佬族人民善唱山歌,这是他们历来用以歌唱生产、生活与感情,传授科学文化知识的艺术形式。歌的种类有:"随口答",是即兴而作的短歌,多是男女青年谈情说爱时随问随答的对歌,句式有四句或六句,每句都是七言的,也有少数为六字头七字尾,押脚韵;"古条歌",即为叙事式歌谣。有歌舞,其内容为民间流行的历史故事、神话传说等,以 15 ~ 30 首为一条组成的长歌,叫"古条",是民间歌手世代相传下来的;"口风",是一种讽刺性歌谣,亦称口角歌,内容不拘,随编随唱,有"正口风"和"烂口风"之分。前者较文明,后者较粗俗,都富有机智、幽默、诙谐。

仫佬族现代诗人包玉堂,继承了仫佬族民歌的传统,又吸收了汉族诗人写诗的艺术技巧,创作了许多富有诗情画意的叙事长诗,著有《凤凰山下百花开》、《歌唱我的民族》、《在天河两岸》、《回音壁》、《清清的泉水》等诗集。仫佬族青年男女历来实行自由恋爱,除节日、集会和赶集时的交往相识之外,主要的恋爱方式就是在"走坡"中传歌互答交友。"走坡"的季节是阳春三月和八月金秋,年轻人身穿盛装,男女各自结伴,到集市上寻找对歌的伙伴。找到满意的对象后,就邀到风景美丽的山坡草坪上开始对唱,以歌为媒,一问一答,相互满意,互赠信物。最后托媒人通报家长,确定婚期成亲。

怒 族

怒族自称"怒苏"(碧江),"誓阿怒"(福贡)和"阿龙"(贡山),是怒江和澜沧江两岸古老的民族之一。他们由早期居于今云南省福贡、贡山的土著与唐代"庐鹿蛮"的一部分发展而来。但各地怒族还保留着自称、本民族语言等特点。怒族人民在长期的生产和生活实践中,创造了绚丽多彩的文化艺术。

怒族是一个喜爱歌舞的民族,其舞蹈内容十分丰富,大部分为模拟动物的活动形象,如猴舞、鸡舞、喜鹊舞、鸟王舞等,也有表现生活场景和反映生产活动的,如锅庄舞、洗衣舞、秋收舞、割麦舞等,此外还有琵琶舞、脚跟舞等。舞蹈动作粗犷豪放、敏捷有力、节奏鲜明。无论喜庆和哀怒,怒族人民都能用歌舞来表达真挚的思想感情。如在婚礼宴会上,老年人唱的《婚礼歌》,先从人类起源唱起,分为《创世》、《谈情》、《牧羊》、《剪毛》、《迎亲》等章节。

怒族的婚姻以一夫一妻制为主,少数头人和富裕户也有多妻的。各地较普遍流行转房制。男子婚后,便在父母住房附近另建新屋,与父母分居,并分到少量财产。但小家庭在生产生活上仍然与父母及整个家族保持着共同耕作及相互协助的义务。幼子与父母同住,父母死后,所遗土地、牲畜、房屋主要归幼子继承。世系按父系计算。碧江怒族实行的父子连名制,是计算世系和财产的重要标志。贡山的怒族有重丧的习俗。福贡、碧江怒族的先民行火葬,有氏族墓地。现行土葬。

普 米 族

雕刻艺术,大多掌握在木工手中,他们经常在门窗和神龛上,雕刻各种花纹图案,在经堂的门上,雕刻有花鸟等形状。他们以黄泥、马牙石子、海螺等物,塑成宗巴拉(灶神),在里面放置铜钱,外面涂上白灰,供在火塘边。

漆器也是普米族的传统工艺品,远近闻名。通常的制品有漆碗、酒壶、酒杯、漆盒等。他们喜爱以黑色为底,配以红白图案,小巧玲珑,光洁可爱。

四弦琴是普米族人民非常喜爱的传统乐器。在普米山村,无论田间地头,还是幢幢木楞房里,常常都能听到淳朴、悠扬的四弦琴声。四弦琴既是普通的乐器,还是小伙子们向姑娘传情示爱的武器。

依据传统的习惯,普米族的婚礼多选择在冬天农闲的季节举行。具体的婚礼形式各地不一。

宁蒗地区保留着古老的"抢婚"习俗。"抢婚"是相爱的青年男女因婚姻受阻而采取的一种"生米做成熟饭"的结婚方式。男女双方事先暗中商定婚期。结婚那天，姑娘仍若无其事的外出劳动。男方则派生辰属相相合的人暗中跟踪，看准时机后突然抢夺。抢得之后便高声呼喊："某某人家请你去吃茶!"姑娘佯装反抗，早有准备的亲友们闻讯后也迅速出击，与迎亲的人展开激烈争夺，由于人多势众，终将姑娘夺回，然后簇拥她回家，举行隆重的出嫁仪式。尽管女方家长不同意这门亲事，但此时也无可奈何，只好默认，并准备丰盛的食物，为女儿出嫁进行庆祝。

兰坪、维西等地普米族的婚礼则是在"对歌"声中进行的。从新郎去女方家接亲，到新娘步入洞房的整个过程中，《出嫁歌》《梳妆调》《认亲调》《开门调》《送亲调》《聚会调》等欢乐的歌声连绵不断，整个婚礼喜庆、欢乐、吉祥。

羌　族

羌族人民能歌善舞，民间的说法是"没有歌不行，没有舞亦不行"。《汶川县志》说，羌民"丧葬有丧葬曲，相互舞蹈，以示悲欢，盖古风尚存也"。羌族舞蹈的基本特点有：保留着原始乐舞粗犷、古朴的风格；大多是在民俗宗教祭祀活动中进行，舞者既通过舞蹈取悦祖先神灵，又得以自娱自乐；以羊皮鼓、手铃等打击乐器伴奏，加深人民对神的崇拜和其神秘感；舞蹈动作的表现与歌词内容没有直接的联系，多数舞蹈是用歌来促使舞步的循环往复；同一乐句男领女合，动作完全重复，节奏的强弱起落同舞蹈齐奏起落结合巧妙协调。羌族舞蹈形式多样，内容丰富，在什么样的场合跳什么舞，均按功能和礼仪要求有一定的程序。羌族舞蹈按其形式和功能可以分为自娱性、祭祀性、礼仪性、集会性4种。

"萨朗"有"唱起来，摇起来"的意思，此舞在羌区最为盛行和普及，是很古老的自娱性舞蹈。"萨朗"音乐曲调欢快、流畅，节奏跳跃、明朗，歌词内容十分丰富。该舞可在室内外进行，男前女后，不限人数，围火塘或场院一圈，不封口，向逆时针边歌边舞。开始时，先男女轮唱一遍舞曲，然后共同起舞，速度由慢到快，跳到激烈时，领舞男子加快舞步，带头交换各种不同的舞蹈动作，或双腿交替重踏，或左右旋转，男女相互竞争，气氛逐渐热烈。舞至高潮时，男子叫声"吓喂!"，女子应和"哟喂!"一曲就此结束，接着再变换新的舞曲和步伐。

"席蹴步"在南部方言中有"办酒席时跳舞"的意思,是民间在丧葬、祭祀时举办酒席后进行的祭祀性舞蹈,没有固定的表演程序。此外还有反映丰收后喜庆心情的"瓦西切玛"、"江得里学",赞美装饰物的"石奎余奎"。"席蹴步"音乐曲调缓慢,节奏却很鲜明,曲式短小,反复重复。

"仁木那·耸瓦",赤不苏方言,意为"宾客来临时表示尊敬和欢迎的舞蹈",是羌族传统礼仪舞蹈,主要由60岁以上的老年人所跳。如果寨子3年无人凶死,为示吉利,则要跳此舞庆祝。舞蹈一般出现在迎宾待客的礼仪活动开始和结束时。舞蹈时,男女数人面对宾客,呈八字形分开而站,双手小指扣住身边舞伴的腰带,齐唱节奏缓慢的民歌,表达了全寨人对宾客的尊敬和赞美。

"克什几·黑苏得",意为"跳铠甲"舞时唱的歌,舞蹈俗称"铠甲舞"、"跳盔甲",是为战死者、民族英雄或有威望的老年人举行隆重葬礼时,由身披牛皮制作的盔甲、头戴盔帽、手执兵器的男子跳的舞蹈,主要流行于茂县北部、黑水等比较边缘的山寨。此歌音调悲切,运用极不稳定的角调式,速度缓慢,表达一种悲愤、哀伤的情感。

"莫恩纳沙"是羌族祭祀活动中,由释比跳的祭祀性舞蹈,也称"羊皮鼓舞"。该音乐无歌唱,只有羊皮鼓和响盘(铜铃)两种打击乐器做伴。响盘声响清脆,和着羊皮鼓的鼓点节奏和舞蹈节奏的变换,敲击出不同的音响组合,增强了舞蹈的表现力。

说到羌族的音乐,多声部不得不提。多声部又称和声,或是指两组以上的歌者各按本组所担任的声部演唱同一歌曲。羌族的多声部主要分布在松潘县的小姓羌族乡,黑水及茂县部分地区。1984年,松潘县文化馆郑三宝先生首次在小姓羌族乡采录了两首多声部羌族民歌,请四川省音乐家协会民歌专家任渝等人鉴定,得到了认同,并引起中国音乐界的关注。1986年,中央音乐学院樊祖荫教授一行专程到松潘县小姓羌族乡大耳边寨考察,进一步确定,从而否认了19世纪80年代一些音乐界人士认为中国没有多声部,多声部的故乡在欧洲的说法(后来证实大部分古羌后裔民族都保存有多声部民歌)。羌族多声部的唱法主要有"引"、"尼沙"、"娄"、"玛茨"等几种,唱法、意义根据具体的场景有所不同。羌族的乐器有羌笛、口弦、唢呐、脚盆鼓、羊皮鼓、锣、响盘、指铃、肩铃等。此外羌族还有羌戏、端公戏、武士戏、花灯戏、马马灯、打围鼓等民间戏剧。

撒 拉 族

　　撒拉族具有独具一格的文学艺术。以民间说唱文学为主。说,包括故事、神话、传说、寓言、谚语和笑话等。十分丰富,且语言幽默含蓄。唱,包括撒拉曲、宴席曲和花儿等民歌。"撒拉曲"是撒拉族人民用本民族语演唱的一种抒情民歌。由许多具有独立意义的短体小诗组成。流行较广的曲子如《巴西古溜溜》《撒拉尔赛西布尕》等。"宴席曲"是一种娶亲时的传统唱曲。撒拉"花儿"则是一种汉语演唱的山歌,歌词一般为四句。受藏族的影响,其音调普遍带有颤音,婉转动听。

　　撒拉族最流行的舞蹈,是四人"骆驼舞",一般在举行婚礼时表演,动作简单,节奏平缓。撒拉族唯一的乐器是"口弦",一般用铜或银制作,形似马蹄。为撒拉族妇女所钟爱。

　　此外,撒拉族妇女的刺绣艺术,十分精美。剪纸、窗花也是妇女擅长的一种装饰艺术。建筑艺术主要表现于礼拜寺的建筑装饰上,受内地影响,它是中国飞檐式的古典庙宇结构,是清真寺建筑与中国古典建筑的结合体。

畲 族

　　畲族文学艺术十分丰富。山歌是畲族文学的主要组成部分,多以畲语歌唱的形式表达。所以畲族文学基本上是民间口头文学。他们每逢佳节喜庆之日,歌声飞扬,即使在山间田野劳动、探亲访友迎宾之时,也常常以歌对话。流传下来的山歌有一千多篇、四五万行。在长篇叙事诗歌中,最著名的就是《高皇歌》。

　　《高皇歌》又称《盘古歌》《龙皇歌》《盘瓠王歌》,是一首长达三四百句的七言史诗。它以神话的形式,叙述了畲族始祖盘瓠立下奇功及其不畏艰难繁衍出盘、蓝、雷、钟四姓子孙的传说。反映了畲族的原始宗教信仰和图腾崇拜。尤其是,他们还把这一传说绘成连环画式的画像,称祖图,即在一幅十来丈长的布帛上,用彩笔把这一传说的40多个画像连环式地绘在画卷上,世代珍藏。

畲族的编织工艺最受赞誉的是彩带和竹编。彩带即花腰带,又称合手巾带。畲族姑娘从五六岁起,就跟着母亲学习编织彩带,彩带精致的程度,是衡量姑娘心灵手巧的重要标准。畲族地区盛产石竹、斑竹、金竹、雷公竹等竹子,为竹编工艺品生产提供了丰富的原材料。畲族妇女的服装,各地略有差别,其共同特点是上衣多刺绣。尤其是福建福鼎和霞浦的女上装,在衣领、大襟、服斗甚至袖口上都有各色刺绣花纹图案和花鸟龙凤图案。畲族妇女最主要的装束就是"凤凰装"。

历史上畲族人民辗转迁徙,物质生活尤为简朴。他们"结庐山谷,诛茅为瓦,编竹为篱,伐荻为户牖",聚族而居。一般住茅草房和木结构瓦房。现在随着畲族人民生活水平的改变,修小楼房的人越来越多。火笼、火塘是畲族人民家庭生活所不可缺少的。由于山区气候寒冷,严冬腊月,一家人都围坐在火塘边烤火取暖。畲族山区水田少,旱地多,水稻种植较少,杂粮较多。他们普遍以地瓜掺上稻米为主食,纯米饭只是宴请贵宾时才用,喜食虾皮、海带、豆腐等。尤喜饮"米酒"和"麦酒"。

新中国成立前,畲族婚姻家庭普遍实行一夫一妻制,现仍保留着古朴的婚俗。一般同姓不婚,本民族内部的盘、蓝、雷、钟四姓中自相婚配。本来,氏族外婚制是畲族传统婚俗,但由于历代统治者的民族压迫和歧视政策,畲、汉两族之间严禁通婚,曾是畲族内部的一条族规。新中国成立后,随着民族平等团结政策的执行,畲、汉两族之间的通婚日益增多。古代,畲族青年男女有自由恋爱的传统,对歌成婚是畲族先民的习俗。但随着封建地主经济的发展,受到汉族婚姻观念的影响,到新中国成立前畲族婚姻的封建买卖包办现象十分严重,新中国成立后被革除。现在畲族青年男女基本上都是自由恋爱,婚姻自主。丧葬形式是土葬,保留有拾骨重葬习俗。

畲族的传统节日主要有农历的三月三、农历四月的分龙节、七月初七、立秋日、中秋节、重阳节、春节等。另外,每年农历二月十五、七月十五、八月十五都是畲族的祭祖日。

塔 吉 克 族

塔吉克族的文学艺术丰富多彩，源远流长。过去没有文字，靠口头传送。著名的诗歌《雄鹰》《白鹰》《聪明的宝石》《各式各样的》和《利可司尔水·鸟》，总称"玛卡木"，是诗歌的代表作。传说《慕土塔格山》和《大同人的祖先》生动感人。塔吉克族能歌善舞，音乐有弹唱曲、歌舞曲、叼羊曲、哀悼曲、情歌和宗教歌曲等。特有的乐器为纳依(鹰翅骨制的短笛)、巴朗孜阔木(弹拨的七弦琴)和热瓦甫(弹拨的六弦琴)。舞蹈大都为双人舞，以模拟雄鹰翱翔为特色。塔吉克族还有独特的戏剧艺术，分歌舞剧和话剧两种。语言生动幽默，动作滑稽，寓意深刻。歌舞剧《老少夫妻》很有名。其思想性和艺术性都很高。

塔吉克的工艺美术有刺绣、编织和补花等。

住户大多是家长制大家庭。实行一夫一妻制。过去，堂亲、表亲联姻较普遍，盛行早婚。现在大多执行《婚姻法》的规定。

塔吉克族人热情好客，讲究礼节。其礼节质朴、亲切。男子相见，互相握手或互吻手背。妇女相见，长辈吻幼辈的眼或前额，幼辈吻长辈的手心，平辈互吻面颊和嘴唇。男女同辈相见，女方吻男方的手心或握手。子女与父母相见，要吻父母手心，以示敬重。家庭中最热情的礼节是拥抱。

塔吉克族民风淳朴、敦厚，社会道德高尚，凡到过塔什库尔干的人，都会为这里的路不拾遗、夜不闭户、民族和睦、社会安定而惊叹不已。在当今社会，它确实堪称一奇!

塔 塔 尔 族

塔塔尔族是我国少数民族之一，属于白色人种。塔塔尔族使用塔塔尔语，属于阿尔泰语系突厥语族西匈奴语支。由于塔塔尔族与维吾尔族、哈萨克族等族人民杂居，联系密切，因而这两个民族的语言、文字也逐渐成为塔塔尔族的日常用语和通用文字。

塔塔尔族人酷爱戏剧、音乐和歌舞，文化生活丰富多彩。他们的音乐舞蹈有独特的民族风格，节奏鲜明、活泼动听。塔塔尔族的乐器种类繁多，著名的有"库涅"(二孔直吹的木箫)、"科比斯"(置于唇间吹奏的口琴、二弦小提琴);此外还普遍使用手风琴、曼陀铃、七弦琴等。唱歌、跳舞时也用手风琴、曼佗林伴奏。舞蹈活泼,吸收了维吾尔族、俄罗斯族、乌孜别克族等族舞蹈的特点,又具有自己的独特风格,按照传统习惯,舞蹈中的男角色要由女子扮演。舞蹈的动作活泼、灵巧、奔放。男子多踢蹲、跳跃的动作,女子多手部和腰部的动作。

土 族

土族与蒙古族有着密切关系。在互助土族中,广泛流传着祖先来自蒙古人,以及成吉思汗属将格日利特(格热台)率部留驻今互助县一带,以后与当地霍尔人通婚,逐渐繁衍而成土族的传说。过去土族人把格日利特当作本民族的祖先来崇拜。

汉文史籍也有成吉思汗所部蒙古军曾来西宁一带的记载。当时互助县属西宁州治,可与传说印证。明代安定卫的蒙古人受到攻击,迁至今互助土族自治县。至于霍尔人,原是藏族对居住在西藏北部以及西藏以北地区的游牧民的泛称。藏文史籍曾用以指回鹘或蒙古,近代则专指土族。互助县土族地区的合尔郡、合尔屯、合尔吉、贺尔川等地,传说是因为居住着霍尔人而得名。

土族的饮食习惯与以农业为主,兼营牧业的生产特点紧密相关。日常的主食以青稞为主,小麦次之。蔬菜较少,主要有萝卜、白菜、葱、蒜、莴笋等十余种,平日多吃酸菜,辅以肉食。爱饮奶茶,吃酥油炒面。喜庆节日,必做各种花样的油炸食品和手抓大肉(猪肉)、手抓羊肉。男子喜欢饮酒,多数人自家酿青稞酒。饮食卫生也很讲究,用饭时每人都有固定的饭碗、筷子,请客吃饭也是每人一份。

土族人民能歌善舞,有丰富多彩的民间文学艺术。民间文学全为口头传诵,其中大都可以演唱的叙事诗《拉仁布与且门索》已搬上舞台。土族高级喇嘛、僧侣也著书立说。由土族活佛所著的《宗教流派镜史》一书,曾被译成英文、德文流传国内外。代表着土、藏两族文化交流频繁。歌曲种类繁多,有"安昭"、"花儿"等,分家曲和山歌。曲调都有衬句,而且尾音拖长而下滑,深沉,回味无穷。家曲有赞歌、问答歌、婚礼曲、圆舞曲等。土族居民举行婚礼时,常伴以歌舞等娱乐活动。婚礼舞一般以两个穿着白褐子长衫的领亲人为主,其他人伴唱。各地舞蹈动作不尽相同。

另外,土族人的民间刺绣工艺很有名。图案讲究,花鸟兽石,美观大方,朴素耐久。通常有"五瓣梅"、"石榴花"、"云纹花"、"寒雀探梅"、"孔雀戏牡丹"、"狮子滚绣球"等等。精美的刺绣是土族妇女的创造,也是土族传统文化的一个引人注目的标志。

佤　族

沧源崖画主要分布在云南省沧源县糯良山、班考大山与拱弄山之间的勐董河流域的河谷地带。是我国发现较早的古代崖壁画艺术遗存之一。沧源崖画的内容主要有人物像、动物像、村落图、狩猎图、祭祀图、舞蹈图等。每个画面都有一个中心内容,真实地描绘了一幅原始生活的百态图,古朴、形象、生动。反映了佤族先民的智慧和丰富的想象力。

沧源崖画采用平涂法,手法简练,生动传神。人体多用三角形表示,面部不画五官,但四肢却画得姿态多变,动感强烈。通过双臂和双足的种种不同姿态,可以看出人物的活动内容。动物也是如此,虽然五官不清,但通过角、尾、足和耳部的特征,也可以辨认出其种属。

沧源崖画图像多呈赭色。作画的颜料可能是用赤铁矿、虫胶和动物血调制而成的。据专家们的初步研究分析,这些崖画可能是新石器时代的作品,距今已有三千多年的历史。当地佤族群众一直把它当做神物加以崇拜。

佤族人豪爽好客,迎接客人以酒当先,认为无酒不成礼。佤族待客敬酒习俗多样。其一是敬酒时主人首先自饮一口,以打消客人的各种戒意,然后依次递给客人饮。敬给客人的酒,客人一定要喝,而且要尽力喝干,以表示心地坦诚,否则被认为对主人不敬;另一形式是主客均蹲在地上,主人用右手把酒递给客人,客人用右手接过后先倒在地上一点或右手把酒弹在地上一点,意为敬祖。然后主人和客人一起喝干。佤族民间有不知心、不善良者不敬酒的习惯。每逢儿子出门,客人离去,主人还要打"送亲礼",即给亲人或客人敬酒,届时主人用葫芦(盛酒器)盛满酒,先喝一口,然后送到客人或远离的亲人嘴边,客人需要喝到葫芦见底,以表示亲情、友谊永远不忘。

乌孜别克族

乌孜别克族民间音乐曲调优美、节奏明快,歌唱时有齐唱、独唱、对唱等表演形式。帕勒海提就是一位当代著名的作曲家和诗人。乌孜别克族的乐器种类很多,有"斜格乃琴"、"独他尔"、"热瓦甫"、"坦布尔"等弹拨乐器,手鼓、撒帕依等打击乐器。乌孜别克族舞蹈与维吾尔族舞蹈大同小异,以形式多样、舞步轻盈、身腰柔软、双臂优美舒展、节奏欢快为特色。

乌孜别克族的家庭多是父子、昆弟分居,也有祖孙三代同居的。通婚的范围对同胞兄弟姐妹和不同辈分都有严格限制。有同维吾尔族、塔塔尔族通婚的传统。婚姻由父母包办,要彩礼。家庭结婚时间的先后顺序:长者在前、幼者在后。不允许与不信伊斯兰教的民族通婚。按照传统习惯,结婚仪式晚上在女方家举行。举行婚礼仪式由阿訇主持。新中国成立后,乌孜别克家庭很少出现离婚现象。自由恋爱婚姻的比例越来越大。妇女生育时,除接生员、婆母外,丈夫不能入产房。产妇7天之内不能出屋。婴儿出生第三天举行命名礼,第十五天举行"摇篮礼",第四十天举行"洗礼","洗礼"完后产妇方能出门参加活动。乌孜别克的丧葬仪式,一般按伊斯兰教规举行,行土葬。死者去世周年内的每个"主麻日"(星期五)都要做抓饭请客,以祝死者早升"天国"。

乌孜别克族先民曾信仰过祆教、佛教,从钦察汗国的乌孜别克汗时代就开始信仰伊斯兰教。历史上伊斯兰教对乌兹别克族的政治、经济、文化、生活等领域产生过重大影响。自18世纪以来,乌孜别克人在喀什、莎车、伊犁、奇台等建造了宏伟的清真寺。其重要节日是"开斋节"、"古尔邦节"。

锡 伯 族

锡伯族民间画师技艺高超,所绘人像逼真生动。另外,锡伯族民间还有绘制萨满图、灶神像、家谱图等传统。

绣花艺术、刺绣、贴花、剪纸是锡伯族妇女的优良传统,尤其绣花更是锡伯族妇女擅长的女红。荷包是锡伯族吸烟的男子必备的物品之一,按传统，一对恋人中，女方要缝制精致的荷包送给情人。荷包通常要绣上花卉、蝴蝶、飞禽等美丽的图案。此外，锡伯族妇女用她们灵巧的双手在门帘、枕头套、枕头顶、衣服边角、鞋面上等处，绣上各种珍禽异兽、奇花异草，做工精细，展现她们的聪慧和多才多艺。

锡伯族在漫长的历史发展过程中，保留和继承了许多优秀和具有民族特色的民间音乐文化，其中民间歌曲是锡伯族民间传统艺术的一个重要组成部分，虽然数量有限，但在内容上深刻地反映了锡伯族西迁两百余年来生活的各个方面，大致分为田野歌、生活习俗歌、儿歌、叙事歌。

锡伯族十分注重礼仪，也有一些禁忌，比如睡觉时脱下的裤、鞋、袜等不能放在高处，不能在炕上横卧，不能从衣帽、被子、枕头上跨过；吃饭时不能坐门槛或站立行走，严禁拍桌打碗；媳妇不能与公公同桌用餐，也不能同坐；递刀给别人要刀尖朝自己，刀把朝对方；忌食狗肉，族内同姓禁止通婚等。

瑶　族

瑶族在长期的历史发展中创造了具有鲜明特色的民族文化艺术。

瑶族音乐、舞蹈与其民间歌谣一样，起源于劳动与宗教。其舞蹈著名者如长鼓舞、铜鼓舞，系祭祀盘王、密洛陀的大型舞蹈。民间盛行的舞蹈还有狮舞、草龙舞、花棍舞、上香舞、求师舞、三元舞、祖公舞、功曹舞、藤拐舞等数十种。《盘王歌》有24种曲牌，唱腔相当复杂。民间流传的生产歌、酒歌，曲调平缓而喜悦；苦歌、哀歌曲调悲痛深沉；情歌欢快动人。现在，瑶族的长鼓舞、铜鼓舞已搬上了舞台，深受广大群众欢迎。

瑶族的工艺美术有印染、挑花、刺绣、织锦、竹编、雕刻、绘画、打造等，形式多样，内涵丰富，其中尤以蜡染、挑花出名。

瑶族早在唐宋时期开始，学习用汉字记录本民族的历史，编纂各种典籍。迄今各地瑶族民间散藏着的大量瑶族历史典籍，包括著名的历史文献《过山榜》(是研究瑶族历史的宝贵资料)和数量众多的宗教经书、歌本、家谱等，就是瑶族对祖国历史文化的一大重要贡献。

彝　族

彝族人民能歌善舞。彝族民间有各种各样的传统曲调,诸如爬山调、进门调、迎客调、吃酒调、娶亲调、哭丧调等。有的曲调有固定的词,有的没有,是临时即兴填词。山歌分男女声调,各地山歌有自己独特的风格。彝族乐器有葫芦笙、马布、巴乌、口弦、月琴、笛、三弦、编钟、铜鼓、大扁鼓等。彝族舞蹈也颇具特色,分集体舞和独舞两类,其中多为集体舞,如"跳歌"、"跳乐"、"跳月"、"打歌舞"和"锅庄舞"等。动作欢快、节奏感强,通常由笛子、月琴、三弦伴奏。

凉山彝族音乐风格古朴,品种繁多,民族特色鲜明而浓郁。民间音乐中的民歌和民间文学关系密切,很多普遍流传的抒情长诗,如《阿莫尼惹》、《阿依阿呷》、《阿惹妞》、《阿丝牛牛》等,都是用歌曲形式传唱的。除叙事性的歌曲外,有结婚时唱的歌曲如《惹打》,火把节唱的歌曲如《都火》、劳动时唱的歌曲如《犁地歌》、《牧学歌》等。此外还有山歌,如布拖高胜山歌、儿歌等。

彝族的民族音乐包括歌曲和乐器。

彝族的歌曲有:史诗歌、情歌、喜歌、风俗歌——内中又有喜酒歌、叫魂歌、送鬼歌、巫师调等多种曲调;从名目上分,歌曲有俄、雅、左、格、毕等。"俄"是唱的意思,可以在各类场合中演唱,气氛较为轻松随意;"雅"是一种独唱山歌,演唱者一般为男女青年,多为触景生情;"左"是一种婚礼歌,在举行婚礼大夜晚,由主客双方各出两名歌手边舞边唱;"格"是一种悼念死者时或祭祖活动时演唱的合唱歌曲,一人领唱,众人学唱,歌词由领唱者即兴创作;毕是指彝族毕摩在进行宗教活动时唱的歌,我们称之为宗教音乐,以与"俄"进行区分。音乐则有歌舞音乐、口弦音乐、吹叶子音乐,其中也各有许多曲调。此外,还有多种乐器:月琴是彝族最喜爱的乐器之一,弦普遍为两根,具有较强的艺术表现力;口弦是用竹质、铜质制成状像竹叶的簧片,在中间有一簧舌,靠控制呼吸来调节音色;"玛布"是彝族独特的乐器之一,其吹奏特点是利用鼻孔吸气,让鼓腮连续不断送气,可模仿婴儿啼哭,鸟雀鸣唱;葫芦笙和唢呐,多用于吹奏彝族民歌和曲调。

裕 固 族

　　裕固族本民族的文字虽然已经失传，但是民间仍然保留着自己优秀的文化传统。包括神话、传说、寓言、民歌、叙事诗、格言、谚语等。其民歌曲调独特，内容多是表达劳动和爱情。《黄黛成》和《萨娜玛可》是流行较广的歌曲。裕固族人民人人会唱歌，历史上曾有职业歌手。近年来，国内外都有人对裕固族民歌做深入研究，发现有些民歌如"摇篮曲"等，还完整地保留着 2000 年前匈奴民歌的曲调，这些曲调由匈奴人传给了裕固人的祖先——铁勒、回纥人，回纥人又代代相传，一直传到今天的裕固人。裕固族人还擅长造型艺术，主要是实用的工艺美术品。例如编织的各种口袋、毯子、马缰绳等，他们在上面织出美丽的花纹、图案，结构和色彩朴素大方。妇女还擅长刺绣，各种图案形象生动，独具特色。

壮 族

　　壮族人民能歌善唱，右江一带称为"欢"，左江一带称为"诗"，桂北一带称为"比"和"欢"，都是唱山歌的意思。有定期举行的唱山歌会，称为歌圩。歌圩日期各地不同。以农历三月初三最为隆重。大山歌圩有万人以上参加。内容有请歌、求歌、激歌、对歌、客气歌、推歌、盘歌、点更歌、离别歌、情歌、送歌等。被誉为"歌仙"的刘三姐就是歌手的典型代表。歌圩期间，还举行男女间的抛绣球、"碰蛋"等娱乐活动。这期间，各家各户吃五色糯米饭。云南文山一带还唱壮戏，兼办物资交流会。过去，壮族一年种一造（即一季）水稻，三月初三是备耕时间，歌圩就是为春耕农忙做物质的和精神的准备。吃五色饭、五色蛋，是预祝五谷丰登的意思。

117

第六章 民俗习惯

祭 灶

农历腊月二十三是祭灶节。每当此时,人们都忙碌着年前的祭灶送神活动。关于这个习俗的由来,在河南有一则凄凉的传说。

古时候,一对老夫妇仅有一子,两人视其为掌上明珠,十分疼爱。但因家中贫困,无以糊口,只得忍痛让儿子到石矿去采石。

由于儿子很久未曾回家,两位老人十分想念。这天,老太婆嘱咐老头子到矿上去看看。路上,老汉遇到一个光脚丫的同路人,一路上,两人相处十分融洽。闲谈之中,老汉得知光脚丫的人是阎王派来的,到矿上收回几十名矿工。老汉便乞求光脚丫的人,请他留下自己的儿子。光脚丫的人慷慨应允,但再三嘱咐他不要告诉别人。

老汉见到儿子后,佯装害病。儿子侍奉左右,一直无法上矿采石。不久,石矿出了事故,老汉赶忙把儿子领回家。

一晃三年过去了,这年腊月二十二夜里,老汉回想起当年的事情,忍不住对老伴说了。谁知此话被灶君听见了,二十三晚上,灶君上天后对玉帝讲了此事。玉帝大怒,立即惩罚光脚丫的人,并收走了老汉的儿子。

为此,每到腊月二十三这天,人们都会敬灶君吃灶糖,希望他到天宫后,不要再搬弄人间是非。久而久之,人们都在腊月二十三祭灶。

吹生日蜡烛

过生日时,吃蛋糕、吹蜡烛已是人们再熟悉不过的事情了。据说,这一习俗源于希腊。

在古希腊,人们都信奉月亮女神阿耳忒弥斯。在她每年的生日庆典上,人们总要在祭坛上供放蜂蜜饼和很多点亮的蜡烛,形成一种神圣的气氛,以示对月亮女神特殊的崇敬之情。

随着时间的推移，古希腊人在庆祝孩子生日的时候，也爱在餐桌上摆上糕饼等物，并放上很多点亮的小蜡烛，同时也增加一项新的活动——吹灭这些点亮的蜡烛。

他们相信燃着的蜡烛具有神秘的力量，如果让过生日的孩子在心中许下一个愿望，然后一口气吹灭所有的蜡烛，那么孩子的美好愿望就能够实现。

于是，吹蜡烛就成为生日宴上有着吉庆意义的小节目，并逐渐发展到不论是在孩子还是成年人，甚至老年人的生日晚会或宴会上，都有吹蜡烛这项有趣的活动。

贴"囍"字

举行婚礼时，人们都会贴出红双"喜"字，以示庆贺。它表示成双成对的意思，反映出人们希望好事成双的美好愿望。

据说，这种习俗源于宋代。

23 岁的王安石进京赶考时，路过马家镇，暂住在他舅舅家。次日，他上街闲逛，见镇上马员外家门外悬挂的走马灯上写着一副上联："走马灯，灯马走，灯熄马停步。"却没有下联。王安石一时也没有对上下联，便暗自记在心中。

王安石到京城应考，主考官指着一杆飞虎旗念道："飞虎旗，旗虎飞，旗卷虎藏身。"王安石顿时想起马员外家那副上联，便以此为对，主考官惊赞不已。

在回程路过马员外家宅时，马员外恰在门外听几名书生应对联。王安石便挤上前，用主考官的对子应对。谁知马员外家的对子是专为择婿而出的，他觉得王安石的下联对得最出色，得知王安石尚未婚配后，执意要将女儿许配给他。王安石经打听后，得知马员外的女儿才貌双全，便与舅舅商议，同意了这门婚事。

不久，王安石在完婚的大喜之日，恰逢官差来报"恭喜王大人高中了"。王安石喜上加喜，提笔在大红纸上写下一个金色大"囍"字，贴在门上，并吟诗一首："巧对联成双喜歌，马灯飞虎结丝罗。洞房花烛题金榜，小登科遇大登科。"从那以后，这种习俗一直流传至今。

拜 天 地

我国传统婚礼上,新郎、新娘要拜天地,即一拜天地、二拜月老、三拜高堂(父母)。

这个风俗的形成还有一个故事。

相传女娲造人的时候,开始只造了一个俊俏的后生。虽说这后生有吃有穿,逍遥自在,但孤孤单单一个人,总觉得很无聊,常常为此唉声叹气。

一天晚上,月下老人拄着一根龙头拐杖来到小伙子的面前,说:"后生不要愁,我给你找个伴。"

过了一个时辰,月下老人领着一个姑娘,飘悠悠地落到小伙子面前,对他说:"我给你领来了一个女人,你们先认识一下,一会儿我给你们办喜事。"说完,月下老人就不见了。

过了一会儿,月下老人领着两个白发白须的老人站在小伙子和姑娘面前,指着两个老人说:"这是天公和土地,你们以后的生活离不开他俩。现在我们给你们办喜事,首先,给养育你们的天公、土地拜三拜。"

小伙子和姑娘立即对天公、土地拜了三拜。随后,月下老人笑着说:"我给你们牵红线。你们还得给我拜拜哩。"

小伙子和姑娘又对着月下老人拜了三拜。刚拜完,三位老人就全不见了。从这以后,人们为了感谢天地的养育之恩,为了感激月下老人牵线搭桥的情义,结婚时,便形成了"拜天地"的习俗,并流传至今。

闹 洞 房

新媳妇过门头天晚上,不论男女老少,大家都拥挤在新房里,七嘴八舌地向新娘提出些五花八门的问题和要求,闹得小两口面红耳赤,啼笑皆非,大家却哄堂大笑。人们称此为"闹洞房"。

关于闹洞房的来历,我国民间有源于驱邪避灾的说法。

相传,很久以前紫薇星下凡,在路上遇到一个披麻戴孝的女子,尾随在一支迎亲队伍之后。他看出这是魔鬼在伺机作恶,于是就跟踪到新郎家,只见那女人躲进了洞房。

当新郎、新娘拜完天地要进入洞房时,紫微星守着门不让进说里面藏着魔鬼。众人向他请教除魔办法,他建议道:"魔鬼最怕人多,人多势众,魔鬼就不敢行凶作恶了。"

于是,新郎请客人们在洞房里嬉戏说笑,到了五更时分。一直到魔鬼走了。从那以后便形成了闹洞房的习俗。

湖北地区关于闹洞房的由来另有一说。

据说,有一个叫石匠巷的镇子,镇上有位知名人士,叫高世山,是个私塾先生。他家有四口人:老伴、儿子和女儿。儿子自幼聪明好学,方圆几十里,远近都有名。

有一年,经好友做媒,他给儿子娶了一个媳妇,乳名叫三娘。三娘伶俐贤惠,才貌双全。高世山想向乡里人显示一下媳妇的才学,也想借此机会让女儿长点见识,将来出嫁后能做个好媳妇。于是,他便暗自做了安排。

儿子婆亲的那天,高世山大宴亲戚朋友,石匠巷镇上凡是有才学或名望的人,都应邀前来贺喜。晚宴结束了,有几位朋友提议,要新媳妇出来奉茶献烟。

三娘出来后,众宾客不分老幼地在桌前热闹起来。高世山还特意叫女儿在一旁添油拨灯。客人们向新娘提出的各种问题,三娘都对答如流,客人们都赞不绝口。

从此,客人闹新房的事情就流传开了,并成了一种婚姻习俗。直到现在,闹新房时,还有不少年轻的姑娘站在一旁笑而不语,她们恐怕不光是来看热闹,多半还是想长点见识吧!

新娘蒙红盖头

古时候的婚礼上,新娘头上蒙着一块别致的大红绸缎,被称为"红盖头",这块盖头要在入洞房时由新郎亲自揭开。

最早的盖头大约出现在南北朝时的齐国,当时只盖住头顶,用以避风御寒。以后各族人民纷纷仿效,蒙盖头成为一种习俗。到唐朝初期,这种盖头便演变成一种从头披到肩的帷帽,用以遮羞。

据说,唐朝开元天宝年间,唐明皇李隆基要求宫女以"透额罗"罩头,

122

也就是在唐初的帷帽上再盖一块薄纱遮住面额。

从后晋到元朝，盖头在民间广为流行，已成为新娘不可缺少的装饰，而且新娘的盖头一般都选用红色的。

关于新娘蒙盖头的习俗，有一个神话传说。

据唐朝李冗的《独异志》记载，宇宙初开的时候，天下只有女娲兄妹二人。为了繁衍人类，兄妹俩得配为夫妻。于是，兄妹俩上到山顶，向天祷告："天若同意我兄妹二人结为夫妻，就让空中的几个云团聚合起来；若不让，就叫它们散开吧。"

结果那几个云团聚合为一。于是，女娲就与兄成婚。女娲为了遮盖羞颜，"乃结草为扇以障其面"。"扇"与"苫"同音。苫者，盖也。

以扇遮面，终不如丝织物轻柔、简便、美观。因此，执扇遮面就逐渐被用盖头蒙头代替了。其他许多关于人类起源的传说中，也都有用树叶、兽皮或编织物遮面避羞的描述。也许，新娘蒙红盖头就是由此演变过来的。

新娘乘花轿

封建社会早期，士大夫家庭很讲究娶亲的礼仪，有纳采、问名、纳吉、纳征、请期和亲迎六项规定。每项规定中，又都有极为细致的要求。

譬如，男子到女家"亲迎"，要穿黑色衣服，要在黑夜里乘黑漆车子，打着火把前去。新媳妇坐在车子里，车上有盖，里面有帷幕，以免被人看见。古人认为妇女代表阴气，迎阴气入室，宜在晚上进行。

轿子大致起源于唐朝。宋朝时，南宋孝宗曾为皇后制造了一种"龙肩舆"，上面装饰着四条飞龙，用朱红漆的藤子编成座椅、踏子和门窗。内有红罗茵裤、软屏夹幔，外有帷幕和门帘、窗帘。可以说，这是最早的"采舆"（即花轿）。这以后，历代帝王都为后妃制造采舆，而且越来越华丽。

轿子娶亲这个仪式出现在宋代，并渐渐成为民俗。这主要和"亲迎"仪式出现了一系列变化有关。例如，这时亲迎已改在早晨进行，新郎要披红戴花，所以新娘坐的轿子也改成鲜艳的花轿。

婚 纱

如今,有许多年轻人在举行结婚典礼、拍摄结婚照时,新娘大多数喜欢戴上洁白的婚纱,这种习俗可不是最近才有的。

一般人会认为戴婚纱的习惯可能是从英国流传而来。原因是,英国普遍流行戴婚纱的习俗。举行婚礼时新郎穿长礼服,新娘身着白衫,白裙,头戴白色的花环,还要罩上长长的白纱,手持白色的花束。总之,在英国人心目中,白色象征爱情纯洁、吉祥如意。

其实,戴婚纱的习俗可以追溯到更早的公元前 10 世纪,两河流域就已盛行女子戴头纱。在古希腊,举行结婚仪式时不仅新娘要戴用亚麻或毛织成的头纱,而且一对新人都要戴上花冠。到了罗马时代,不同宗教信仰的人要戴不同颜色的头纱以示区别。中世纪以后,宫廷贵族之中出现了用珍珠装饰的花冠,而后发展成白色头纱,尺码也日益延长,并遍及欧洲各地。

交 杯 酒

谈及交杯酒,大家都不陌生,因为它是婚礼上一个十分常见的节目,为婚礼平添喜庆的气氛。

据说,这一习俗源于先秦时期。《礼记·昏羲》载:新郎、新娘各执一只一剖为二的瓢饮酒。其意是象征一对新人自此合二为一,夫妻均享有相同的地位,婚后相亲相爱,百事和谐。

唐朝时期,除了沿用瓢做婚礼上新人用的酒器外,亦可以杯替代。到了宋代,新婚夫妇喝交杯酒时用的是两个酒杯,各自先饮一半后再换杯共饮,饮完后则将酒杯一正一反置于床下,以示婚后百年好合。至清末时期,交杯酒仪式已发展成为"合卺"、"交杯"、"攥金钱"三个部分。

如今的婚仪中,"安杯于床下"之礼已被革除,"攥金钱"则为"掷纸花"所代替,唯"交杯酒"之礼仪仍然被沿用。

生 日 祝 寿

在我国，祝寿这一习俗很早就存在了。传说华山封人曾向尧祝过寿，只不过，当时对祝寿活动没有具体的时间限定，未必就是当事人生日的那一天。

在我国，过生日的习俗，大约是从南北朝时开始的。据北齐文学家颜之推的《颜氏家训》记载，当时，在江南就盛行着庆祝孩子一周岁生日的习俗。

唐朝时期，庆祝成人生日的习俗也很盛行。据史籍记载，唐太宗有一次对大臣长孙无忌说："今天是我的生日，世人都为之欢乐，而我却感到悲伤。"唐玄宗生日时，曾在花萼楼下宴会百官，百官上表建议以皇帝生日这天为千秋节。

生日上的寿礼，大约始于宋朝。当时，朝政腐败，做官的过生日，僚属都要献寿礼。《水浒传》一书中，就有一段"送生辰纲"的故事。

绍兴年间，宋高宗曾下令，禁止官员接受生日贺礼。但秦桧掌权后，四方之官为巴结他，都趁他生日之机向他送礼，各地效仿，使得这一习俗流传下来。

抓 周

古时候，父母在孩子刚满一周岁那天，在吃中午那顿"长寿面"之前，要在他（她）面前放上一些有代表性的东西，诸如笔墨纸砚、珍宝玩具、服饰胭脂、瓜果点心等，不予任何诱导，任其挑选，看孩子抓取何种物件，预测其一生的性情和志趣。这种仪式名叫"抓周"，又称"晬盘"、"试儿"，它是我国一个古老的风俗。

据史书所载，此风俗始于魏晋南北朝。《颜氏家训·风操》有述："江南风俗，儿生一期为制新衣，盥浴装饰，男则用弓矢纸笔，女则用刀尺针缕，并加饮食之物及珍宝服玩，置之儿前，观其发意所取，以验贪廉智愚，名之为试儿。"一期，即一周岁。

当时，人们认为，如果婴儿抓弓矢，长大后习武为将；抓纸笔，长大后习文为儒;如抓珍宝服玩,则长大后贪婪爱财或玩物丧志;女婴如抓刀尺针缕,长大后即为贤妻良母……

唐宋时期,抓周已很流行,民间十分重视,仪式也很隆重。《梦粱录·育子》篇中有关南宋时的杭州风俗说:"至来多得周,名曰'周晬',其家罗列锦席于中堂,烧香秉烛,顿果儿饮食,及父祖诰敕、金银七宝玩具、文房书籍、道释经卷、秤尺刀剪、升斗等子、彩段花朵、宫楮钱陌、女工针线、应用物件、并儿戏物,却置得周小儿于中座,观其先拈者何物,以为佳谶,谓之'拈周试晬'。"

祝寿送寿桃

在中原和豫北地区,每逢祝寿,尤其是给老年人祝寿,儿女们都要送一份寿礼,以此来向老人祝寿,祝贺他们健康、长寿、幸福。而民间寿礼中经常要送个寿桃。

据说送寿桃祝寿的习俗是从孙膑开始的。

战国时,齐国的孙膑 18 岁时离家,到千里之外的云蒙山,拜鬼谷子为师学习兵法。在孙膑刻苦学习的 12 年中,从来没回过一次家,也没写过一封家信。

这一年五月初五那天,孙膑猛然想起,今天是母亲的 60 岁生日,便向师傅告假回家探母。临行前,师傅鬼谷子摘下一个桃送给孙膑说:"这桃是不轻易送人的,我送你一个带回去给令堂上寿。"孙膑接过桃就辞别师傅急忙往家赶。

孙膑回到家,看见母亲憔悴的面容,心里难过极了。他赶忙从怀里捧出师傅送的桃送给母亲说:"今日告假回来,师傅送我一个桃孝敬母亲。"

老母亲接过桃吃了一口说:"这桃比冰糖蜂蜜还甜。"桃还没吃完,老母亲容颜大变,皱纹一扫而光,青丝如墨,双目明亮,牙齿重生。

后来,人们纷纷效仿孙膑,也在父母生日的时候,送上鲜桃祝寿。在冬春初夏没有桃子时,人们就用面粉做成寿桃,蒸熟了送给父母拜寿。

此后,这个风俗广为流传,一直到今天。但是,现在的城市人更多的是按西方风俗给老人送蛋糕。

吃长寿面

在民间，生日有吃寿面的习俗。据说，这个习俗源于两汉年间。

相传，汉武帝崇信鬼神，相信相术。有一天，他与众大臣聊天，谈到人的寿命这一话题时，汉武帝说："《相书》上讲，人的人中长，寿命就长，若人中1寸长，就可以活到100岁。"

当时，坐在汉武帝身边的东方朔听后，就大笑了起来。众大臣莫不吃惊，都怪他对皇帝无礼。汉武帝问他笑什么，东方朔解释说："我不是笑陛下，而是笑彭祖。人活100岁，人中1寸长，彭祖活了800岁，他的人中就长8寸，那他的脸该有多长啊。"

众大臣和汉武帝听后，也不禁大笑起来。看来想长寿，靠脸长长点是不可能的，必须换个方法来表达自己长寿的愿望。

脸即面，那"脸长即面长"。于是，人们就借用长长的面条来祝福长寿。渐渐地，便演化为生日吃面条的习俗，并称之为吃"长寿面"，一直沿用至今。

压 岁 钱

按照我国的习俗，春节期间，做长辈的总少不了给孩子们准备一点儿压岁钱，以示祝福。压岁原意是压惊，与古代"年"的传说有关。

相传远古时期，有一种凶恶的怪兽叫"年"，每隔365天后的夜晚，"年"就出来伤害人畜，践踏庄稼，常常使儿童受惊吓。

但"年"怕"啪啪"的响声，于是，人们就用燃烧"啪啪"作响的竹子赶走"年"，随后，用食物来安慰小孩，谓之压惊。

久而久之，压惊逐渐演变为压岁钱。据《宋史》记载，宋神宗时，王韶的幼子南陔元宵观灯时，被坏人背走，途中恰巧有皇家车子经过，南陔呼救，得以随车入宫，神宗赐给他压惊金犀钱。

早期的"压岁钱"是以彩绳穿钱，置于床脚，待年过后方可花掉。明清时，压岁钱大多用红绳串着。

民国以后，流行用红纸包一百文铜元，寓"长命百岁"之意。如今，大人们则喜爱选用新钞票,赠给孩子们作为春节的礼品。

随着社会的发展,压岁钱的含义,已由最初的压惊逐渐转化为节日的祝福。

圣 诞 树

欧美国家过圣诞节,家家都必须扎圣诞树。关于这一习俗的由来,说法不一。

一种说法是,古罗马人在农神节(12 月 17 日)喜欢用绿树枝和花朵装饰神殿和自己的家。克尔特人在这些日子里,以极隆重的仪式摘槲寄生枝叶挂在家中;撒克逊人则喜欢采摘冬青、常春藤和月桂枝以做装饰。

后来,这些习俗就演变成圣诞节的庆祝活动,并且从单个的枝叶发展成结扎在一起的"圣诞树"。

另一种说法是,扎圣诞树起源于德国。

日耳曼人奉橡树为圣树。每年初冬,总会有一名志愿献祭的小英雄蒙头跑在橡树前,他人用棒子猛击他的头,直至头破血流,他们认为此时灵魂已走向神的面前。

公元 8 世纪,英国传教士温弗烈来到德国时,日耳曼人以儿子献神的风俗已盛行多年。温弗烈想帮助人们铲除这种恶俗。

于是,在圣诞节前夕,温弗烈来到人们献祭的地方,用斧子砍倒橡树。然后,他将一棵松树做了精心的装饰,建议人们把它作为快乐树,并借此取消献祭仪式。

从此以后,每年到了那一夜,人们便把小松树打扮得花枝招展,这棵圣诞节的松树传遍了全世界,称之为"圣诞树"。

第三种说法是,过圣诞节摆设圣诞树,在 16 世纪之前,便在德国人的家庭中流行。

据说,德国宗教改革家马丁·路德有一次在圣诞节的夜里从一个小城回家。

在回家的路上,他看到山林的夜景格外迷人。为了能让更多的人了解到山林夜景的美丽,回家后,他在一棵小松树上点缀了一些烛光代表星星。

以后,每年的圣诞节,信徒们便学马丁·路德的样子,在屋里布置一株圣诞树。不久,这种装饰圣诞树的风俗传遍其他国家。

还有一种说法是,圣诞树源于中古时期的德国戏剧。剧中有一棵挂满苹果的棕树象征伊甸乐园,表示"生命之树"。"乐园树"是救世主来临的象征。

15世纪,十分流行装饰"乐园树"。每逢新年,他们都要布置"伊甸树",还要在另一间房里布置用树木制成的三角形"圣诞塔",上面装饰有蜡烛、星星和常青枝条。到16世纪时,"伊甸树"和"圣诞塔"就合而为圣诞树了,并逐渐演变成现代的圣诞树。

19世纪中叶,德国王子阿尔伯特和英国女皇维多利亚结婚后,将布置圣诞树的风俗传入英国。17世纪,法国移民将此风俗带到美国。

现在,圣诞树已风靡全世界,所采用的树木也不仅局限于松树或棕树,用塑胶制成的假松树也登上了舞台。

春 联

春联也叫门对、春贴、对联、对子、桃符等,它以工整、对偶、简洁、精巧的文字描绘时代背景,抒发美好愿望,是我国特有的文学形式。

春联起源于"桃符"。桃符的出现可以追溯到古代的传说。

上古时期,有神荼、郁垒(读"伸舒"、"郁律")两兄弟,他们住在度朔山上。山上有一棵桃树,树阴如盖。每天早上,他们便在这树下检阅百鬼。如果有恶鬼为害人间,便将其绑了喂老虎。

后来,老百姓为了驱鬼、压邪,便在大门左右各挂一块桃木。画上他们兄弟俩的神像(左为神荼,右为郁垒)用来镇邪。当时把这种桃木上的画称为"桃符"。

从桃符发展成春联,据说与两个皇帝有关。

公元10世纪,五代中的后蜀皇帝孟昶,有一年要求学士辛寅逊题桃符,但又觉得词句欠佳,于是便亲自题"新年纳余庆,佳节号长春"。这就是传说的最早的一副春联。

不过,那时还称桃符而不叫春联,一直沿袭到宋代。如王安石《元日》云:"爆竹声中一岁除,春风送暖入屠苏。千门万户瞳瞳日,总把新桃换旧符。"到明朝时期,桃符才改称春联。据说这与明太祖朱元璋有关,据明朝陈云瞻《簪云楼杂话》载:"春联之设,自明太祖始。"

朱元璋建都金陵(南京)后,曾令各家贴对联,并将门联改名为春联,一律用红纸书写。据说有一次,朱元璋亲自到民间察看,见一户人家没贴春联。当朱元璋得知这户人家是阉猪的,不识字后,他便亲自动笔为他写了一联:"双手劈开生死路,一刀割断是非根。"

由于历代大力提倡,春节贴春联便成为我国民间的一种风俗了。而且,春联也成为我国特有的文学形式,长盛不衰。

贴 门 神

门神的前身是桃符,又称"桃版"。古人认为桃木是五木之精,能制百鬼。故从汉代起,即有以桃木做桃人、桃印、桃板、桃符等辟邪。

门神,传说是能捉鬼的神荼、郁垒。然而,真正史书记载的门神,却是古代的一个叫成庆的勇士。

班固《汉书·广川王传》中记载:广川王(去疾)的殿门上曾画有古勇士成庆的画像,短衣大裤长剑。到了唐代,门神的位置便被秦叔宝和尉迟敬德所取代。

唐太宗李世民在玄武门事变中,杀了自己的亲哥哥、亲弟弟,所以心里总是疑神疑鬼的,弄得他整夜不得安宁。

为消除李世民心中的恐惧,秦叔宝和尉迟敬德二人披盔戴甲,连续几夜就站在宫门外守护。李世民心里踏实了,便安心地入睡。

这使李世民满心欢喜,称赞秦叔宝和尉迟敬德说:"两位将军真是门神啊!"随后,又找来画师给他们画像,并把画像悬挂在宫门左右,李世民认为这样做同样可以驱邪。于是,这一习俗开始在民间广为流传。

在民间,门神是正气和武力的象征,古人认为,相貌出奇的人往往具有神奇的禀性和不凡的本领。他们的心地正直善良,捉鬼擒魔是他们的天性和责任。

所以,民间的门神永远都怒目圆睁,相貌狰狞,手里拿着各种传统的武器,随时准备同敢于上门来的鬼魅战斗。由于我国民居的大门通常都是两扇对开,所以门神总是成双成对。

放 鞭 炮

放爆竹贺新春,在我国有两千多年的历史。《荆楚岁时记》曾经这样记载:"正月一日鸡鸣而起,先于庭前爆竹以辟山妖恶鬼。"

《神异经》上说:"西方山中有焉,长尺余,一足,性不畏人。犯之令人寒热,名曰山魈惊惮,后人遂像其形,以火药为之。"

这是对爆竹起源最早的记载,据说山魈最怕火光和响声,所以每到除夕,人们便"燃竹而爆",把山魈吓跑。说明当初人们燃竹而爆,是为了驱吓危害人们的山魈。

后来,经过炼丹家的不断摸索,发明了火药。有人将火药装在竹筒里燃放,声音更大,使得火烧竹子这一古老习俗发生了根本变化。

北宋时,爆竹在制作技术方面有了大的改进,已经出现了用卷纸裹着火药的燃放物,还有单响和双响的区别,改名"炮仗",后又改为"鞭炮"。爆竹能发出巨响,给人以惊鬼神的感觉,很快成为一种驱害辟邪的神物。

燃放爆竹,是为了表达人们祛邪祈福的新年意愿,后来,还用来庆贺婚礼、开业以及其他重大活动。

关大门吃年饭

在我国江南一带,每年吃年饭的时候,家家户户都要关起大门,不能大声说话,不能敲击碗筷。吃完年饭,将桌上的碗筷收拾干净后,再打开大门,这叫做闭门生财,开门大吉。

相传,这种习俗是为了哄骗铁拐李。

每年吃年饭的时候,玉帝就派铁拐李下凡查看,借以了解民间疾苦。铁拐李是个跛脚叫花仙,他常在人间吃年饭的时候,提着篮子跛着脚,沿街到各家乞讨。

讨完饭后,铁拐李把讨来的东西提给玉帝看,谁家穷,谁家富,一看就知道了。据此,玉帝便让富人一年遭几次灾,不要太富;穷的则让他发几次财,不要太穷了。

这事儿慢慢传到了人间,有一户人家,生活过得比别人都好,为了年年能过上好日子,便想出了应对之策。吃年饭时,他把大门关得紧紧的,家人谁也不准大声说话。等铁拐李来讨饭时,他家年饭已经吃过,打开大门后,桌上空空荡荡的,无以施舍给铁拐李。

铁拐李一看,这家也真够穷的了,连年饭都吃不起。于是,在他家门口放上几个元宝就走了。但没有不透风的墙,别家也看破了他家发财的原因,便都跟着学起来。

后来,铁拐李见家家都关着门吃年饭,便知自己下凡探察之事已被人们觉察,就不再到人间来讨饭查贫富了。但关起大门吃年饭的习惯,却从此流传下来。

守 岁

人们把每年农历最后一天的夜晚叫除夕,并把它作为长一岁的界日(指虚岁),而这个晚上又是旧岁将过,新年到来的一夜。人们举家欢庆,彻夜不眠,围坐守岁,辞旧迎新,以求新的一年里大吉大利,这一习俗即谓除夕"守岁"。

除夕守岁是最重要的年俗活动之一,守岁之俗由来已久。最早的记载见于西晋周处的《风土志》:除夕之夜,各相与赠送,称为"馈岁";酒食相邀,称为"别岁";长幼聚饮,祝颂完备,称为"分岁";大家终夜不眠,以待天明,称曰"守岁"。

据记载,在公元前两千多年前的尧舜时代,就有了庆贺新年的风俗,"守岁"也就应运而生。

关于这个习俗的来历,在民间还流传着一个有趣的故事:

太古时期,有一种凶猛的怪兽,散居在深山密林中,人们管它叫"年"。它的相貌狰狞,生性凶残,每隔365天便窜出深山,危害人间,而且出没的时间都是在天黑以后,等到鸡鸣破晓,便返回山林。

当时的人们便把这可怕的一夜称作"年关"。每到这一天晚上,每家每户都提前做好晚饭,熄火净灶,再把鸡圈牛栏全部拴牢,紧闭家门,全家躲在屋里吃"年夜饭"。

由于这一晚上凶吉未卜,所以,这顿晚餐置办得很丰盛,除了要全家老小围在一起用餐表示和睦团圆外,还须在吃饭前供祭祖先,祈求祖先的神灵保佑,平安地度过这一夜。吃过晚饭后,谁都不敢睡觉,挤坐在一起闲聊壮胆。这样,便逐渐形成了除夕熬年的习俗。

如今,随着生活水平的提高,每个家庭的除夕之夜都有了新的内容,特别是春节电视文艺晚会的兴起等,使除夕之夜过得更开心、更热闹。

福 字 倒 贴

过年时,把"福"字倒贴在门上,是我国民间由来已久的风俗。这是借"福倒了"的谐音"福到了",以图吉利,寄托了人们对幸福生活的向往,也是对未来的美好祝愿。

据《梦粱录》记载:"岁旦在迩,席铺百货,画门神桃符,迎春牌儿……士庶家不论大小,俱洒扫门间,去尘秽,净庭户,换门神,挂钟馗,钉桃符,贴春牌,祭祀祖宗。""春牌",即是写在红纸上的"福"字。

倒贴"福"字的风俗,传说起源于清代恭亲王府。

有一年的春节前夕,大管家为讨主人欢心,按例写了几个斗大的"福"字,叫人贴于库房和王府大门上。

凑巧的是,有位家丁目不识丁,竟将大门上的"福"字贴倒了。为此,恭亲王福晋十分气恼,欲鞭罚惩戒。幸好大管家是个能说善辩之人,他怕福晋怪罪下来瓜葛自身,慌忙下跪陈述:"奴才常听人说,恭亲王寿高福大造化大,如今大福真的到(倒)于,乃吉庆之兆。"

恭亲王福晋一听,倒也合乎情理,心想:"怪不得过往行人都说恭亲王福到(倒)了,吉语说千遍,金银增万贯。没学问的奴才,还真想不出这种招式呢!"遂赏管家和家丁各50两银子。

后来,倒贴"福"字的风俗由达官府第传入陌巷人家,贴过后都愿过往行人或顽童们念上几句:"福到了!福到了!"以图吉利。

麒 麟 送 子

一些民间绘画中,一头龙首、狮尾、鹿身,身披鳞甲、马蹄细腿的麒麟,背上有的驮着一年轻女子,手中抱个胖娃娃,以示送子;有的背上骑个童子,怀抱莲蓬和笙,取"莲(连)笙(生)贵子"的谐音;画面的背景"天宫"隐约展现,以示天赐贵子。

关于麒麟送子,在江南一带流传着一个故事。

从前,有一位画师,尤爱画麒麟,屋内到处挂着各种神态姿势的麒麟画。可是,这位画师年老尚无子嗣。

有一天晚上,老画师突然看到一头闪着金光的麒麟背上驮着个小孩向他走来,画师连忙迎了上去,醒来才知道是梦。

第二年,他老伴果然喜得儿子。这孩子聪明过人,六岁就能赋诗作画,人们都把这孩子叫麒麟童。于是,麒麟送子的说法就在民间广泛地流传开了。

当然,这只是民间传说。实际上,它的来历可能与孔子的出生有关。《拾遗记》中记载:"孔子未生时,有麟吐书于阙里人家。"以后,人们把吐书生孔子演变为送子,便成为了"麒麟送子"的由来。

清明节插柳

据民间传说,清明节插柳与明太祖朱元璋的原配正宫马娘娘有关。

有一年的清明节,马娘娘身穿便装出城游玩。可乡下泥路狭窄,不能走车,她只得下车步行。不知底细的人见了都拍手高叫:"大家快看,好大的一双脚。"

马娘娘听见后,十分生气,叫人记住这个村名转身就走。忽听得有人哭着走来,马娘娘一看,原来是一个老太婆,老太婆那双脚,和自己比起来不相上下。马娘娘问其原委,原来是人们讥骂她生有一双大脚。

马娘娘听后,产生了怜悯之情,便说:"那些无知村民,回头都得杀掉,你可例外,快回去在你家门前插上两枝柳。"

原来那老太婆是村里"智多星"装扮的。他见村民奚落马娘娘,知道闯了大祸,便改装前往打探虚实。结果不出所料,他赶忙回到庄里,通知各家都在门前插上柳条。

马娘娘回宫后,立即派兵将那个村子围得水泄不通,打算将门前没有插柳的人家全部杀掉。可是官兵进村,家家门前都插了柳,只好作罢。

第二年清明,大伙放不下心,又全都插上了柳条。久而久之,便形成了一种独特的风俗。

上述解释，只是民间百姓的传说。其实清明插柳之习俗远比明代久远。

据传，唐高宗三月三日游春于渭阳，熏香沐浴后，赐群臣柳圈各一，谓戴之可免螫毒。这是清明插柳的开端。后来江南老百姓将此演化成插柳，每逢清明节，家家户户将柳条插在井边。"井井有条"这个成语，就来源于清明插柳活动。

清明扫墓

《礼记》："王者祭天地，诸侯祭山川，卿大夫祭五祀，士庶人祭其先。"所谓祭其先者，即老百姓祭自己的祖先。

春秋时代，民间已有了"吉日良辰，郊祀野祭"之风。但真正形成一种仪式，始见《唐书》："唐开元二十年敕：寒食上墓，礼经无文，近代相传，寝以成俗，宜许上墓，同拜扫礼，编入五礼，永为定。"

《宋史·唐格传》里有"清往钱塘扫墓"之句。可见扫墓的习俗盛于唐、宋时期。而世人选择清明扫墓，可能有以下几种原因：

其一，清明时节气候转暖，雨水增多，草木蔓生，陵园基地需要修整。

其二，清明前后，山清水秀，桃红柳绿，可借此去郊野，扫墓踏青。

其三，可能与人们怀念介之推有关。因为他被焚于清明前一日（寒食节）。

不过，旧社会的扫墓活动，带有迷信色彩。欧阳修在《新五代史》中提道："寒食野祭而焚纸钱……"新中国成立后，祭祖扫墓的礼仪虽有，但多已将清明节演化为缅怀革命先烈的扫墓活动了。

元宵节观灯

元宵节这天晚上，我国许多地方有观灯的风俗。据说，这种习俗始于汉代。

汉明帝时期（公元58年～75年）提倡佛法，敕令在元宵节点灯敬佛，这就开了元宵节放灯的先例。以后，京城和民间每年元宵节之夜都有放灯的活动。

隋唐时,这个习俗为人们所重视,当时已发展成盛大的灯市。到宋元时期,京都灯市规模更为壮观,常常绵延数十里。

关于元宵节闹花灯,在民间还有一个传说。

很久以前,凶禽猛兽很多,四处伤害人和牲畜,人们就组织起来消灭它们。有一只神鸟因为迷路而降落人间,却意外地被猎人射杀了。

天帝知道后十分震怒,命令天兵于正月十五日到人间放火,烧尽人间的一切。天帝的女儿心地善良,不忍心看百姓无辜受难,悄悄地把这个消息告诉了人们。

众人听说后,吓得不知如何是好。此时,有一位长者建议在正月十四、十五、十六日这三天,家家都张灯结彩、点响爆竹,以迷惑天帝。

到了正月十五这天晚上,天帝往下一看,发现人间一片红光,响声震天,连续三个夜晚都是如此,以为是大火在燃烧,心中大快。

人们就这样保住了自己的生命及财产。从此,每到正月十五,家家户户都悬挂灯笼,放烟火来纪念这个日子。

重阳节赏菊

我国民间有九月初九重阳节赏菊的习俗,据说这一习俗的由来与东晋诗人陶渊明有关。

陶渊明一生酷爱菊花,以菊为伴,号称菊友,被人们奉为"九月花神"。他种菊既食用又观赏。每逢中秋日,当菊花盛开的时候,附近的乡亲、远处的朋友,常到他家做客赏菊。

此时,他就摊煎饼、烧菊茶款待亲朋,大家走时采菊相送,"今日送走西方客,明日又迎东方朋"。来赏菊的人们川流不息,常使他不能按时去田园耕作。

有一天,他灌园浇菊时,自言自语道:"菊花如我心,九月九日开;客人知我意,重阳一日来。"菊花有情,不负陶公心,到九月九日那天,菊花果真争妍斗奇地一齐盛开了。

客人们也都在那天来了,望着五彩缤纷、芳香四溢的满园菊花,吟诗作赋,令人心醉。此后,亲朋好友相约,年年重阳一日来赏菊。于是,重阳赏菊的习惯便由此形成,流传至今。

城 隍 庙

我国许多地方都有城隍庙,每年的特定时期,人们会去祭拜城隍爷,赶庙会。

相传,城隍是守护城池的神,乃神鬼世界中的一城之主。道教认为城隍能"剪恶除凶、护国保邦",能应人所请,旱时降雨,涝时放晴,保谷丰民足。

据史料文献所载,三国时期(即公元 239 年)就有了城隍庙。城隍虽属道教之神,但历代帝王也很敬重它。后唐末帝李从珂封之为王;元文宗又封及夫人。

城隍本没有姓名,自宋代后,人们多以殉国的忠烈封为本城城隍。《宋史·苏缄传》记载:"缄殉节于邕州,邕州人呼为苏城隍。"

上海城隍庙中供奉的城隍老爷,是元末明初的士大夫秦裕伯。据说他是秦少游的七世孙,元末进士。明太祖多次请他为官,但他以一臣不事二主为由加以拒绝。他死后,明太祖下诏说:"秦裕伯生前虽不为我臣,死后要为我主城郭、守疆土,封秦裕伯为上海城隍。"

苏州的城隍是春申君,杭州的城隍是文天祥等。不管是哪里的城隍,也不论何人为城隍,人们都把它当作本地的保护神。

皇家建筑用红墙黄瓦

皇家建筑通常是黄色的琉璃瓦,红色的砖墙。这与我国人民对颜色的看法有关。

黄色,自古以来被认为是尊贵的颜色。"五行"学说认为,黄色代表中央方位(中央属土,土为黄色)。唐代,黄色被规定为代表皇室的色彩,其他人不能使用。到了宋代,封建帝王开始采用黄色琉璃瓦顶,并一直沿袭下来。

红色,被视为一种美满喜庆的色彩,意味着庄严、富贵。周朝(公元前11 世纪)宫殿建筑就普遍采用红色,并一直流传下来。

因为,封建帝王的宫殿是最高统治者的活动场所,必须处处显示"至高无上"、"尊贵富有",因此,绝大多数古代宫殿都是红墙黄瓦。

红色表示吉祥

世界各国人民都有自己喜欢的颜色。我国人民特别偏爱红色,红色意味着吉祥。每逢节日庆典或操办喜事,人们总要张灯结彩。来个"满堂红",以表示喜庆、吉祥。其实,我国早期并不是用红色表示吉庆的。

远古时期,我们的祖先用黄色代表吉庆,也曾用过黑色和白色代表吉庆。到了汉朝,汉高祖称自己是"赤帝之子"。"赤"就是红色,从那时起,红色就成了人民崇尚的颜色。

汉朝以后,我国各地崇尚红色的风俗已基本趋于一致,并一直沿袭下来。于是,红色就成了我国人民表示喜庆、吉祥的颜色。黄色,则表示尊贵,成为皇家用色的象征。

红色做危险标志

太阳光谱包括紫外线、可见光和红外线三大部分。其中可见光部分,由红、橙、黄、绿、青、蓝、紫 7 种单色组成,且红光波长最长。

太阳光射入大气圈后,遇到空气分子和悬浮在大气中的微粒,就会发生散射,而波长较长的红、橙、黄等色光的透射能力较强,能够透过大气到达地面。

由于红光透射能力强、传播远,又最为醒目,所以许多危险标志及其他重要标志都采用红色。这样,人们即使在灰尘弥漫或大雾茫茫的情况下,也能够在较远的距离看到红色的标志。

雄鸡象征吉祥

我国民间,人们都将雄鸡当作能辟邪的吉祥物。关于雄鸡象征吉祥、能辟邪的由来,说法不一。

一种说法是,雄鸡唱晓,驱走黑暗,迎来光明。毛泽东词曰:"一唱雄鸡天下白,万方乐奏有于阗。"并且,鸡是毒虫精克星,像蜈蚣、蝎子、蚂蚱等都是雄鸡的美味食品,因而人们认为鸡可以驱毒避虫。

另一种说法,源于我国古代的神话传说。据说,雄鸡是由玉衡星变成的,它的眼睛能驱散妖魔。

其实,雄鸡表示吉祥的缘由,还有一个重要因素,就是"鸡"与吉祥的"吉"发音相似,人们就用鸡来谐音"吉"了。

"V"形手势

"V"形手势表示英语"Vicory",即胜利。它的由来,可以追溯到第二次世界大战。

第二次世界大战期间,德国法西斯侵入西欧各国,许多人纷纷流亡英国。当时有个叫维克多·德拉维利的比利时人,每天利用电台向比利时进行短波广播,号召同胞们奋起抗击德国占领军。

1940 年末的一天晚上,他在广播里号召人们到处书写"V"字,以表示对胜利的坚定信心。几天之间,在比利时首都布鲁塞尔和其他城市的大街小巷,甚至在德军兵营、岗楼和纳粹军官的住宅里,都出现了"V"字。

由于它形式简单明了,很快流传至欧洲各沦陷国。朋友们见面,伸出食指和中指,打个"V"字,代替其他一切招呼。用这种无言的方式,表达自己的心愿,成为当时一种时尚。此风传到美国后,妇女们纷纷佩戴起"V"形胸针。

缠 足

缠足是封建社会时期的陋习,是对女性的一种摧残。

据说这种陋习大约是从后蜀开始的。相传南唐李后主曾造七尺高莲台,令官嫔睿娘以帛缠足,做新月状,着素袜行舞莲中,回旋有凌云之态。从此,开创了后世缠足之风。

宋朝时期,缠足之风愈来愈盛,女子的脚越小越受赞赏,小脚已成为美人的标志。

清朝时期,康熙曾下诏禁止女子缠足,但长期以来所形成的陋习一时难以改变,为此还闹出了不少纷争。康熙七年,王熙奏免其禁,以至民间又公开缠足。

乾隆年间,满族妇女也盛行缠足之风,以至乾隆皇帝屡次降旨严责,不许旗女裹脚,旗女才得以保存那天然的双足。

封建社会时期的妇人,如果听人背地评说自己脚大,会感到异常的羞愧。母亲越是喜爱自己的女儿,越为女儿死死缠足。于是,此陋习得以盛行。

过 百 天

小孩出生满一百天时,主家请接生者吃饭。一般吃鸡蛋,寓有"圆满"之意;或吃面条,寓有"长寿"之意。这种活动俗称"过百天"。

"百天"过去只是外祖父母给小外孙送首饰和银钱、银锁,现在一般亲朋好友也在百天馈赠此类东西。锁上有"长命百岁"、"连生贵子"、"麒麟送子"等带有迷信色彩的所谓吉祥物品。此日,多给婴孩照相,以作百日纪念。

压岁钱的来历

农历新年的时候,每个孩子都能够得到压岁钱。最早的压岁钱出现于汉代,又叫压胜钱,并不在市面上流通,而是铸成钱币形式的玩赏物,有避邪的功能。钱币正面一般铸有"万岁千秋"、"去殃除凶"等吉祥话,和龙凤、龟蛇、双鱼等吉祥图案。

关于压岁钱,还有一个传说:古代有一个叫"祟"的小妖,黑身白手,他每年年三十夜里出来,专门摸睡熟的小孩的脑门。小孩被摸过后就会发高烧说梦话,退烧后也就变成痴呆疯癫的傻子了。人们怕祟来伤害孩子,整夜点灯不睡,就叫"守祟"。而嘉兴府有一户姓管的人家,夫妻老年得子,十分珍爱,为防止"祟"来侵扰,一直逗孩子玩,在年三十晚上,就用红纸包了八枚铜钱,放在小孩的枕边。半夜里,一阵阴风吹过,黑矮的小人正要用他的白手摸孩子的头,突然孩子枕边进出一道金光,祟尖叫着逃跑了。原来八枚铜钱是八仙变的,暗中来保护孩子的。因为"祟"与"岁"谐音,之后逐渐演变为"压岁钱"。

到了明清,"以彩绳穿钱编为龙形,谓之压岁钱。尊长之赐小儿者,亦谓压岁钱"。所以一些地方把给孩子压岁钱叫"串钱"。到了近代则演变为红纸包一百文铜钱赐给晚辈,寓意"长命百岁"。对已成年的晚辈,红纸包里则放一枚银元,寓意"一本万利"。货币改为纸币后,长辈们喜欢到银行兑换票面号码相连的新钞票给孩子,祝愿孩子"连连高升"。

冬至吃饺子

河南一带,冬至这天家家除了吃面,还有吃饺子的风俗,据说是为了纪念医圣张仲景。

一年冬天,张仲景看到许多穷人面黄肌瘦,衣不遮体,连耳朵都冻烂了,心里非常难过。于是,他就在冬至这天叫弟子们搭起医棚,支起大锅,向穷人舍药。药名叫"祛寒娇耳汤",是用羊肉辣椒和一些祛寒温热的药物先放在锅里煮熬,等熬好后,再把羊肉和药物捞出来切碎,用面皮子包成耳朵样子,下锅煮熟。每人一大碗汤,两只"娇耳",吃过后人人只觉得浑身发暖,两耳起热。后来,每到冬至这天,人们就仿"娇耳"的样子,做一种食品,称之为"饺耳",也有些方叫做"扁食"、"汤面饺"。天长日久,相沿成风,成为当地人用来纪念医圣张仲景的一种习俗。

"福"字为什么要倒贴

每逢新春佳节,家家户户都要在屋门上、墙壁上贴上大大小小的"福"字,以寄托人们对幸福生活的向往, 也是对美好未来的祝愿。人们在贴"福"字时,都倒过来贴,表示"幸福已到"。

关于这种做法,还有一则传说:明太祖朱元璋当年用"福"字作暗记准备杀人。好心的马皇后为消除这场灾祸,令全城大小人家必须在天明之前在自家门上贴上一个"福"字。马皇后的旨意自然没人敢违抗,于是家家门上都贴了"福"字。其中有户人家不识字,竟把"福"字贴倒了。第二天,皇帝派人上街查看,发现家家都贴了"福"字,还有一家把"福"字贴倒了。皇帝听了禀报大怒,立即命令御林军把那家满门抄斩。马皇后一看事情不好,忙对朱元璋说:"那家人知道您今日来访,故意把福字贴倒了,这不是'福到'的意思吗?"皇帝一听有道理,便下令放人,一场大祸终于消除了。从此人们便将福字倒贴起来,一求吉利,二为纪念马皇后。

141

你应该具备的

拜　年

　　拜年是中国民间的传统习俗,是人们辞旧迎新、相互表达美好祝愿的一种方式。

　　我们通常知道的是正月初一家长带领小辈出门谒见亲戚、朋友、尊长,以吉祥语向对方祝颂新年,卑幼者并须叩头致礼,谓之"拜年"。主人家则以点心、糖食、红包(压岁钱)热情款待之。

　　拜年一般从家里开始。初一早晨,晚辈起床后,要先向长辈拜年,祝福长辈健康长寿,万事如意。长辈受拜以后,要将事先准备好的"压岁钱"分给晚辈。在给家中长辈拜完年以后,人们外出相遇时也要笑容满面地恭贺新年,互道"恭喜发财"、"四季如意"、"新年快乐"等吉祥的话语,左右邻居或亲朋好友亦相互登门拜年或相邀饮酒娱乐。

开业为何要剪彩

　　剪彩最早起源于美国。1912 年,美国圣安东尼奥州的华狄密镇上一家大百货商店将要开业,老板为了讨个吉利,一大早就把店门打开,并在门前横系一条布带,以引人注目。可是,在离开店前不久,老板的一个 10 岁的小女儿牵着一条小狗从店里窜出来,无意中碰断了这条布带。顿时,在门外久等的顾客,鱼贯而入,争相购买货物。不久以后,当老板的第二家分店要开张时, 他忽然想起了第一次开张时的盛况, 于是又如法炮制一番,果然又财源广进。于是,人们认为小女孩碰断布带的做法是一个好兆头,群起仿效,用彩带代替布带,用剪刀剪断彩带来代替小孩碰断布带,沿袭下来,就成了今天盛行的"剪彩"仪式。

男左女右的由来

　　在中国人的日常生活中,男左女右无处不在。公共厕所,男左女右;夫妻二人出席宴会,男左女右。如果颠倒了位置,就是违反了"男左女右"的习俗。

　　这种习俗是怎么产生的呢?首先,与古代传说有关。据传说:中华民族的始祖盘古氏羽化成仙之后,他的身体器官化为日月星辰、四季五岳、江河湖泊及万物生灵。中华民族的日月二神是盘古氏双眼所化,日神是盘古氏的左眼所化,月神是盘古氏的右眼所化。日神代表男,月神代表女。民间流传的"男左女右"的习俗,就是由此而来。

　　另外,"男左女右"的习俗还与古代人的阴阳学说关系非常紧密。我国古代阴阳学家认为,阳者刚强,阴者柔弱。所以男子属阳于左,女子温柔属阴于右。

　　"男左女右"在中医学上是表示男女生理上的差异。中医诊脉,男子取气分脉于左手,女子取血分脉于右手,即使小儿患病观察手纹也取"男左女右"的习惯。这一沿袭至今的习俗,早在两千多年前的战国时期就已经有了。

　　此外,在中国封建社会中,许多事物都有尊卑高低之分,就连东西南北、前后左右也不例外。由于男尊女卑,古时习俗左为大,右为小,故而在男女排列上也就男左女右了。

小费的来历

　　世界上许多国家都有给小费的做法。小费也称服务费,是客人感谢招待人员的一种报酬,它对服务人员是一项重要收入,对顾客可换来满意的服务。

　　小费制度,源于18世纪英国伦敦。那时,当地酒店的餐桌上一般都摆着写有"Toinulepmmptsewice"(保证服务迅速)的碗。顾客落座后,将少量零钱放入碗中,就会得到服务人员迅速而周到的服务。后来,这种做法演变成为感谢服务人员而付给的报酬。上面几个英文单词的头一个字母联起来,就成了"tips"(即小费)。

　　世界上许多国家均流行顾客向服务人员付小费的习俗,由于各国各地各行业小费的数额没有统一规定,所以顾客宜入境随俗,酌情而付。但要注意,有些国家是明令禁止收取小费的。比如在新加坡,如若付小费,则会被认为服务质量差。

你应该具备的

三寸金莲的由来

裹脚也叫缠足,是中国古代的一种陋习,即把女子的双脚用布帛缠裹起来,使其变成为又小又尖的"三寸金莲"。"三寸金莲"始于五代末。南唐后主李煜的宫嫔育娘用布帛缠脚,使其呈"新月"状,穿着素袜,在黄金做成的莲花上跳舞,李煜看后十分喜欢,称其有凌云之态。这种风气先兴起于宫帷之中,后进入民间,到北宋神宗熙宁年间就广为流传了,并把缠脚当成了妇女的美德,把不缠脚当做耻辱。

中国古代婚礼

中国古代婚礼的程序为"六礼",指纳彩、问名、纳吉、纳征、请期和亲迎。除亲迎外,其他五礼都属婚前准备工作。按照中国传统的礼法,男女成亲需要"三媒六聘",也叫三书六礼。

"三书"指的是礼聘过程中来往的文书,分别是:"聘书"——在订婚时交换;"礼书"——过大礼时交;"迎书"——迎亲时由男方交给女方。

"六礼"是指从求亲和说媒到迎娶和完婚的手续。具体是:

纳礼:男方请人预备礼物向女家提亲、说媒;

问名:男方家在大红庚帖上写下男子的姓名、排行、生辰八字,由媒人送到女方家中。女家若有意结亲,就把女孩的名字、八字等写上请人占算;

纳吉:如男女双方的八字没有相冲相克,则婚事初步议定;

纳征:又称过大礼,类似今天的订婚,指在婚姻关系确定之后,男方家中正式将聘礼送到女方家中的礼仪。

请期:择吉日完婚。旧时选择黄道吉日一般多为双月双日,大多不选三、六、十一月。

迎亲:婚礼当天,男方带迎书亲自到女方家迎娶新娘。

拜天地的由来

也称"拜堂"、"拜高堂"、"拜花堂",是中国婚礼主要仪式之一。旧时举行婚礼时,新郎新娘参拜天地后,复拜祖先及男方父母、尊长的仪式。也有将拜天地、拜祖先及父母和夫妻对拜都统称为拜堂。唐代,新婚之妇见舅姑,俗名拜堂。北宋时,新婚日先拜家庙,行合卺礼。次日五更,用一桌,盛镜台镜子于其上,望上层拜,谓之新妇展拜。至南宋,则改在新婚当天。坐富贵礼后,新婚夫妇牵巾到中堂先揭新娘盖头,然后"参拜堂,次诸家神及家庙,行参诸亲之礼"。后世一般在迎娶当天先拜天地,然后拜堂。清代和民国时均有将拜天地和拜祖先统称为拜堂礼之说。

拜天地必须在上午七点到下午一点之间举行。娶女的人家在家堂前置香烛,陈祖先牌位或遗像,摆上粮斗,内装五谷杂粮、花生、红枣等,上面贴双喜字。拜堂前,燃烛焚香、鸣爆竹奏乐,然后礼生育唱,新郎新娘就位跪拜,一拜天地,二拜父母,夫妻对拜。交拜后入洞房。现代婚礼改行鞠躬礼。

回　门

旧时汉族婚姻风俗,即女儿偕女婿回女家认门拜亲。回门为婚事的最后一项仪式,有女儿不忘父母养育之恩赐,女婿感谢岳父母及新婚夫妇恩爱和美等意义。

回门的时间各地不一,古时是结婚第三日、第六日、或七、八、九日,也有满月回门省亲的。春秋时期就有回门之俗,泛称"归宁",后代沿袭至今。由于"回门"是新婚夫妇一块儿回门,故称"双回门",取成双成对的吉祥意。回门时,旧俗规定新娘走在前面,返回男家时,新郎走在前面,因为这次回门是女儿新嫁后第一次回娘家,有的又称"走头趟"。一般女家会设宴款待新女婿。在"双回门"后,一般不准在女子在父母家过宿,必须当日返回男家,因为旧时有新婚一个月内不空房的风俗。

奇特的走婚

居住在泸沽湖边的摩梭人至今仍沿袭着一种"男不娶女不嫁"的"走婚"习俗。摩梭人称这种婚姻为"阿夏婚"（"阿夏"意为亲密的情侣）。成年男女经恋爱，双方建立"阿夏"婚姻关系后，男子夜间到女子家中偶居，次日黎明前返回，生产生活各从其家。"阿夏"关系长短视为双方感情而定。妇女在生产、生儿育女中居于家庭支配地位，子女从母姓，血缘按母亲计算。这种地球上至今仍然存活着的"母系家庭"和"阿夏婚"遗俗，被称作人类早期婚姻的活化石。

阿夏婚分为阿夏异居婚、阿夏同居婚、成家婚三种形态。不管那种婚俗都得举行一个古老的仪式，叫"藏巴啦"。"阿夏走婚"不请客，不操办，整个仪式一个小时即可完成。

如果男女双方感情不和，在无孩子前更换"阿夏"是常有的事，而有了孩子后，就不可轻易更换了。一个男子或一个女子的"阿夏"数目有多有少，双方的"阿夏"关系也不是固定不变的。无论男方或女方，只要任何一方提出结束这种关系，婚约即自行解除。

订婚戒指的由来

馈赠钻石婚戒作为对婚姻的承诺之传统，起源于 15 世纪，当时的人们认为钻石具有某种魔力，能令丈夫爱护妻子，甚至传说爱神丘比特的箭头也镶嵌带有魔力的钻石。

1477 年，奥地利大公麦西米伦与法国勃艮地玛利公主定亲前，公主接到对方的书信，要求夫人在定亲之日戴上麦西米伦送给她的镶有钻石的黄金指环。从此，钻戒成为定情信物。

17 世纪时，结婚戒指多戴于大拇指。如今人们习惯将钻戒戴在无名指，这其中的演变也有一个浪漫的传说：古埃及的人们认为无名指的血脉直通心脏这条筋脉，被人们称为"爱情之脉"。指环象征永恒，代表天意注定爱情甜蜜永恒不灭。如今，璀璨生辉的钻戒作为订婚的最佳信物，被人们认为是恒久爱情的象征。

第六章　民俗习惯

白色婚纱的历史

历史上第一次对白色婚纱的记载是 1499 年法国路易十二与安妮的婚礼。当时新娘子的裙子与现在的婚纱有很大的不同，面料是较昂贵的织锦，而且还镶着很多珍珠、银饰和宝石。

其实婚礼虽是世界各国自古以来就存在的仪式，但新娘在婚礼上穿婚纱的历史却不到 200 年时间。在西方，新娘所穿的下摆拖地的礼服原是天主教徒的典礼服。新娘穿上典礼服向神表示真诚与纯洁。但在 19 世纪前，少女们出嫁时所穿的新娘礼服并没有统一颜色规格，可以是除黑色（表示哀悼）或红色（与娼妓有关联）以外的任何颜色。

直至 1840 年，英国维多利亚女王在婚礼上以一身洁白雅致的白色婚纱示人，以及皇室与上流社会的新娘相继效仿后，白色开始逐渐成为婚纱礼服的首选颜色。象征着新娘的美丽和圣洁。现在，许多国家，除了保留自己本民族的婚礼服饰外，越来越多的新人选择白色的婚纱。

同西方人交往中的禁忌

与西方人交往，凡涉及个人私生活方面的事，不要随便打听，即使已有数次交往，也不便轻易询问以下有关个人问题，这是西方人的禁忌。

1. 年龄。西方人，特别是妇女一般都把自己打扮得年轻些，老年人或已过了结婚年龄的妇女，一般不把自己的年龄告诉别人。询问年龄，会使人不高兴，是失礼行为。

2. 婚姻。婚姻状况在西方人看来是个人的隐私。一个不太熟悉的人，冒失问异性婚否，会让人讨厌，会给人造成比较随便的印象。特别是西方单身或离异的人较多，遇此问题更加难堪。

3. 住址。西方人不随便请人来家里做客，给客人留地址，就同邀客人来家做客一样慎重。

4. 收入。西方人视收入与个人的地位、能力为一体，即使地位高、薪水高的人，也不愿透露个人的收入状况。这同他们的"私有财产神圣不可侵犯"的传统有关。

你应该具备的

147

5．工作。问西方人"在干什么工作?""去哪儿?",会让人觉得无聊,或者给人一种"包打听"、密探的感觉。

6．个人经历。西方人把自己的经历当成秘密,这同他们的竞争心理,不愿让别人利用自己的短处有关。

7．宗教信仰。宗教信仰和政治派别,在西方人看来是很严肃的事,不可随便谈论。

西方葬礼禁忌

西方人非常重视葬礼过程中出现的某些现象,并相信这些现象显示出了某些特征。如:葬礼时出太阳,在参加葬礼的人中哪个人的脸被阳光照得最亮,哪个人就可能是下一个死亡者;如果葬礼那天下雨,就意味着死亡的灵魂可以顺利进入天国;如果参加葬礼的人数是单数,其中必有一个不久后便会死去。

预定好的葬礼日期在西方通常是不能被推迟的。葬礼推迟意味着在3个月内死者的亲属或者邻居中必然会有人死亡,而且没有任何方法可以避免。

在西方,有些日子是不宜举行葬礼的,如元旦,否则在死者所属的教区内,在新的一年中的每一个月就都将举行葬礼;再如星期日,否则就意味着在一个星期内还会接连地举行三次葬礼。

此外,西方人认为,出门遇见葬礼队伍是不吉利的。如果遇见葬礼,便会跟着送葬队伍走上一小段路,这样可以避免凶兆降临到自己的头上。当棺材运往墓地下葬时,西方人是绝对不肯走在棺材前面的,他们相信这样做会使自己的亲人或朋友大难临头,甚至会死亡。但如若这时遇到了一个牧师或传教士,这一凶兆就会自行消除。遇觅灵车也同样会被认为是不吉利的,尤其是空的灵车,但这一凶兆只有在灵车面对面地驶来时才真正成为凶兆。

中国古代祭祀礼仪

1．祭天

古文献记载,虞舜、夏禹时已有祭天的典礼,到了周代,"天"的观念逐渐代替了殷人所说的"上帝"、"帝"。天帝的形象被人格化,周王又有了"天子"的称谓。周王是作为天帝之子在人间统治人民的,他也要像侍奉父亲一样侍奉天帝。祀天就是对天帝的侍奉、享献的仪式。周代祭天的正祭是每年冬至之日在国都南郊圜丘举行。"圜丘祀天"与"方丘祭地",都在郊外,所以也称为"郊祀"。圜丘是一座圆形的祭坛,古人认为天圆地方,圆形正是天的形象,圜同圆。祭祀之前,天子与百官都要斋戒并省视献神的牺牲和祭器。后代的祭天礼多依周礼制定。

2. 祭地

远古时已有对土地的崇拜,大地生长五谷,养育万物,犹如慈爱的母亲,因此,古代有"父天而母地"的说法。古文献记载土地神是"社",祭礼叫"宜"。在殷商甲骨文里已有对社土的祭祀,还有大量的祭祀山岳河流的记录,主要目的是祈求农作物的丰收。

3. 封禅

"封禅",专指在泰山的天地祭祀。《史记·封禅书》正义曰:"此泰山上筑土为坛以祭天,报天之功,故曰封。此泰山下小山上除地,报地之功,故曰禅。"这就是"封泰山"、"禅梁父"(梁父是泰山下一座小山)。相传远古在泰山举行封禅典礼的有七十二家。历代好大喜功的帝王多将封禅作为一代盛典,给予特别的重视。行封禅礼的帝王有秦始皇、汉武帝、汉光武帝、唐高宗、唐玄宗与宋真宗。

4. 祭社稷

祭祀社稷神在社稷坛。本来,社坛与稷坛是分立的,后来合二为一了。相传共工氏之子名勾龙,能平水土,被称为"后土",即社神;厉山氏之子名农(一说名"柱"),能播殖百谷,被当做稷神。商汤灭夏,以周人的始祖契(后稷)为稷神。祭祀社稷神,最切近功利的目的是祈谷,因此有"春祈秋报"之祭。春祈在社日(仲春之月吉日)举行,秋报在秋收后(孟冬之月吉日)举行,这是社稷的正祭。

5. 祭宗庙

宗庙的设置,与宗法制度密切相关,后代宗庙祭祀所沿用的制度,基本上还是周代的礼制。周人宗庙制度,一般认为:天子七庙,三昭三穆,与太祖之庙合而为七。所谓昭、穆,是指宗庙中位次的排列,自始祖以下,父曰昭,子曰穆,按照世次递排列下去。诸侯五庙,二昭二穆,与太祖之庙合而为五。大夫三庙,士一庙。祭祀用的食物,行礼后要分而食之,称为"餕"(jùn),是食鬼神之余的意思。牲肉(生曰脹,熟曰腊)分赠给参加祭祀的宾客或颁赐给同姓诸侯。

6. 九拜

古代行礼有"九拜"。《周礼·春官·太祝》:"辨九拜,一曰稽首,二曰顿首,三曰空首,四曰振动,五曰吉拜,六曰凶拜,七曰奇拜,八曰褒拜,九曰肃拜,以享右祭祀。"当然,祭祀时并不是"九拜"并用。

中国礼仪名词

1. 七庙:历代帝王设七庙供奉七代祖先,太祖庙居中,左右三昭三穆。后以七庙为王朝代称。

2. 六亲:《左传》中指:父子、兄弟、姑姊、甥舅、婚媾、姻娅。《史记》中指:外祖父母、父母、姊妹、妻兄弟之子、从母之子、女之子。后泛指亲人。

3. 三纲:君为臣纲,父为子纲,夫为妻纲。

4. 五常:也叫"五伦",使封建礼教所规定的君臣、父子、兄弟、夫妇、朋友之间的关系。

5. 三从四德:"三从"指妇女幼从父,出嫁从夫,夫死从子。"四德"指妇德、妇颜、妇功、妇容。这都是古代奴役妇女的精神枷锁。

6. 九族:高祖、曾祖、祖父、父、自己、子、孙、曾孙、玄孙。上推四世,下推四世。

7. 三牲:祭祀用的牛、羊、猪。

乔迁的礼仪

建房和乔迁新居都被古人视为重大的喜庆之一,人称"乔迁之喜"。搬入新居前,必先选定吉日良辰。乔迁之前,房门要张贴红纸对联,剪贴双喜二字;打开新居房门时,要燃放鞭炮;将家具搬进新居后,要选好时辰,一般是鸡鸣拂晓之时,趁村子及路上没有行人时将旧火种带到新居灶头,同时燃放鞭炮;迁入新居时,要随带灯笼(或油灯)、火笼、秤等进屋,还要带一窝小鸡,蒸一甑饭捧进新屋,以示人丁兴旺,喜气盈庭;乔迁新居第一次点火,在当天或尔后几天,众亲友乡邻皆来送礼和燃放鞭炮庆贺,主家则摆酒宴谢亲友的祝贺。乔迁酒宴一般选在搬迁之日,老的礼数是主人赏饭,客人备礼。酒宴称为"入宅酒",主人要宴请亲友和建屋工匠及帮工等。菜肴中有韭菜、豆腐、猪肠、猪血和米糕等,示意长长久久,发财高升。亲朋好友前去祝贺,送鸡和各种炊具为礼品,名叫"温锅",送花宜送稳重高贵的花木,如剑兰、玫瑰、盆栽、盆景等,以表示隆重。

中国饮酒习俗

满月酒或百日酒:小孩满月时,摆上几桌酒席,邀请亲朋好友共贺,亲朋好友一般都要带有礼物,也有的送上红包。

寄名酒:旧时孩子出生后,如请人算出命中有克星,多厄难,就要把他送到附近的寺庙里,做寄名和尚或道士。大户人家则要举行隆重的寄名仪式,拜见法师之后,回到家中,就要大办酒席,祭祀神祖,并邀请亲朋好友,三亲六眷,痛饮一番。

寿酒:中国人有给老人祝寿的习俗,一般在 50 岁、60 岁、70 岁等生日,称为大寿,一般由儿女或者孙子、孙女出面举办,邀请亲朋好友参加酒宴。

上梁酒和进屋酒:在中国农村,盖房是件大事,盖房过程中,上梁又是最重要的一道工序,故在上梁这天,要办上梁酒,有的地方还流行用酒浇梁的习俗。房子造好,举家迁入新居时,又要办进屋酒,一是庆贺新屋落成,并志乔迁之喜;一是祭祀神仙祖宗,以求保佑。

"开业酒"和"分红酒":这是店铺作坊置办的喜庆酒。店铺开张,作坊开工之时,老板要置办酒席,以致喜庆贺;店铺或作坊年终按股份分配红利时,要办"分红酒"。

壮行酒:也叫"送行酒",有朋友远行,为其举办酒宴,表达惜别之情。在战争年代,勇士们上战场执行重大且有很大生命危险的任务时,指挥官们都会为他们斟上一杯酒,用酒为勇士们壮胆送行。

接风酒:也叫"洗尘酒",指设宴款待远来的客人,以示慰问和欢迎。

压岁钱的由来

在我国历史上，很早就有压岁钱。最早的压岁钱也叫厌胜钱，或叫大压胜钱，这种钱不是市面上流通的货币，是为了佩带玩赏而专铸成钱币形状的辟邪品。

唐代，宫廷里春日散钱之风盛行。当时春节是"立春日"，是宫内相互朝拜的日子，民间并没有这一习俗。《资治通鉴》第二十六卷记载了杨贵妃生子，"玄宗亲往视之，喜赐贵妃洗儿金银钱"之事。这里说的洗儿钱除了贺喜外，更重要的意义是长辈给新生儿的辟邪去魔的护身符。宋元以后，正月初一取代立春日，称为春节。不少原来属于立春日的风俗也移到了春节。春日散钱的风俗就演变成为给小孩压岁钱的习俗。清富察敦崇《燕京岁时记》是这样记载压岁钱的："以彩绳穿钱，编作龙形，置于床脚，谓之压岁钱。尊长之赐小儿者，亦谓压岁钱。"到了明清时，压岁钱大多数是用红绳串着赐给孩子。民国以后，则演变为用红纸包一百文铜元，其寓意为"长命百岁"。给已经成年的晚辈压岁钱，红纸里包的是一枚大洋，象征着"财源茂盛"、"一本万利"。货币改为钞票后，家长们喜欢选用号码相连的新钞票赐给孩子们，因为"联"与"连"谐音，预示着后代"连连发财"、"连连高升"。

总而言之，压岁钱代表着长辈对晚辈的美好祝福，它是长辈送给孩子的护身符，保佑孩子在新的一年里健康吉利。

贺 年 片

贺年片在我国已有上千年的历史了，它是从名片演变而来的。古时候把名片叫做"名刺"。东汉王充所著《论衡·骨相篇》就有记载："韩生谢遣相工，通刺倪宽，结交膝之友……"其中所说的"通刺"即是名片。到了宋代，互赠贺年片就很盛行了。贺年片发展到清代康熙年间，开始用红色硬纸片制作。当时更时兴一种拜年，将贺年片装到锦囊中送给对方，以示庄重。

现代贺年片上印着精美的图文，则是受外国的影响。

舞　狮

舞狮为我国民间喜庆节日的传统习俗,大约始于汉代以后。中国原不产狮子,《后汉书》载汉章帝时月氏国(西域的一个小国)贡狮子,当时叫"狻猊"。从那时人们便把雄健、威武的狮子视为吉祥和勇敢的象征,又模拟狮子的形象和动作,逐渐形成狮舞,庆典喜日以此为乐,并驱魔辟邪,故有"辟邪狮子"之称。唐代宫中已有盛大狮舞表演,叫"太平乐"或"五方狮子舞"。明清时期,狮舞更广泛流行,且花样更多,形成了许多流派。

舞　龙

舞龙来源于对图腾的崇拜龙,是古代传说中的神异动物。它蛇身、鹿角、鹰爪、马脸,浑身金灿灿,两鬓宛若飘带。在民间传说中,它是消灾降福的"龙王";雕刻在宫殿建筑上,它是帝王政权的象征;在工艺图案中,则是一种美丽的装饰。

舞龙有悠久的历史。在宋人吴自牧著的《梦粱录》中,记述了南宋临安(今杭州)元宵灯节的情景:"……草缚成龙,用青幕遮草上,密置灯烛万盏,望之蜿蜒如双龙之状。"以此算起,舞龙距今也有八百多年的历史了。人们之所以要舞龙,是与古代劳动人民在农业生产中对自然现象缺乏科学知识有关的。他们认为龙是管雨的,就用舞龙来祈求神龙,以保风调雨顺、五谷丰登。

悬　棺

"悬棺葬"就是利用木桩或天然岩缝把棺木悬置在悬崖峭壁之上,或者把棺木放在天然或人工凿成的岩洞之中的一种葬法。主要分布于古代南方少数民族地区,在当地称之为"挂岩子"。悬棺的形制主要有船形和长方形两种。

福建的悬棺葬历史最为久远,大约在夏代以前就出现了,遗存下来的只有武夷山的千仞绝壁上的一处。至今保存最多、最集中的是四川省的珙县麻糖坎的悬棺。我国台湾高山族的耶美人直到近现代还实行悬棺葬。

殉　葬

殉葬就是用人或物陪葬。早在原始社会,人们便习惯于把随身使用的工具、武装以及生前喜爱的日用品和死者埋葬在一起。奴隶社会时期,常常将奴隶杀死或活埋,用来殉葬。封建社会里,妇女则成为殉葬的牺牲品。在《西京杂记》的记载中,周幽王的坟墓有一百多名女子陪葬。秦代人殉制发展到极点,最为残酷。汉以后,人殉作为一种制度,已不存在。明初曾一度恢复人殉,到明英宗时废止。在古代殉葬礼制中,物殉是一种普遍现象,崇尚厚葬,历代不绝。

稿　葬

亦作"藁葬",用稻、麦类的秸秆编成的草苫子裹住尸体埋葬,是庶人、穷人的葬法。

墓　志

墓志是放在墓中刻有死者传记的石刻。置墓志是我国古代的一种民俗礼制,其作用与立于土表的墓碑基本相同,但墓志因下放棺前埋于墓中,更易保存。

我国最初的墓志没有固定的形式,有的上圆下方,类似墓碑,但多数是方形的。我国现已出土曲墓志石刻中,最早的是东汉延平元年(106年)的《贾武仲妻马姜墓志》。隋代以后墓志的形制、文体逐渐定型。一般由两块尺寸相同的正方形石板组成,上石叫志盖,下石称志底。志盖上刻有死者的姓氏、籍贯和官衔等,志底则刻其生平事迹。"志"多用散文体记叙死者生平事迹,"铭"多用韵文,是对死者的赞扬、悼念或安慰之词,也有二者兼用的,称墓志铭。

烧 纸 钱

每逢清明或一些纪念日，人们去祭奠已故的亲人时，尤其是老人们，总要烧一些纸钱。有关烧纸钱的来历有这么一个传说。

汉朝时期，有个叫尤文一的秀才，苦读寒窗十几年终未能获取功名，于是向蔡伦学习造纸。蔡伦死后，尤秀才继承蔡伦的造纸业，并且比蔡伦更胜一筹，造出的纸又多又好。但当时用纸的人很少，造出的纸卖不出去。为此，尤秀才茶饭不思，没几天，竟闭上眼睛死去了。左邻右舍知道后，都过来帮助料理丧事。尤秀才的妻子哭着对大伙说："家境不好，没有什么可以陪葬，就把这些纸烧给他做陪葬吧。"于是，专门派一个人在尤秀才的灵前烧纸。到了第三天，尤秀才突然坐起来，嘴里还不停地叫着："快烧纸，快烧纸。"所有在场的人都被吓坏了。尤秀才却说："我真的活了，是烧的这些纸把我救了。这烧的纸到阴曹地府就变成了钱。我用这些钱还了债，赎了罪，阎王老爷就把我放了回来。"这件事传出后，一位有钱的老员外对尤秀才说："我用金银陪葬，不比纸值钱得多吗？"尤秀才说："金银只能在阳间使用，不能带到阴曹地府去。不信，打开棺材看一看，陪葬的金银保证分毫没动。"员外听了点头称是，并买了尤秀才家大量的纸。于是，买纸的人一下子多起来，尤秀才的纸供不应求。其实，这是尤秀才和妻子设下的一个计策，为了多卖一些纸，才上演了这出死而复生的戏。从此，给死人烧纸的风俗便一直流传了下来。

披 麻 戴 孝

过去，送葬的亲人(如儿女)一般要穿一身黑衣服，再用一只麻袋弄成披风样式，从头顶披戴到腰间。这种打扮被称为"披麻戴孝"，有关它的由来有这么一个传说。

从前，一位老婆婆有两个儿子，儿子成家后都不孝敬老娘，为了让他们知道什么叫做反哺之情，老婆婆想出了一个办法。她把两个儿子叫到床前说："我死后，不需你们花什么钱，用破草席把我一卷，埋了就行。不过你们要从今日开始，天天看看屋后面槐树上的乌鸦和山上树林里的猫头鹰是怎样过日子的——直到我闭了眼为止。"

兄弟俩经老娘一提醒,出工收工时便不由自主地注意了起来。原来,乌鸦与猫头鹰都是很细心地喂养自己的孩子,这些小家伙总是张大嘴巴,嗷嗷待哺。当小乌鸦长大后,妈妈飞不动了,就让她待在家,衔来吃的填在她嘴里,等小乌鸦老了,又有自己的孩子喂养她,反哺之情,代代相传。而猫头鹰却不一样,妈妈老得不中用了,就把妈妈吃掉。兄弟俩越看越内疚,渐渐地改变了对老母的态度。可偏偏这个时候,她老人家过世了,兄弟俩后悔莫及。为了记住乌鸦与猫头鹰善恶孝逆的教训,安葬那天,他们模仿乌鸦羽毛的颜色,穿一身黑色衣服,模仿猫头鹰毛色,披一件麻衣,并下跪拜路。

从此以后,这个风俗就逐渐流传开来。有些地方的百姓比较穷,穿不起一身黑衣服,就裁一条黑布戴在胳膊上。

坟墓周围种柏树

在我国北方野外的墓地上,人们常常能看到一簇簇绿绒似的柏树,民间俗称坟柏。每当严冬,荒芜的原野上点缀着星罗棋布的坟柏,颇有激励后人奋发图进的生气和肃穆庄严的景象。

"丞相祠堂何处寻,锦官城外柏森森。"杜甫的《蜀相》一诗道出了坟墓周围种柏树的由来。史书记载,公元234年,当时正值三国鼎立,蜀国军师诸葛亮率兵伐魏,在五丈原与司马懿隔渭水对峙,病死在军中。诸葛亮以身殉职后,遗体葬在定军山。刘禅亲自下诏,在墓地种54株柏树,象征诸葛亮终年54岁,以表彰他的赫赫战功及示其永垂不朽。那些坟柏在这里生长了一千七百多年,至今仍有22株活着。后人仿效此法,于是坟柏相继在民间流传开来。

火　葬

火葬的起源,在我国可追溯到原始社会时期。考古学家在发掘甘肃临洮县寺洼山的史前遗址时,就发现了一个盛有人类骨灰的灰色大陶罐。

据《墨子·节葬下》记载:"秦之西有仪渠之国者,其亲戚死,聚柴薪而焚之。"仪渠在今甘肃庆阳县西南。可见先秦时期的仪渠人有火葬的习俗。

隋唐以后,火葬之俗逐渐由"夷狄"之地传入中原汉人居住区,明末清初学者顾炎武在《日知录》中写道:"自宋以来,此风日盛……相率焚烧,名曰火葬,习以成俗。"

13世纪时,意大利旅行家马可·波罗的《游记》中,记录了当时我国北至宁夏、西到四川、东达山东、南到浙江的广大地区内实行火葬的情况。

近年来,我国考古学家陆续地发现了一些古代火葬习俗。如,洛阳西区的北宋骨灰瓦罐,福州的北宋元丰年间的火葬墓,山西的宋、辽、金火葬墓,云南西部的宋、元火葬墓等。

随着人类文明的进步,火葬的好处为越来越多的人所认识到。如今,火葬已成为我国的主要安葬形式。

送 花 圈

参加葬礼时,人们常常敬送花圈,作为对逝者的追悼。这种习俗是从欧美传过来的。但花圈最初并不是为丧礼专用的。

花圈的"发源地"据说在希腊。古希腊把花圈称为"斯吉芳诺思",是装饰神像的"圣物"。后来,花圈传播到其他地方,不再是教堂专用的饰物,而是用作奖品,颁发给凯旋的战士和运动场上的优胜者。

古罗马法律——《十二铜表法》中《神圣法》第七条说:"假如有人亲身,或者由于自己的马或奴隶在竞赛中获胜而得到花圈,那么在他死时,无论在他家里或在战场,都不禁止把花圈置于死者身上。同样,也允许他的亲属带花圈参加葬礼。"

据说一个人临死时带上花圈,天使就会把他的灵魂带到天堂。后来,人们给去世的亲人和好友敬献花圈,以表示对逝者的怀念和哀悼。

中国各民族婚俗

满族婚俗：　　　秤杆揭盖头；

哈尼族婚俗：　　隔墙谈情与牛粪抹衣；

阿昌族婚俗：　　偷鸡头与抬锅盖；

157

藏族婚俗：	情卦和抢帽子；
傣族婚俗：	卖鸡肉找对象；
景颇族婚俗：	花草树叶做情书；
侗族婚俗：	踩脚后跟试情意；
维吾尔族婚俗：	结婚要五个阶段；
族婚俗：	草标密码和揉耳朵示爱；
锡伯族婚俗：	闹洞房解衣扣；
蒙古族婚俗：	骑马迎亲与抱木枕头；
瑶族婚俗：	串情人咬手背；
彝族婚俗：	泼水迎亲和摔跤婚礼；
壮族婚俗：	隔街相望找情人；
赫哲族婚俗：	婚礼上吃猪头猪尾巴；
门巴族婚俗：	男舅试新郎；
京族婚俗：	踢沙折枝试情意；
普米族婚俗：	逮新娘和锁媒人；
基诺族婚俗：	耳朵里插鲜花；
独龙族婚俗：	饮茶定亲；
裕固族婚俗：	马踏新房射新娘；
保安族婚俗：	三天不吃男家饭；
德昂族婚俗：	赠烟盒、撒大米茶叶；
鄂温克族婚俗：	驯鹿与神像；
达斡尔族婚俗：	说亲先吃闭门羹；
柯尔克孜族婚俗：	捆绑成夫妻；
纳西族婚俗：	冷水淋头和酥油贴脸；
东乡族婚俗：	新郎偷厨和戏公伯；
拉祜族女婚俗：	宴席结婚不办离婚办；
塔吉克族婚俗：	撒面粉、喝盐水；
布朗族婚俗：	偷女婿和偷新娘；
仡佬族婚俗：	盘郎和过门要换三双鞋；
土族婚俗：	水泼接亲客；
畲族婚俗：	考厨师和调新郎；

你应该具备的

傈僳族婚俗:恋爱暗号多又多;
土家族婚俗:香袋和哭嫁歌;
黎族婚俗:爱你多深,咬你多深;
布依族婚俗:浪哨对歌和丢花包;
哈萨克族婚俗:姑娘追和啃羊骨;
朝鲜族婚俗:踩麻袋和推木雁;
佤族婚俗:杀鸡看卦和侧卧谈恋爱;
白族婚俗:树枝探缘、草鞋定亲。

你应该具备的

第七章　衣食住行

古代衣食住行的等级

我国古代等级较为严格,这种等级的区别,大量反映在生活方式的差异上。

1.衣饰:衣饰上的限制自古迄清代都是用以区别贵贱的一种标识。官吏的朝服公服,其形式、颜色不同于常服,官吏又因官阶不同而服色不同。至于商人、奴仆、娼妓等,不与庶人同列,限制更苛。衣料的质地也有讲究,庶人只能穿粗布衣。

2.饮食:上古规定,天子食太牢(牛、羊、猪),诸侯食牛,卿食羊,大夫食豚(猪),士食鱼,庶人食菜(《国语·楚语下》)。

3.房屋大小,间数式样和装饰,各有定制,称呼也不同。中古规定,皇帝所居曰宫殿,亲王所居曰府,众官所居曰宅第公馆,庶民所居曰家。

4.舆马:唐时舆檐之禁最严,唐宋时不但平民不能乘舆,贵戚大臣没有特旨殊恩亦不能采用,当时百官出入皆乘马。许乘坐车舆者,车舆的颜色、装饰以及拉车的牛马头数、抬轿的人数、官员的仪卫等,都有区别,都标志着乘坐者的不同身份。

古代服饰的演变

我国古代各个历史时期的服饰都有其不同的风貌,这是同当时的经济基础、生活环境、社会风俗与审美观念密不可分的。服饰常常具有鲜明的地方和民族特征。

北京周口店发现过旧石器时代(距今180万余年)山顶洞人所用的骨针,说明从这个时候起,居住在我国这块土地上的人们,已经知道缝制衣服,在新石器时代的彩绘陶器上,出现过穿衣服的人物图案。进入阶级社会以后,商代给我们留下了一些有关服饰的资料。从河南安阳出土的玉雕、石雕和陶塑的人像上，可以看到头戴扁帽，身穿右衽交领衣，下穿裙裳，腰间束带，裹腿，着翘尖鞋的奴隶主，和免冠、着圆领衣，手上戴枷的奴隶的形象。从这些材料看来，古代华夏族上衣下裳、束发右衽的装束特点，这时已经形成。

西周时代，贵族们仍然把上衣和下裳分开，在金文和《尚书》、《诗经》等古文献中可以看到玄衣、衮衣、黄裳、绣裳等名目。此外他们在腰间常束宽宽的绅带，腹前有时还系着一条像围裙一样的韨。

春秋战国时代在服装方面最重要的变化，是深衣和胡服的出现，深衣将过去不相连的衣和裳连属在一起，"被体深邃"，所以叫深衣。它的下摆不开衩，而是将衣襟接长，向后拥掩，即所谓"续衽钩边"。这种服装在战国时广泛流行。

胡服则指我国北方草原游牧民族的服装，他们为了游牧时骑马的需要，多穿短衣、长裤和靴。这种服制是战国时期赵武灵王引进以装备军队而加以改革的。伴随着胡服也传来了带钩。它起初带着外来语的名字，叫"鲜卑"、"犀毗"或"私钳头"等，后来才通称为带钩。带钩是束结革带用的。这种带也叫"钩络带"，它结扎起来要比过去的绅带便捷得多，所以很受欢迎。带钩的制作自战国以至两汉都很盛行，所以式样繁多，有些制作也很精美。成为一种优秀的工艺品。

由于西汉时的深衣是将下襟缠在身上，这样既欠便利又费布帛，所以到了东汉时，一种直裾的襜褕（chanyu 搀于）就流行开来了。在东汉时的画像石上，我们看到的官员和士人，大都穿着这类衣饰，襜褕再发展一步，就是唐、宋时代的交领袍。

除了衣制之外，汉代服装最重要的特点是它的冠制。冠本来是加在发髻上的一个罩子，很小，并不覆盖整个头顶。古时曾有男子成年时皆行冠礼的规定，但在汉代，"卑贱执事"的人，都只能戴帻而不能戴冠。帻有点像一顶便帽，有平顶的，叫"平上帻"；有尾状顶的，叫"介帻"。到了王莽时，据说他自己头秃，所以先戴帻，帻上再加冠。后来这种戴法普及开来，因而在东汉画像石上出现的冠，也都在下面衬着帻。但冠和帻并不能随便配合，文官戴的进贤冠要配介帻，武官戴的武弁大冠则要配平上帻。进贤冠前部高耸，后部倾斜，外形有点像个斜三角形的跛足小板凳。冠前有"梁"，根据梁数的多寡来区别身份的高低。武弁大冠又叫"惠文冠"，惠即缩，指薄麻布。它起初是在帻上面扎一条麻布手巾，后来这条麻巾改用漆纱制作，看上去像在帻上罩了一个漆纱笼，所以又叫"笼冠"。

　　不过，进贤冠前面的梁虽然起着区别尊卑的作用，但因梁数通常只有一梁、二梁、三梁之别，所以不能区分得很严格。作为官阶在服装上的标志，汉代主要通过绶来达到这个目的。绶本是系在官印上的绦带，汉代官员将印装在腰间的鞶，所以汉代人把它叫"椎（音 cui 垂）髻"。以"举案齐眉"、"相敬如宾"的故事著称的梁鸿的妻子孟光，《后汉书》就说她"为椎髻，著布衣"。在汉代的陶俑当中，这种发式很普遍。在画像石中还可以看到汉代妇女戴巾帼、华胜（首饰）的形象。腰鼓形的耳挡这时也出现了，不过这时的耳挡的戴法和后世不同，它是在耳垂上的眼里直接横插进去，露其前后两端在耳外。

　　魏晋南北朝时期是我国古代服装史上的大转变时期。这时由于大量少数民族入居中原，胡服成为社会上司空见惯的装束，一般群众的服装受到胡服的强烈影响，将胡服的褊窄紧身和圆领、开衩等特点都吸收了过来，最后形成了唐代的"缺骻袍"等袍服。但另一方面，少数民族的统治者又醉心"汉化"，十分羡慕汉代帝王那一套峨冠博带的"威仪"，北魏的孝文帝元宏（拓跋宏）就是其代表人物。于是，宽袍大袖的衣裳冠冕之类遂在"法服"（礼服）中保存了下来。到了唐代，上自皇帝，下至厮役，在日常生活中都穿圆领袍、裹幞头，穿长勒靴，是为"常服"。旧式的冠服，皇帝和官僚们也只在大祭祀和大胡会的时候穿一穿。自南北朝后期至明代，法服和常服一直并存，但是前者使用的范围始终很小。

　　常服，在唐代出现了几个前所未有的特点。首先说幞头，它本是一条头巾，系自汉代的嵘头、幅巾等演变而来，裹幞头时两个巾角朝前系住发髻，其余两个巾角在脑后系一结，多余的部分自然垂下。头巾的质地一般用黑色纱、罗，所以后面垂着的巾角也是软的，称"软脚幞头"。以后将软脚中加铜、铁丝撑起来，就成为"硬脚幞头"。硬脚后来又做出不同形状，翘成不同的角度，而产生了"跷脚幞头"、"展脚幞头"等多种名目。再说腰带，汉代虽然在革带上装豪华的带钩，其花样虽多，却并没有一定的制度。唐代则不然，唐代的革带不用带钩而用带扣系结，另在带身上装带锌。带锌是一种方形的饰片，依官僚品阶的不同，分别用玉、金、犀、银、铁等质料制作，使腰带也成为区别官阶的一项标志。另外，隋代开始出现的"品色衣",至唐代乃形成制度,成为此后我国官服制度上的一大特色。虽然宋、明各代的具体规定不同,但都把官品和服色联系了起来。在唐代,皇帝的服色为拓黄,官僚自一品至九品,服色以紫、绯、绿、青为差。平民百姓多穿白衣。士兵在汉代衣赤(红色),隋代衣黄,唐代则衣皂(黑色)。

唐代的女装主要由裙、衫、帔三件组成。裙长曳地,衫子的下摆裹在裙腰里面,肩上再披着长围巾一样的帔帛。唐代前期,中原一带的妇女还特别喜欢穿西域装,着翻领小袖上衣,条纹裤,线鞋。戴一顶卷桧胡帽。唐代贵族妇女的面部化妆也很繁复,额上涂"额黄",眉间贴"花钿",鬓畔画"斜红",两颊点"妆靥",再加上"朱粉"、"口脂"、"眉黛"等。与唐诗中的描写:"眉间翠钿深"、"当面施圆靥"等诗句,完全相符。

宋代服饰大体沿袭唐制。但这时的幞头,内衬木骨,外罩漆纱,宋代人称之为"幞头帽子",可随意脱戴,与唐初之必须临时系裹的软脚幞头大不相同了。这时幞头的样式是不同身份的重要标志,皇帝和官僚所戴的展脚幞头,两脚向两侧平直伸长。身份低的公差、仆役则多戴无脚幞头。

宋代妇女渐不戴帔帛,而且多着小袖对襟式上衣,盖在下裙之外。唐代贵妇戴花衩(当时叫"花树"),宋代改用花冠。传说安阳宋韩琦墓所出土的金丝编织的花冠,制作工细,和故宫旧藏的《历代帝后图》中宋代皇后所戴的凤冠极为相似。

另外,缠足的陋习出现于五代末,至北宋中晚期在贵族妇女当中已较普遍。这种做法摧残了妇女身心的健康,在南宋萧照的《中兴祯应图》中描绘的北宋末期的贵族妇女,已经都是一副纤弱的病态,缠足的恶果在这时已能很清楚地看出来了。

元代,蒙古贵族统治了中国。蒙古族男子多把顶发当额下垂一小绺,如桃式,余发分编两辫,绕成两个大环垂在耳后。贵族妇女必戴姑姑冠,冠用绒锦做成,上缀珠玉,高约一尺。官服用龙蟒缎衣,以龙爪分等级。便服仍采用唐宋式样。外出戴盔式折边帽或四楞帽。平民妇女或女婢,梳顶心臀,穿黑褐色袍。

明代服饰,材料更加丰富。

明代官服制度,皇帝穿着龙袍,大臣依等级穿着绣有蟒、斗牛、飞鱼等纹饰的宽大袍服，袍上胸背缀有象征等级不同而纹饰各异的补丁，头蓄发绾髻，戴由幞头演变而来的乌纱帽，腰有玉带。明代统治者为了表示自己天下的巩固，有所谓"四方平定巾"和"六合一统帽"，分别为读书人和小商贩、市民阶层用。元代的笠子帽、宋代的巾子仍有保留。劳动人民穿短衣，头裹巾子，有的则戴网巾。妇女发髻多垂于脑后。南方妇女有云肩、比甲、遮眉勒。大量的明代文物中，保存着丰富的服饰形象材料。

清朝建立以后，官服有详细的规定。官员的礼帽分夏天戴的凉帽和冬天戴的暖帽。帽上的顶珠随品级不同，颜色和质料各异。有军功的人，皇帝还赏以用孔雀毛做的花翎，戴在帽顶上垂向后方。蟒袍，也因品级而有所不同。一、二、三品九蟒，四、五、六品八蟒，七、八、九品五蟒。蟒袍外边用石青、玄青缎子、宁绸、纱等作外褂，前后开衩，胸背各系比明代官服略小的方形补子。子上依品级织绣不同的鸟兽图。汉王明服饰上；劳动者中；官吏下；贵族妇女案，文官鸟形，武官兽形。五品以上及内廷官员胸前挂朝珠。大礼时有披领。还系有金玉板作装饰的带，着靴。文武官员的夫人，服饰多依其丈夫的品级而异。

清代男子剃发梳辫，着长衫。马褂初为营兵之服，康熙以后日趋普遍。还有不带袖子的坎肩。有套裤。帽有瓜皮小帽、毡帽、风帽、凉帽等。一般女子服饰，满族有上下连裳的旗袍，喜罩马甲，梳有如意头、一字头、大拉翅等。还穿有高跟在足心的花盆底鞋。汉族妇女以南北而不同，南方多系裙，北方扎裤脚。衣有对襟、大襟、琵琶襟。裙有凤尾裙、百褶裙等，妇女发式极多，少女有刘海、梳单辫或双丫髻，中年妇女多梳长髻，老年脑后梳纂。清后期，京师妇女衣服镶滚边极多。

清代还在服饰上保留了不少明代服饰的特点，并在一定程度上保留了少数民族的服饰特色。

历代服色杂谈

我国历史上，最早使用的颜色是黑、白、土红和赭石色，而红色是最早的"流行色"。到奴隶制社会，青、赤、白、黑、黄，被认为是代表东、南、西、北、中，以及木、火、金、水、土的五方正色。在封建时代，黄色标志着神圣、权威、庄严,是智慧和文明的象征,成为皇帝的专用色彩,任何庶人都不许穿黄衣服。我国夏代流行黑色,殷代流行白色,周代流行红色,并给这种颜色以正统地位。

春秋时,齐国风行紫色,齐桓公穿上紫袍,于是紫色纺织品价格猛涨十倍。而一向认为朱红色是正统的孔子,却讨厌紫色。理由是它夺去了周代以来朱红的正统地位。

秦始皇以为自己是永德得天下,提倡穿和用黑色。而汉高祖是从南方起兵取得胜利,是火德兴邦,又提倡穿红。

隋代则以白地配青色、绿色,显得沉着、文静。唐代社会兴盛,用色五彩缤纷、富丽堂皇。

到宋代,又喜欢青、绿等冷色调,向素雅方向转化。元代,大量喜用金、银色。

明代则喜蓝、宝蓝、金色等浓重色彩。

清代则好以仿唐、仿宋为时髦,但又有不同,用色更复杂艳丽。

古代的衣和裳

我国古代的服装有远古与近古两个截然不同的形式。上古式主要是上衣下裳,裳就是裙子,男女穿着一样。至于袜子,在古代是兼作裹腿用的,脚上则穿鞋。鞋袜都用带子系住,所以走路并无不便。即使是武士穿的铠甲,也是同样。

从商代到战国以后,骑马的风气渐渐流行,形式才略有改变。首先是武士,穿裙子骑马,当然是不便的,于是,便在裙子中间开一口子。但一般的生活习惯还没有完全改变,例如古代席地而坐的习惯一直保留到元朝的末年。因为是席地而坐,所以仍以穿裙为便。与此同时,北方因受外族影响,通常是穿长袍和靴子,而且他们也不是席地而坐,而是坐在不太高的凳子上的。

隋唐时代,全国统一,生活习惯也渐趋一致,上衣下裳的古老形式不合时代要求,因此,裙子只供妇女穿用,而男子则多穿袍靴。但在正式朝贺或祭祀的大典上,仍归是上衣下裳,作为朝服。一直到清朝,朝服还是有裙子的。

第七章　衣食住行

裙子小史

　　大约纺织技术发明之日,裙子便已出现。根据民族学的材料推测,早在原始社会时,人们便将一块方布,围住下身,这或许即是裙子的初型。此如我国南方的傣族、黎族、壮族的筒裙。

　　根据文献记载,裙子的出现也是很早的。如《西京杂记》和《外传》言及赵飞燕被立为皇后后,十分讲究穿裙子。一次,她穿了条云英紫裙,与汉成帝同游大液池。在鼓乐声中,飞燕还给皇帝翩翩起舞。恰好这时大风突起,她像燕子似的被风吹了起来。成帝忙命侍从将她拉住,没想到惊慌之中却拽住了裙子,皇后得救了,而裙子却被弄了不少皱纹。说也怪,有了皱纹的裙子却反比先前没皱纹的更好看了。从此,宫女们竞相效尤,这便是"留仙裙"。

　　魏晋时代,男女也大体皆穿裙。《魏志·管宁传》记载,管宁经常着布橘布裙布裤。晋时,裙子的花色品种较多,如绛纱复裙、丹碧纱纹双裙和紫碧纱纹绣缨双裙等。

　　唐代以后,裙子渐成了妇女专用的装饰,且往往成了妇女的代名词,如"呼之为裙衩"。在异常繁荣的唐诗中也常常可见到"裙",如"黄陵女儿茜裙新","白妆素面碧纱裙","新换霓裳月日裙","红裙妒杀石榴花","血色罗裙翻酒污"等。说明当时裙子流行的广泛程度,以及裙料的瑰丽多彩。至于款式,则大约较为单一,从"裙拖六幅潇湘水"、"一尺风鬟六幅裙"等看,大约那时的裙子是用六幅拼成的。

　　元代后期,妇女们以素淡的颜色作为裙子的流行色。

　　明朝,又以褶裥长裙为主,盛行红色。

　　满族入关后,旗袍一时成为时髦。但汉族妇女仍将裙子作为礼服,每遇婚丧喜庆,或亲朋拜谒,即使平时只穿短袄长裤的人,也要在裤子外面套条长裙,以免认为失礼或不够隆重。

　　清末,由于纺织技术的进步,使裙子的品种增加不少,如当时有凤尾裙、百褶裙、月华裙、鱼鳞百褶裙、丁当响裙等。

　　北伐战争期间,年轻姑娘又喜穿短裙。

　　如今,汉族的老年妇女穿裙子的很少了。但每到夏季,女孩子和青、中

你应该具备的

167

年妇女便穿上各式各样的裙子,犹如百花斗妍争奇,把人间装点得五彩缤纷。

旗袍源流

旗袍最初本是我国满族旗人妇女的土著服装。后来,汉族的妇女也开始穿起来,并在原来的基础上加以改进,使其成为一种独特的女式服装。

据资料记载,最早穿旗袍的汉族妇女是上海的女学生。她们穿着宽敞的旗袍,引起了各界妇女的羡慕,并纷纷仿效。同时,社会舆论对此也大加赞扬。于是,旗袍竟成了当时女子最时髦的服装。

清末满族旗女穿的旗袍宽大、平直、衣长至足,所选用的衣料大都是绣花红缎,在旗袍的领、襟、袖的边缘部分都用宽边镶滚。

20世纪20年代初,旗袍开始普及,其式样与清末的没有多少差别。但不久之后,旗袍的袖口逐渐缩小,滚边也不如从前那样宽了。20年代末,因受欧美服式的影响,旗袍式样也有了较大的改变。此时的旗袍,衣长大大缩短,穿着比以前更称身合体,也更能衬托出女性的曲线美。

到了30年代,旗袍已很盛行。先是流行高领,领子越高越时髦,但不久,又兴起低领来,领子越低越"摩登",甚至有穿无领旗袍的。袖子的变化也是时而流行长的,长过手腕;时而流行短的,短至露肘。至于衣长,一个时期流行长的,长至下摆曳地;以后又流行短的,短过膝盖。

从40年代起,旗袍的式样趋于取消袖子,缩短衣长和减低领高,使旗袍更加轻便、适体。

新中国成立之初,妇女穿旗袍的还很普遍。以后由于各种原因,穿旗袍的就越来越少了。但旗袍作为我国的一种传统的民族服装,是具有一定特点的。它线条简练而优美,造型质朴而大方,比较适合妇女穿着,在国际上也有一些影响。改革开放后,我国的服装设计者集思广益,推陈出新,将传统的旗袍式样与现代女装式样糅合起来,使旗袍以崭新的风姿出现在人们的面前。

第七章　衣食住行

百 衲 衣

　　僧人常穿的法衣称为"袈裟",这是根据梵文音译而来,缝制这种僧衣有严格的规定,一般都是用若干条长方形布片缝成,并且只准用类似黑色的布片。但是,我国又称僧衣为"百衲衣",因为汉族地区有的僧人为了表示苦修,常拾取别人丢弃的陈旧杂碎的布片,洗涤干净后,加以密缝拼缀而成衣,通称为"衲衣",也称功德衣、无畏衣等。一般僧人常自称"衲子"或"贫衲",即由此而采。后来,根据这个百衲的意思,凡是用零星材料集成一套完整的东西,都以百衲称之。如百衲本、百衲琴、百衲碑等。

清代的黄马褂

　　马褂是清朝官吏的一种制服,穿在袍外面,长到腰,便于骑马,袖到肘,便于射箭,所以叫马褂。

　　皇帝的随从和护卫的"内大臣"和"特卫"所穿的马褂是用明黄色的绸缎或纱做的,所以叫"黄马褂"。这是天子近侍的服装,这种服装十分名贵,一般官吏以得到黄马褂为荣耀。清统治者为了笼络臣下,又用黄马褂做赏赐品,所以当时有"赏穿黄马褂"的说法。

中山装的来历

　　中山装于公元 1923 年诞生后,在我国风行半个多世纪。

　　中山装的创始人是孙中山先生。

　　公元 1912 年,中山先生在广州任中国革命政府大元帅时,感到西装不但穿着不便,也不大适应当时中国人民在生活、工作等方面的实用要求,而中国原来的服装既不能充分体现当时中国人民奋发向上的精神,在实用上也有类似西装的缺点。于是主张以当时在南洋华侨中流行的"企领文装"上衣为基础,在企领上加一条翻领,以代替西装衬衣的硬领。这样,一件上衣便兼有西装上衣、衬衣和硬领的作用，又将"企领文装"上衣的三个暗袋改为四个明袋，下面的两个明袋还裁制成可以随便放进物品的多少而涨缩的"琴袋"式样。中山先生说，他这样改革衣袋，为的是要让衣袋放得进笔记本、书本等学习和工作的必需品。衣袋上加上软盖，袋内的物品就不易丢失。

中山先生设计的裤子是：前面开缝，用暗纽；左右各一大暗袋，前面——小暗袋（表袋）；右后臀部挖一暗袋，用软盖。这样的裤子穿着方便，随身必需品的携带也很方便。

协助中山先生裁制中山装的助手名叫黄隆生，广东台山人。

改革开放后，我国服装式样古今中外兼备，数不胜数，但中山装并没有消失，仍有男士穿着。

帽子的来历

人们开始使用帽子并不是为了保暖与防护，而是作为一种装饰品。帽子在我国很早就发明了，成语"冠冕堂皇"的"冠"、"冕"，指的就是帽子。"冠"，并不像今天的帽子把头顶全部盖住，它只有狭窄的冠梁，遮住头顶的一部分，两旁用丝带在领下打结固定。古代的男子凹岁开始戴冠，戴冠时，要举行"冠礼"，表示成年的开始。在汉朝，冠分 10 多种，供不同身份的人在不同的场合下使用。"冕"出现得比"冠"更早。这种"冕"前低后高，表示恭敬，前面用丝线垂面，使目不斜视，两旁用丝线遮耳，表示不听谗言。这种"冕"是帝王专用的，皇子继承皇位，才能加"冕"。古代劳动人民则戴头巾。据载："巾佩帽，本以拭物，后人着之于头。"可见，头巾本来是劳动时擦汗的布，后被当着帽子裹在头上。

我国各个民族的帽子、头巾，更是五彩缤纷，维吾尔族的小花帽、蒙古族的狐皮帽、土族的织锦毡帽、裕固族的喇叭形红缨帽、阿昌族的高筒式包头，瑶族的雉尾包头等，都已成为识别这些民族的标志。

帽子还同一定的礼节相关，现在人们以脱帽表示礼貌。但在我国古代，脱帽是无礼的举动。杜甫在《饮中八仙歌》中说，张旭酒醉后竟脱帽露顶王公前，这在当时是失体统的。

顶戴·花翎

清代是满族入主中原，因此官服形制和历代不同。由于等级观念森严，对官员的服饰有严格的规定，依品质、数量、颜色的不同来区别官位大小，绝对不许重用。所谓"顶戴"，就是官员戴的帽顶。从色泽上分，一、二品都是红色的，三、四品都是蓝色的，五、六品都是白色的。七品以下则为金色。在同色之中，各品的顶戴又有区别：一、二品有纯红和杂红之分；三、四品有亮蓝和暗蓝之分。进士、举人、贡生都戴金顶，生员、监生则戴银顶。具体戴的东西是：一品戴珊瑚；二品戴起花珊瑚；三品戴蓝宝石或蓝色明玻璃；四品戴青金色或蓝色涅玻璃；五品戴水晶或白色明玻璃；六品戴砗磲或白色涅玻璃；七品戴素金顶；八品戴起花金顶；九品戴镂花金顶。

"花翎"是皇帝特赐的插在帽上的装饰品，一般是赏给有军功的人或对朝廷有特殊贡献的人。翎分蓝翎和花翎两种，蓝翎是鹖翎，花翎是孔雀翎，它有单眼、双眼、三眼之分。六品以下的官员只赏给蓝翎，五品以上赏给单眼花翎，双眼花翎赏给大官，三眼花翎则是赏给亲王、贝勒等皇族和有特殊功勋的上臣。

冠·巾·帽

上古时代，冠是贵族服饰的标志。夏代有了讲究的礼服、礼冠制度，用来显示贵族的身份。后来，奴隶社会转变为封建社会，有资格戴冠的除了封建统治阶级外，还有为统治阶级服务的士。

在汉代，冠分十几种之多，如委貌冠、皮弁冠、通天冠、远游冠、进贤冠、法冠、武冠、建华冠、巧士冠、方山冠、却敌冠、樊哙冠、术氏冠等名目。供不同身份的人和不同场合使用。

至于古代的老百姓，则是用巾包头或结扎发髻。所谓巾，就是用丝或麻织成的布。后来，巾为统治阶级采用。汉末，王公大臣用巾裹头的风气大盛。自从统治阶级用巾以后，巾的花样逐渐繁多起来。南北朝时，北周武帝为了便于军人戴用，用巾裁制成有四个角的东西，一戴就行。这东西叫"幞头"，实际上它已是帽子了。唐代，又有人把四个角改成两只脚。有一种是两脚向左右伸出去,叫"展脚幞头",是文官所戴。有一种是两脚在脑后交叉的,叫"交脚幞头",是武官所戴。到后来就发展成为我们在舞台上看到的"纱帽"。由于戴帽子比扎头巾省事,于是,巾就慢慢地被淘汰了,而逐渐发展成为现在的帽子。

木屐趣话

木屐,即木制的鞋子。传说在古老的时代,木屐就发明了。大禹治水时,遇到山路就在鞋底上钉上木桩,应该属于木屐的一种形式。

相传春秋时,晋国公子重耳(即后来的晋文公)曾因国内之乱而出外流浪19年,回国即王位后,便对曾与其同甘苦者进行封赏。但介之推却拒不受禄,隐于山中,屡次敦请,终不出山。文公无法,乃以火烧山,以为可逼之出仕。但介之推却抱树焚死。事后,文公甚是哀惜,便以该树制成木屐,以作纪念。

春秋末期的孔子在蔡国时,木屐于夜间被人偷去。而且孔子的木屐长度竟达一尺四寸。

《后汉书·五行志一》:"延熹中,京都长者皆著木屐,妇女始嫁至,作漆书五彩为系。"这足以说明木屐在东汉使用的普遍和花样的翻新。

到六朝时,士族显贵穿木屐成为风尚,并增加了木屐的高度。东晋与前秦淝水大战时,东晋显贵、权臣谢安正在下棋,忽报晋已取胜,谢安轻轻地说:"小儿辈打了胜仗!"不过,棋一下完,他匆忙穿上木屐,回家时因不留神,把木屐的高跟都给拐掉了。

到了宋朝,汴京长者一般着木屐,仕女出嫁,妆奁中也少不了一双漆画制彩的木屐。

广州的木屐久负盛名。明末清初时,黑皮屐多为男性穿。而仕女及小孩则多着红皮屐。现在,广州的木屐已分白屐、漆屐、花屐三种,款式多样,并远销海外。不过,木屐的式样与古代区别较大。

首饰小释

首饰本意是指男女头上的饰物。《后汉书·舆服志下》记载:"后世圣人……见鸟兽有冠角枢胡之制,遂作冠冕缨蕤,以为首饰。"又载:"秦雄诸侯,乃加其武将首饰为绛袖,以表贵贱。"首饰的涵义在后来扩展为指人们身上的饰物,包括手镯、戒指之类。在人类生活中,首饰是作为一种美的标志或象征友谊、爱情的信物,牵动着人们的情思的。

18000年前,山顶洞人戴过的项链,现存周口店北京猿人遗址陈列馆里。这串项链,用穿孔的海蚶壳、青鱼眼上骨,和狐狸、獾、鹿等动物的牙齿串联而成。它虽然在今人看来粗糙得很,但在原始时代的山顶洞人眼里,却是再美不过了。一千多年以前、人类社会尚处于旧石器时代,当时人类以依靠简单的工具捕获动物为生,与此同时,人类意识到了自己所具有的智慧和力量。于是,他们便将猎物不能食用的部分保存下来,佩戴起来,以肯定自己,炫耀自己。这些东西最初只是作为勇敢、灵巧和有力的标记而加以佩戴的,后来,便因此而引起审美的感觉,归于装饰品的范围。

佩戴首饰是源于对美的向往,是对鸟兽有冠角倾胡的模仿,于是开始制作冠冕缨蕤。在我国的战国时期,各诸侯王在战争中,为区别贵贱,武将都佩戴"绛"首饰作为标志。而早在春秋时期,女性戴耳环已成风气,只有"天子之侍御不穿耳"(《庄子》),这可能是为了天子的安全和行房的方便。在我国古代,戒指不仅是为了炫耀富贵,戴在女性手上,如嫔妃,帝王也可以此用来甄别怀孕或来月经与否。

首饰名目繁多,不可胜举。如簪子、耳环,项链、戒指、手镯、脚镯、扣花等等。

古代化妆小史

化妆作为美容的一个方法,古已有之。《中华古今注》载,"自三代(夏商周)以铅为粉,秦穆公弄玉为烧水银作粉与涂,亦名飞云丹","燕脂盖起自纣,以红兰花汁凝作蒸月旨"。尧、舜、禹三代是否以铅作化妆粉,今难以考证。但在先秦时人们已会化妆,倒有很多佐证。《礼记》有"以丹注面"的记载,说明那时已有人用红颜色涂在脸上当胭脂;《诗经》有"玉之锁兮,充耳绣莹,充耳诱矣"之句,说明当时已有人将琐(即美玉)挂在耳上做装饰品;而《事物记源》中"秦始皇宫中悉红妆翠眉"之说,则更明确地说明秦时已有人用修画眉毛、脸上涂红来化妆了。

汉以后，女子化妆很是普遍，化妆品也随之有所发展。《毛诗疏》中说："兰，香草也，汉宫中种之可着粉中。"这说明当时不仅已能制化妆用的粉，而且可以专门生产颜料。

随着社会的发展，一些贵族妇女已不满足于一般的涂脂抹粉，她们争奇斗妍地在脸上画上各种花纹图案，或将翠珠、金铂镂贴在脸上作"妆靥"。据说南北朝时的宋武帝的女儿寿阳公主在正月初七卧于含章殿檐下时，梅花落在额上，宫人觉得非常好看，争相模仿，从此，"梅花妆"便流行开来，历经隋唐五代，至宋代时仍盛行不衰。

在妆靥中贴上去的花纹图案，大都贴在额上、眉间、两颊、鬓旁，称作花钿或花子。这种化妆在晚唐时最为流行。

古代妇女盛行妆靥，在文学中亦有很多反映，刘禹锡有"花面丫头十三四"，温庭筠有"照花前后镜，花面交相映"。

唐时妇女盛行化妆，出现了很多化妆名称，如催妆、红妆、晓妆、醉妆、泪妆、桃花妆、仙蛾妆、血晕妆等。

古代化妆人多为贵族妇女，化妆时多有婢女相助，一般要花一两个小时，有时半天才能完毕，而民间女子多是在出嫁时才精心化妆一番。

一日三餐史话

今人习惯于一日三餐。而秦汉以前人们一天只吃两顿饭。

《墨子·杂守》说士卒每天食两餐，食量分为五等。据《睡虎地秦墓竹简·仓》载，当时筑墙的劳作者早饭半斗（秦二斗约合今二升）粮，晚饭为三分之一斗；站岗和做其他事者，早、晚饭各三分乏一斗，均为两餐。第一顿称朝食或饔，在太阳行至东南方（隅中）时就餐。第二顿称飧或嫡食，在申时（下午 4 点左右）进餐。对于进餐时间，古人讲"食不时不食"（《论语》）。在不应进餐的时间用餐，被认为是一种越礼的行为或特别的犒赏。如《史记·项羽本纪》载项羽听说刘邦欲王关中，曾怒而下令："旦日享士卒。"借此犒劳将士，激发士气。汉代以后，一日两餐逐渐变为三餐或四餐。并且，三餐开始有了早、中、晚饭的分称。早饭，汉代称为寒具，指早晨起床漱洗后所用之小食。至唐代，寒具始有点心之称。宋人吴曾《能改斋漫录》云：

"世俗例以早晨小食为点心,自唐时已有此语。"至今我国许多地区,仍称早饭为早点。午饭,古人曾称之为"中饭"或"过中"。《魏书·杨播传》说,杨氏兄弟相处和睦,"兄弟若在家,必同盘而食,若有近行不至,必待其还,亦有过中不食,忍饥相待"。

一日两餐时,人们认为"贤者与民并耕而食,饔飧而治"(《孟子·滕文公上》),用过飧食,便意味着一日时间的流逝。而今天人们常用"一日三餐"之词来表示对时光的不同情感,其中包括惜时者的感慨。

古代饮食结构

我国古代的饮食结构究竟是怎么样的?

在古文献中,记载较早、较完整、较有价值的应推《楚辞·招魂》里有关饮食的描写。早在春秋战国时,贵族们就已习惯把饮食分为食和饮两大类了,如据《周礼》、《礼记》等,可知在正式的场合饮食却是分为四个部类的:饭、膳、馐、饮。《楚辞·招魂》中写的饮食,便是严格按照上述四部类依次排列的,更可看出这种饮食部类的划分法已经突破了中原文化的范围。用百谷做的饭,也是古人的主食,故《楚辞·招魂》把它列在了首位。膳是六畜为主的牲肉做成的菜肴。馐又有百馐之称,是粮食为主精制的滋味甚美的多样化食品,如单说其中不带汤水的那部分,即后世称的点心。饮是古代饮料的总称。从随县曾侯乙墓出土器物,也可证《楚辞》这段描写的确是源于现实生活。

现代膳食结构

我国目前的膳食结构以植物性食物为主, 植物性食物占人体热量来源的 90%以上。膳食结构中,脂肪量偏低,且以植物油为主。

西方膳食结构与我国的相反,动物性食物所占比重很大,谷类与蔬菜等植物性食物的比重较小,食糖量较高,膳食纤维含量少。

从营养学角度对这两种膳食结构进行优劣比较,可得出以下结论:

一、由于我国膳食结构以植物性食物为主,脂肪总摄入量偏低,所以冠心病,高直脂症、动脉粥样硬化及乳癌的发病率远比西方国家低,结肠癌的发病率也比西方国家低。

二、我国膳食结构中的蛋白质主要为植物蛋白,其营养价值较动物蛋白低;动物性食品和豆类食品较少,因而钙的摄入量低,同时锌的摄入量也难满足需要。这种膳食尤其不利于儿童和青少年的生长发育。而西方膳食则没有这种缺点。

食粥古今说

粥在我国可谓源远流长了。古时的粥与现在的概念不一样,古时的粥是米熬成的,稠的叫饦,稀的叫粥。粥的功用在古时可以归纳为三点,家贫食粥、荒年赈饥食粥、养生食粥。

粥是贫家的必食品。《红楼梦》的作者曹雪芹中晚年穷困潦倒,其诗有"举家食粥酒长赊"的叙述。宋代大诗人秦观也有诗道:"日典春衣非为酒,家贫食粥已多时。"据《宋史》记,范仲淹学习昼夜不息,冬天太疲倦了就用冷水洗脸,粮食不多了就吃粥度日。为什么家贫食粥呢?在清人赵翼《檐曝杂记》中记有一首《粥诗》:

煮饭何如煮粥强,好同儿女熟商量。

一升可作二升用,两日堪为六日粮。

有客用须添水火,无钱不必问菜汤。

莫言澹泊水滋味,澹泊之中滋味长。

这首诗道出了家贫食粥的"三味"。

中国历史上,凡遇荒年就有官家或大户人家设粥厂或粥棚,这种粥棚是专为救灾而设的,由于灾民多,经常出乱子,如《宋史·富弼传》记,以前立粥厂救灾,灾民聚集在城里,互相传播瘟疫,抢食粥又相互践踏,还有的等待数日吃不到粥而饿死。

粥可以救灾,同时也是养生佳品,在《礼记》中有:"仲秋之月养衰老,授几杖行,糜粥饮食。"在清人著的《老老恒言》上载有各种粥方百种,适合患有各种疾病的老人食用,《戒庵老人漫笔》记有"神仙粥方",治疗流行感冒屡屡应验。粥是一种很讲究的食品,白居易在翰林院时,皇上赐防风粥,喝了一碗,口香七日。

随着人民生活的提高,以前食粥为贫的观念变了,并出现一些专门经营"粥"的饭店,用粥作为"药膳"来调剂人的口味和身体,粥的作用的确不可小觑了。

馒头的食用

魏晋以前我国没有馒头,汉以前甚至面食也不多。我国古代人是用粮食蒸饭、煮粥或炒成干粮吃。在我国,馒头的出现不晚于东汉。晋代时不叫馒头,叫"蒸饼"。《晋书·何曾传》说何曾这个人"性奢豪","蒸饼上不坼(音he)作十字不食。"意思是说蒸饼上不蒸出十字裂纹,他是不吃的。这与现代北京广州等地的"开花馒头"差不多。萧子显在《齐书》里说,西晋永平九年(公元299年),规定太庙祭祀时用"面起饼"。宋代程大昌在《演繁露》一书中解释说,"面起饼"是"人酵面中,令松松然也"。无疑"面起饼"就是发酵的面食即馒头了。馒头是面经过发酵后再蒸熟的,如不掌握酵母菌的生化反应是做不成馒头的。

包子的食用

包子应比馒头稍晚出现,大约在三国时出现。包子有馅,馒头没有。但包子原名"馒头",三国时期诸葛亮征服孟获时,用面包着牛肉、羊肉、猪肉等肉馅代替当地奴隶主用人头祭神,"后人由此为馒头"。晋代束皙《饼赋》说,初春时的宴会上宜设"曼头"。这里所说的"曼头"就是包子。包子这个名称,始于宋代。北宋陶谷的《清异录》就谈到当时的"喷肆"(卖食品的店铺)中已有卖"绿荷包子"的。南宋耐得翁在《都城纪胜》中说,临安的酒店有包子酒店,包子酒店专卖鹅鸭肉馅的包子。可见此时人们食用包子已很普遍了。

面 条 话 古

面条是我国人民所喜爱的食物。不过,古代的面条却称为"汤饼"、"不托"、"博饦"等。

在《唐书·玄宗皇后王氏传》曾记有:"陛下独不念阿忠脱紫半臂易斗

面,为生日汤饼耶?"生日之时,吃碗寿面,即使在今天也十分流行。另据欧阳修《归田录》,唐人又把面条称为"不托",程大昌《演繁露》解释说:"占之汤饼皆手抟而擘置汤中,后世改用刀儿,乃名不托,言不以掌托也。"可见,汤饼在未用刀加工成条状前,有如今之面片。

宋时,民间又把汤饼呼为"博饪",但见诸文字时仍多用唐人"汤饼"之称。如陆游《老学庵笔记》有所谓"东坡食汤饼"的故事。原来古人大凡在孩子出生的第三天,请亲朋故旧吃面条,意在庆贺,名曰"汤饼宴"。

饺子小考

我国人民吃饺子,历史悠久。在它成为玉润玲珑、弯如弦月的佳肴之前,类似饺子的面食称做馄饨。我国汉代食用馄饨非常普遍。扬雄在《方言》中记载:"饼谓之饨……或谓之馄。"其来历据《资暇录》的解释,是"以其混沌之形"。

关于饺子的记载,最早见于北周颜之推的文集。他说:"今之馄饨,形如偃月,天下通食也。"这种用屑米面做成的偃月形馄饨,原称做粉角。北方人读"角"作"矫"于是,饺子的名字诞生了(饺子之名另一说见本书"春节为何吃饺子"条)。

饺子的诞生并不意味着馄饨的消亡,它依然为人们广泛食用的佳品,花色、名目更丰富。广东"云吞"、四川"抄手"等都深具地方特点。元代吴县陆友在《砚北杂志》里还记载一种江苏风味的大馄饨,"每枚用肉四两",名称"满樺江"。

饺子和馄饨尽管形状不一,做法不同但味相同。东周时期成书的《礼记》说:"稻米二,肉一,合以为饵,煎之。"所以,有考据家认为饺子的历史已有两千六百多年。

除文字记载,还可以看到一千三百多年前完整的唐代饺子,出土于新疆吐鲁番县阿斯塔那的唐墓。

古代制糖

我国最早的糖,除蜜糖外,主要是麦芽糖。一般说来,植物种子在发芽过程中会产生糖化酵素,这种糖化酵素会把淀粉水解成麦芽糖。

我国制造麦芽糖的历史悠久。《诗经》中已有这方面的记载。至汉代,民间熬制麦芽糖已经相当普遍。北魏贾思勰《齐民要术》里,详细记载了制"白饧"、"黑饧"、"琥珀饧"、"作饴"等五种方法,从发芽、浸米、蒸米、糖化、过滤、煮伯、搅拌、加工等程序看,与现在制饴基本相同。明朝宋应星《天工开物》,在讲制饴时提到"一窝丝"。"一窝丝"至今还是有名的饴加工食品。

我国用甘蔗制糖的历史也很久。在汉代以前,蔗还不是作为糖的主要品种独立存在,而是被看作饧的一类。南北朝时,蔗糖的制造技术比较成熟,已能制出结晶蔗糖了。

唐代,中国在原有制糖技术的基础上,吸收了印度的先进技术,从而使蔗糖制造进入了一个新阶段。据《唐会要》记载,白糖生产是从唐代开始的。明代宋应星《天工开物》有手工制糖的详细记载,这种手工制糖的方法,一直沿用到新中国成立前。

用甜菜制糖,18世纪始于欧洲。清末,我国东北地区开始用甜菜制糖。

冰糖葫芦的起源

南宋绍熙年间(1190～1194年),光宗皇帝的爱妃黄贵妃患病,不思饮食,面黄肌瘦,名医束手,御药无效。于是张榜各地招医,一江湖郎中应招进宫,诊断之后说,只要用山楂球与红糖一起煎熬,每次饭前吃5～10枚,半月后病即可除。黄贵妃如法服用之后,果然食欲恢复。此后这种酸脆香甜的山楂传入民间,便成了今天流行的冰糖葫芦。

按《本草纲目》所载,山楂性寒,有化滞、行淤、健胃的功能,因此它能成为我国民间百姓喜爱的食品与药物,也就不足为奇了。

武昌鱼的来历

武昌鱼产地在今鄂州。鄂州古称武昌。据其县志记载:溯江而上,"县西北五里有樊口",著名的武昌鱼就产在这里。它的学名叫鲂,湖北俗称鳊鱼,其特点是"以鳞白,腹内无黑膜者真"。

武昌鱼之得名,据说是三国时,吴主孙皓从建业迁都武昌,老百姓怨声载道。有人引当时的童谣"宁饮建业水，不食武昌鱼"，上疏谏阻。于是武昌鱼始有其名，在此以前则叫"缩项鳊"，或叫"团头鲂"。苏东坡诗"长江绕郭知鱼美"，指的也是樊口鳊鱼。可见，武昌鱼在三国时就享有盛名。到宋朝，更是名闻天下。

烧鸡小考

无论在我国北方还是南方，现在常有一种皮皱、吃时肉酥骨离的鸡，即烧鸡。

烧鸡的名目较多，如"上海烧鸡"、"符离集烧鸡"等。但是烧鸡的发源地却在中州之地的新乡、安阳附近的道口镇。

"道口烧鸡"已有200余年的历史，其特点是表皮呈浅色，稍带黄色底子，干净漂亮，咸中带甜，味道鲜美持久，骨头一触即脱。很多烧鸡、扒鸡的制法，都是效法它而来的。

皮蛋的起源

皮蛋（变蛋）是人们爱吃的营养丰富的食品，它的发明应从包泥法盐鸭蛋说起。

公元1330年，鲁明善在《农桑衣食撮要》中写道："盐鸭子（蛋）自冬至后清明前，每一百个用盐十两，灰三斤，米饮调成团、收于瓮内，可留至夏间食。"

公元1593年，邝廷瑞在《便民图纂》中记载："腌鸭卵不拘多少，洗净擦干，用灶灰（筛细）二分，盐一分拌匀，却将鸭卵于浓米饮中蘸，径人灰盐滚过收贮。"

富有创造性的人们在这些泥腌鸭卵的配方中不断地加以探索，加进了石灰，发明制造皮蛋的方法。到了明末，在一些笔记中开始有所记载，公元1633年，戴羲在《养余月令》中写道："牛皮鸭子每百个用盐十两，栗炭灰五升，石灰一升，如常法腌之人坛。三日一翻，共三翻。封藏一月即成。"这是现在所见关于皮蛋的最早记载。皮蛋的发明应比这记载的年代早得多。至清初蒲松龄在他的《日用杂志》中出现了"高邮皮蛋"字样（高邮是江苏省的一个县），皮蛋在这时已成为闻名全国的食品了。

豆腐的制作

　　豆腐的制作技术是由我国发明的。据《本草纲目》记载："豆腐之法，始于淮南王刘安。"刘安是汉高祖刘邦的孙子，他为求长生不老之药，在安徽八公山下召集术士门客，燃起炉火，试图用黄豆研浆和盐卤同炼"仙丹"。哪料到"仙丹"未炼成，却炼出了鲜嫩可口的豆腐。这种偶然的发现，使豆腐成了宫廷、民间喜爱的食品。距今已流传两千余年。

　　关于豆腐的制作技术，早在北宋时就有文字记载。到了元代，又为豆腐的制法增添了新的内容。过去是依靠煮沸豆浆得到"自淀"后生成的豆腐，后来制作豆腐则是向豆浆中加入一定量凝固剂（如盐卤汁、山矾汁、石膏、酸醋等），使溶胶状态的豆浆在短时间内改变胶体性质，变成凝冻状态的凝胶，把凝胶中的水挤压出去，豆腐便制成了。

古代的五味

　　我国最早烹任用味有酸咸二味，酸取于梅子，咸取之于盐。《尚书·说命》："若作和羹，尔惟盐梅。"梅子含果酸，可以清除鱼肉中的臭、腥、膻等异味，又可以软化肉中的纤维组织，帮助消化，是最早的调味品。后来又发明了人造酸味调料醯，也被列为五味之一。北方调苦味来之于酒，南方调苦味的是"豉"。酒加在鱼、肉之中有除腥增鲜的作用，如今天烹调用的略带苦味的料酒相同。辣味，《周札·郑注》指的是姜、葱、蒜、蓼、芥等含有辛辣之味的蔬菜也被用做调味品。南方辣味来源还有花椒。甜味，来源于饴、蜜，饴即麦芽糖，蜜为蜂蜜。辛（辣）、酸、咸、苦、甘五味，在先秦时，就已被我们的祖先全部认识了。

井盐的制作

　　食盐，有海盐、井盐、池盐、岩盐之分。井盐是取自地层中的盐。据《华阳国志·蜀志》记载，秦始皇时，四川临邛县（今邛崃县）就有盐井。这里的井火，即天然气的火，二水即卤水。这里的井，是指盐井，即产盐的井。从盐中汲取盐汁，经蒸浓即得粗盐结晶。盐井有黑盐井、白盐井、自流井等名称。

可见最迟在两千二百多年以前，我国劳动人民已经能利用天然气煮取井盐了。在四川成都出土的汉代"井盐画像砖"上，也有利用天然气煮取井盐的场面，在宋代的《天工开物》中，还有蜀省井盐图。盐是地壳的主要构成部分。许多盐在工农业及国防工业上有着广泛的用途，如氯化钠、硝酸钾等。

酱 的 制 作

制酱，是利用谷物中微生物产生的蛋白酶把豆类、肉类等食品中含有的大量蛋白质分解成氨基酸等水解产物。据《周礼》记载的"膳夫掌王之食……酱用百有二十瓮"一语，可知酱大致是在 2500 年前就已出现了。后来传到国外。日本木下浅吉所著《实用酱油酿制法》中说："天平胜宝六年（755 年），唐僧鉴真来朝，传来味噌制法。"味噌就是酱。

吃醋的历史

醋乃"开门七件事"之一，其历史也可谓悠久。《尚书·说命》记载殷王武丁请傅说担任自己的宰相时道："若作酒醴，尔惟曲糵；若作和羹，尔惟盐梅。"大约这时尚无人工制醋，若需酸者，尚以梅类代替。汉代应劭《风俗通义》说："古太平，羹荚生阶，其味酸，王者取之以调味，后以醯代之。"这个醯，即醋，《说文解字》："醯，酢也。"《酉阳杂俎》："酢，醋也。"唐代成玄英《庄子疏》云："食醯，酢瓮中蠛蠓，亦为醯鸡也。"这儿的"酢"亦即醋。春秋战国以后，酿醋得到普遍发展。

东汉崔宫《四民月令》云："四月立夏后……可作酢。"又"五月五日……亦可作酢"。不仅酿醋普遍，其制作技术也不断得到总结、提高。南北朝时贾思勰在《齐民要术》中就记载了 22 种制醋法。历代也出现了载誉天下的名醋。如《记事珠》云："唐世风俗贵重桃花醋。"《元化掖庭汜》言："元时醋有杏花酸、脆枣酸、润肠酸、苦苏浆。"

醋不仅可做调料,还有医学功能和洗涤效用。

我国人喜欢用醋,甚至创造了"吃醋"这一特殊的语词。"吃醋"被喻为在男女关系上产生的嫉妒情感。

火锅溯源

我国人民吃火锅的历史,可以追溯到唐代。那时的火锅又称暖锅,一种是铜制的,一种是陶制的,都用来涮羊、猪、鸡等肉食。到了元代,火锅流传于蒙古族,用来煮牛肉和羊肉。到了清代,火锅开始成为皇宫御膳的佳肴之首。据史料记载,嘉庆皇帝继位时,清官曾摆设过火锅宴,共用了1650多个火锅,成为历史上最盛大的火锅宴。此外,民间火锅大为流行。在羊肉火锅之后,相继出现了白肉火锅、什锦火锅、菊花火锅、广东火锅、宜兴火锅和日本火锅等多种不同风味的火锅。

火锅以紫铜火锅为最好。火锅的主料是羊、牛、猪、鸡肉类和海参、大虾、海米、冰蟹、蛎黄等海味。火锅用肉以瘦肉为主,精选后的肉块经过冷冻后切成(或用刨子刮成)像纸一样的薄片,故称片肉。

吃火锅还讲究调味,主要调料有酱油、芝麻油、卤虾油、香油、韭菜花、腐乳、辣椒油、料酒、醋等9种,另外还可加上香菜末、葱丝、糖蒜等。把各种调料分别装在小碗里,个人任选自配。

锅子汤可用煮好的口蘑汤、鸡汤或肉汤,里面放些作料,如酸菜丝、粉丝、菠菜、冻豆腐、黄花菜等,可根据火候随时添入汤内。

吃法是,先把火锅内添满汤,然后把木炭放入火膛,待汤滚开后,再放入肉片。时间长短自己掌握,以不老为好,调料可根据个人口味选择,用片肉蘸食。

皇帝菜的由来

"皇帝菜",又名曰"蟠龙菜",在《中国菜谱》里名叫"蟠龙卷切",是湖北菜系里有名的佳肴。这道"蟠龙菜"据说与端午节有关。

明朝嘉靖皇帝朱厚熜继位时,文武百官争相祝贺,嘉靖帝的老师也前来朝贺,皇帝念往日教读之情,临别时对老师说:"承蒙尊师指点,明日欲到府中与尊师叙旧,不知可否?"老师一听,受宠若惊,当即应允,但心里又喜又急。喜的是自己的学生做了皇帝,还没有忘记自己;急的是怕招待不好,皇帝不高兴。

第二天,时逢端午节,老师请来了承天府有名的厨师,商议这桌宴席的做法。他想,对于皇帝,山珍海味并不稀奇,得做点什么东西呢?厨师们也搜索枯肠,急得没有办法。

这时,城外龙舟竞渡,击鼓夺标,热闹异常。一位姓詹的厨师,见景生情,开言道:"今日皇帝登基,如同蟠龙升天,做道蟠龙菜吧,让他吃肉不见肉,定能满意。"皇帝老师心上的一块石头这才放下来。据《钟祥县志》记载,蟠龙菜"取猪肉之精者,和板油与鱼剁成肉泥,和以绿豆粉、鸡蛋清,后用鸡蛋皮裹之,皮间附以银朱,蒸熟后切成薄片,盘于碗中,红黄相间,宛然龙形"。嘉靖皇帝吃后,赞不绝口,从此"蟠龙菜"就传开了。蟠龙菜一直被视为皇菜,广为流传,誉为佳肴之冠。直至现在,钟祥人民结婚喜宴要有龙;请客吃饭要见龙;亲人团圆要做龙;逢年过节要吃龙……有"无龙不成席"之说。

如今的"蟠龙菜"已由过去的蒸制法,发展到炸、烩、溜、滑、炒等多种烹制方法,在色、味、香、形上也比过去讲究得多。

天下第一菜

苏州的名菜佳肴多得很,可是"锅巴汤"为什么被冠以"天下第一菜"的美名呢?

据说有一年,清朝的巡抚宋牧仕,游览苏州城西南的邓尉山,被山上的景色所迷,特别是那山前山后的梅树,花开时节,繁花似雪,暗香浮动,微风过处,香飘数里。于是,在邓尉山的崖壁上,巡抚题了三个大字"香雪海。"此事传到康熙皇帝耳中,他顿时游兴大发。这年一开春,康熙帝即来到苏州。他卸去龙袍,换上微服,带了几个随从直奔邓尉山。康熙帝是个贪玩之人,一会儿的工夫就消失在梅花盛开的世界之中,把随从抛得远远的了。

时近中午,康熙帝这才感到饥肠辘辘。可是,他东转西钻仍是出不了梅林。这时,已饥渴难忍的康熙帝朝一个方向拼命走去。终于看见远处有一个小村落。走进小村庄,他遇见一个中年农妇,便迫不及待地问道:"妇人,可有东西充饥?"

农妇见来人饥渴难忍之状,就将他领进屋内替他找吃的。可是,午饭后已是饭光菜尽了。农妇想了想,便摘下一只饭篮,取出几块黑乎乎的锅巴,锅内放一些油,待油沸,就将锅巴往锅里一扔。只听"嚓啦"一声响后,妇人随手将一些剩菜汤倒入。转眼间,农妇已将锅中之物盛给来人吃了。

谁料,饥不择食的康熙帝吃后竟赞赏不已,一时兴发,便将此菜题名为"天下第一菜"。于是,很不起眼的锅巴汤就这样被称作"天下第一菜"而扬名天下了。

佳肴美味出民间

烹饪作为一种艺术,它的根也在民间。若想创制新的馔肴,采集民间炉灶的烹饪佳作,就是取得成功的路子。古今皆有这样的例子。

大诗人苏轼命名的"玉糁羹",就是他的儿子苏过用家中的炉灶创制的。东坡当时被贬到了广东边远地区,常食的蔬菜便是芋母、芋艿,都食厌了。苏过很孝顺,想出了烹饪山芋的新方,因此,苏轼在《玉糁羹》中赞"过子忽出新意,以山芋作玉糁羹,色香味皆奇绝"。陆游在自己的家庭炉灶中创制"甜羹",他的做法是:"以秋菜、山药、芋、莱菔杂为之,不施醯酱,山庖珍烹也。"这段话,见于他的《山居食每不肉戏作》诗序。见于当时笔记及书信中的还有煸苋菜、糟落苏、野菜馄饨、炙田鸡、炒荸荠、秧芽饼、碎米饼、糟鱼等,民间菜肴名目繁多。腌菜、酱菜、渍菜、泡菜之类,当时的制作水平已相当高。

由于从事烹饪的厨师不断从民间汲取营养,一些馔肴才进入了市肆餐馆。上海的猪油炒饭、扬州的蛋炒饭、四川的回锅肉、广东的炒田螺、陕西的枣肉末糊、湖北的烧三合(鱼圆、肉圆、肉糕),湖南的蒸钵炉子、福建的糟煎笋、山西的猫耳朵、河南的烙饼等,都是源于民间。

山珍海味有哪些

山珍海味分上、中、下八珍。上八珍:猩唇、驼峰、猴头、熊掌、燕窝、凫脯、鹿筋、黄唇胶。中八珍:鱼翅、银耳、果子狸、鲥鱼、广肚、哈什蚂、鱼唇等。下八珍：海参、龙须菜、大口蘑、川竹笋、赤鳞鱼、干贝、蛎黄、乌鱼蛋。除此之外，如鱼皮、飞龙鸟等也属名贵的山珍海味。

我国的八大菜系

在光辉灿烂的中华民族文化遗产中，烹调技术是一颗闪烁的明星，在国际上享有盛誉。几千年来，在对烹调技术研究的基础上，逐渐形成了各具特色的八大菜系。

山东菜黄河、黄海为它准备了丰富的原料，使它成为北方菜的代表。它分济南、胶东两派，以清香、鲜嫩、味纯见长，名菜有油爆大蛤、红烧海螺、荷花大虾等。

四川菜天府之国是其雄厚的物质基础。它具有成都、重庆两种特色，又有"一菜一格，百菜百味"的佳话，尤以麻、辣为独特之点，如宫保鸡丁、麻婆豆腐、怪味鸡、回锅肉等。

江苏菜它以纵横的河流、星罗棋布的湖泊为原料来源，创造了银菜鸡丝、清蒸鲥鱼、清炖蟹粉狮子头、百花酒焖肉等名菜；注重原汁原汤，浓淡适口，甜咸适中，其中又分成扬州、苏州、南京三大派别。

浙江菜包括杭州、宁波、绍兴三个支系，其中杭州菜中的西湖醋鱼、龙井虾仁、牡蛎羹、海瓜子等，鲜脆软滑、香酥绵糯、清爽不腻。

安徽菜有山珍海味齐全的皖中、皖南做后盾，有葫芦鸭子、符离集烧鸡、沙地马蹄鳖、雪天牛尾狸等历史名菜。菜肴重油、重色、重火功。

湖南菜由湘江、洞庭湖、湘西山区三种地方菜组成，以长沙菜为代表，口味重酸辣、香鲜、软嫩。名菜有腊味合蒸，红煨鱼翅、冰糖湘莲等。

福建菜起于闽侯，由福州、泉州、厦门等地方菜荟萃而成，以海味为主要原料，长于炒溜煎煨，注重甜酸咸香。

广东菜包括广州、潮州、东江三派，以海味为主，兼取猪羊鸡鸭蛇猴猫，如烤乳猪、脆皮鸡、冬瓜盅、古老肉、竹丝烩王蛇等，清淡、生脆、爽口，得到"吃在广州"的赞誉。

除八大菜系之外，京、沪、豫、鄂……皆负盛名，清真菜、素菜等也风味诱人。还有十大菜系之说（即八大菜系再加京菜、鄂菜）。据统计，我国各式名菜不下万种，制法四十多种，色、香、味、形不断创新，风格各异。

主要旅游城市风味饮食

北京:烤鸭、涮羊肉、仿膳宫廷菜、谭家菜、炒肝、烧麦、小窝头、萨其马、打卤面

上海:五香豆、鸡血汤包、三黄鸡

天津:狗不理包子、十八街麻花、锅巴菜、煎饼馃子

太原:八珍饼干、八珍汤、刀削面

西安:牛羊肉、泡馍、炸酱面、泡泡油糕、甑糕、秦镇皮子、樊记腊汁肉、葫芦头

兰州:白兰瓜、清汤牛肉面(拉面)、高三酱肉、热冬果、泡儿油糕、千层牛肉饼、臊子面、空米果、八宝蜜食

乌鲁木齐:烤羊肉串、葡萄、哈密瓜、烤全羊、抓饭、百鸟朝凤

南京:板鸭、虎皮三鲜

杭州:幸福双、猫耳朵、葱包桧儿、虾爆鳝面、西施舌

宁波:汤团

扬州:五丁包子、春卷、黄桥烧饼

苏州:春卷、鸡血汤、酱鸡、"陆稿荐"酱肉、酱汁肉、樱桃肉、松鼠桂鱼、糕团

无锡:肉骨头、无锡第一菜

镇江:水晶肴蹄、蟹黄汤包

九江:桂花酥糖、九江桂花茶饼

武汉:老通城豆皮、热干面、凉面、四季美汤包、瓦罐鸡汤

长沙:火宫殿狗肉、油炸臭豆腐、椒盐馓子、姊妹团子

广州:狗肉煲、烤鹅、沙河粉

南宁:肉棕、粉饺、瓦煲饭、田螺

桂林:马肉末粉、鸳鸯马蹄、南乳地羊(狗肉)、尼姑面、腐乳、辣酱油、珍酱脆皮猪(烤乳猪)

成都:夫妻肺片、担担面、陈麻婆豆腐

台湾:台南市度小月担子面、鼎边越、"棺材板"、基隆甜不辣

你应该具备的

酿酒的历史

关于酒的来源，一说始于夏初大禹时代的仪狄，有 4000 年历史。一说始于周朝的杜康，也有 3000 年历史了。

朱翼中的《酒经》说，上古造酒，用桑叶包饭的发酵方法制作。那是在夏朝即将建立时，仪狄用此方法造酒献给了大禹。仪狄系政府官员，他造酒是为了献给大禹，邀功请赏。大禹喝了酒，感到味道甘美，就说："后世必有以酒亡其国者。"于是下令，断绝造酒。仪狄的谄媚并没有得到封赏。他的发明也只能在小范围里暗中流传。

据《说文解字·巾部》记载："古者少康初作箕帚、秫酒。少康，杜康也。"秫，一称黏小米，实为黏高粱。

传说杜康生于周朝，不做官，是个牧羊人。一天，他把小米粥装进筒里，带去牧羊。竹筒放在一棵树下，离开时忘记带走。过了半个月，他赶着羊回来，又在那棵树下找到了他的遗物。打开一看，竹筒里的小米粥已经发酵，变成酒了。村里人喝了，都夸奖这东西好喝。无意中的发明，使他成为地方名人。于是，他不再牧羊，改行酿酒，办起杜康酒店来了。

这传说不知是否真实可信，但酒在周朝已有酿制乃为不争的事实。周政府设有专门管理酿酒的官员"酒正"，《周礼》还记载了酿酒须注意的六个问题。可见当时酿酒技术已相当完备。

我国考古工作者于 1987 年底在殷墟中发现的酿酒作坊遗址，遗址中发现了密封完整的商代古酒，证明在三千多年前的殷商时代，我国已有很发达的酿酒业。

用谷物酿酒，需经过糖化和酒精发酵两个主要过程。我国早就采用制曲酿酒。酒曲中含有大量混杂生长着的霉菌和酵母。分别起着糖化和酒精发酵的作用。用这种曲酿酒，可使糖化和酒精发酵连续交叉进行。这叫复式发酵法。19 世纪末，欧洲人研究了我国酒曲后，才知道我国这种独特的方法，称它为"淀粉发酵法"。

自古以来，文人学士多爱饮酒，因而给酒起了许多雅名，像"金浆"、"玉醴"、"碗液"、"琼苏"等。南北朝时期的"乾和酒"是当时的名酒。唐宋两代的酿酒业很盛，常以"春"字为酒名。宋明以来，宫中御用的"曲沃酒"、潞州的"珍珠红"、岭南的"琼琯酧",都是名盛当世的美酒。到清代,江南各地所酿的黄酒风行全国。其中,以绍兴鉴湖酒为正宗。

酒从西汉开始由政府专营。史载:"元始五年(公元5年)官卖酒,每升四钱,酒价始此。"这是汉代的酒价。

古人常用大碗喝酒,能够"一饮而尽"。为何古人的酒量那么大?原来,古代制酒只能用酵母菌自然发酵,酒的度数很低。

绍兴老酒的起源

绍兴老酒是中国名酒之一。它的起源很早,在《水经注》上就有这样一段话:"越王之栖于会稽也,有酒投江,民饮其流,而战气百倍。"康熙二十二年抄本的《会稽县志》上也有记载:"箪醪河在县南……勾践师行之日,有献箪醪者,投之上流,与士卒共饮,战气百倍。今河中有泉,虽旱未尝涸。""醪"就是酒。由此,可以推测,绍兴酿酒远在两千多年前的战国时代就已出现了,而且酒的度数很高。

到了公元6世纪的梁代,绍兴酒就已行销到很远的地方。当时银瓶装的山阴甜酒,就非常出名。梁元帝著的《金楼子》里有一段记载,说他自己小时候读书,就有银瓯一枚,贮山阴甜酒,放在身旁,一边读书,一边饮酒。唐代,越酒和蓬莱酒都载入《酒经》。历代以来,绍兴香雪酒是重要的"贡品"。1910年沈永和、谦豫萃墨记酿坊所出的"金牌"绍兴善酿酒,还曾分别获得南洋劝业会奖给的奖状、特奖金牌各一。

葡萄美酒产自何时

葡萄酒自古以来即已驰名,因此唐诗中有"葡萄美酒夜光杯"的佳句。

据考证,葡萄酒起源于五千多年前的亚洲古国巴比伦和亚述。中国酿造葡萄酒则在汉武帝时张骞从西域带回葡萄之后。但在较长的时期里,葡萄酒都是被视为"珍异之物"。直到南北朝,葡萄仍为难得之物,有人向北齐皇帝献一盘葡萄,居然得到一百匹绢的重赏。

唐太宗是一个葡萄酒爱好者。他破高昌(今吐鲁番)后,得到了葡萄的新品种马乳葡萄和用葡萄酿酒的技术，便自己动手酿酒。唐代酿葡萄酒风气甚盛。白居易、李白、王维等著名诗人都有吟咏。

宋元之际，葡萄酒逐渐大众化。元代，葡萄酒已是一种重要商品。马可·波罗的《东方见闻录》里，就谈到了当时开封售卖葡萄酒的情形。李时珍的《本草纲目》对葡萄酒作了最详细的记载。其中说道："北人多肥健耐寒，盖食斯(指葡萄)乎?"这样看来，明代葡萄酒的酿造已相当普遍了。

茅台酒的来历

名甲天下、誉满全球的茅台酒，是以其产地茅台村命名的。茅台村现为茅台镇，位于贵州省仁怀县西北近三十华里的赤水河畔。三四百年前，这里还是一个小小的渔村，因为到处长满莽莽苍苍的茅草，人们就叫它茅草村，简称茅村。乾隆十年(1745年)，清政府组织开修河道，舟楫畅通茅村，茅村成为川盐入黔水陆交接的要冲，商业发达，酿酒兴旺，日趋繁盛，一度成为拥有六条大街的集镇。茅草也随之消灭，只有寒婆岭下的一个土台上，尚长着茅草，于是人们又改称茅村为茅台村。从清朝末年起，因茅台酒声名大振，人口大增，遂改茅台村为茅台镇，一直沿用至今。

饮 茶 溯 古

我国是世界上种茶、制茶和饮茶最早的国家。茶最初被当做一种药材，也不叫茶，而被称为"苦荼(tú 徒)"。在长期的医药实践中，人们认识到了茶不仅可以治病，而且还可以清热解渴，又富于清香味道，是一种很好的饮料。于是，人们开始大量种植、采制，逐渐养成了饮茶的习惯。"茶"字也随之出现，并成为它的专用名称。

茶从药用过渡为一种饮料，当在西汉时期。三国时期，至少在江南一带，饮茶的习惯就已形成。魏晋南北朝时，饮茶之风在统治阶级中已成为一种嗜好。茶被用作招待客人，进行社会活动的一种媒介了。有关茶的一些文学作品，此时也随之兴起，如晋·杜育写的《香茗赋》。

唐朝时，饮茶的风气更为普遍。当时的一些城市里，已经有了专门卖茶的茶馆，一些贵族家中设有专门的茶库，反映出唐代茶的消耗量增加，茶的生产和贸易发达。唐贞元九年(793 年),政府开始征收茶税。茶之有税,从此开始。此时还出现像陆羽《茶经》这样的专著。这是我国茶史上的重要著作,也是世界上第一部茶书。陆羽自宋代起,就被人们称为"茶圣"。

宋代名茶品种有数十种,反映制茶技术有显著进步。元、明、清诸朝,人们饮茶已成为司空见惯的事,并在日常生活中占据重要地位。

唐以前饮茶的方法,是先将茶叶碾成细末,加上油膏、米粉等,制成茶团或茶饼,饮时捣碎,放上调料煎煮。这种方法很麻烦,且损害了茶叶的清香。元代开始,饮茶方法有了革新,直接用焙干的茶叶煎煮,不加调料,并出现了泡茶,饮用起来很方便。唐代茶首先传到日本。16 世纪初我国茶叶输入欧洲。

中国茶道:功夫茶

当今世界,茶叶产量最丰者为我国;饮茶之风最甚者是我国。而且茶叶的原产地也在我国。我国茶移植国外,日本算第一家。我国的茶饮始于殷周,兴于汉唐,盛于宋代。迄今为止,自有其成为茶道的历史背景。茶艺是中国民俗的精英,更是我中华民族的灿烂文化的根,自古秉承了继往开来的优良传统。所以今天的茶艺,已从怡情养性的雏形,渐推广为大众化的品饮习俗。既有此悠久的饮茶历史,又有这等雄厚而普及的饮茶基础,中国茶道因而自古就有清淳独到的艺术造诣。现今仍流传我国的广东潮汕、闽南及东南亚一带的"功夫茶"品尝技艺,便是自古流传的中国茶道之一种。

功夫茶系采用功夫泡法泡出的茶叶, 有人亦称之为宜兴式品茗法。其制作过程自有严格工整的一套方法步骤,但与日本茶道繁缛复杂用于表演仪式的种种清规戒律迥然不同。那么,中国功夫茶操作规程有哪些呢?

客主坐定,通常以三四人为宜。一、主人取来上好的茶叶,主动介绍该品种的特点、风味,依次传递欣赏嗅品一番。二、未放置茶叶之前,先将开水冲入空壶,谓之"温壶",温壶的水倒进茶船——即茶盘,一种紫砂浅盆。三、装茶。应备有茶匙、漏斗,不宜用手抓茶置放,以免手气、杂味混入,通

你应该具备的

常将茶叶装至茶壶的 2/3,甚至满溢,数量之多令人咋舌。四、润茶。沸水冲入壶中,至满,使竹筷刮去壶面茶沫,当即倾于茶船或茶海——一种较大的茶杯。五、冲泡。再冲入开水,但不要沸滚的,这便是第一泡茶。六、浇壶。盖上茶盖浇之开水,使壶内壶外温度一致。七、洗杯。利用计时,等候茶水泡好的当儿,用刚才温壶及润茶的茶水,就在茶船中清洗茶杯,——这是一种比酒盅略小的小茶盅(便是茶壶本身也不过一个拳头大小)。八、运壶。在泡好第一泡茶时,提壶沿茶船边沿运行数周,俗称"游山玩水",为的是不让壶底水滴入茶杯串味。九、倒茶。将温洗好的小茶盅一字排开,依次来回浇注,又称"巡河",或将壶中茶水先倒入茶海再注入杯中,切忌倒茶时一杯倒满再倒第二杯,免得浓淡不均,这是一般饮者容易犯的错误。十、敬茶。尊老敬幼,互谦让,这是中国人的传统美德,尤以敬第一杯茶最为重要,受之者必在座"首席"。十一、品茶,这是功夫茶全套步骤中最讲究的一环,从欣赏茶色、茶味、茶香,到嗅、啜并举,玩味再三,确如白居易诗云:"盛来有佳色、咽罢余芳香。"苏东坡也说:"从来佳茗似佳人。"可见个中之味,余味无穷,特别看见那些精于此道,须发皆白的老"茶迷",三个指头捏一枚田螺般大拇指大小的袖珍小茶盅,腾挪于鼻唇之间,或嗅或啜随心所欲,且双目微闭,如痴如醉,仿佛打坐定的道人,外界万物全然不觉,让人不能不惊讶品茗的神奇功效。

此外,泡功夫茶,茶壶讲究用宜兴的紫砂茶壶;茶杯最好是景德镇产的小瓷杯;水须山泉,最差的也要井水,自来水是万万不入流的。用火也有名堂,最好是用橄榄核烧火,次则蔗渣,最次是炭火,蜂窝煤乃大忌。诸位若有兴致,可以一试。

冷饮小史

盛夏暑热难禁时,屋子里放几块冰,口里含一块冰砖,该多么惬意啊!每当这时,人们往往会发生一个错觉,以为这是在现代才办得到的。其实远在三四千年前,我们的祖先已经能做到这一点了。《诗经·七月》说:"二之日凿冰冲冲,三之日纳于凌阴。"这句话翻译一下就是:"腊月里凿冰冲冲响,正月里来往冰窖里藏。"二之日、三之日指周历的二月、三月,相当于夏历的十二月和一月,此时正是三九寒天,人们在结了厚冰的河水里,凿下大冰块来，贮藏于冰窖里，到了夏天再拿出来用。历代皇宫中都在夏天放置冰块消暑，还吃冰块。

据清代《帝京岁时纪胜》和《燕京岁时记》记载，每年腊月，御河起冰，就开始贮藏，冰窖多建在护城河边，便于夏天运出。冬至三九冰冻得正坚实，于夜间凿之，声音好像打石之声，北京人称为打冰。三九以后，阳气已生，冰虽坚也不能用了。每年夏天，自暑伏日起到立秋日止，各衙门按例将冰赐予文武大臣，按官阶高低分赐，多寡不等。赐冰给文武大臣，始于明朝。藏冰需要大冰窖，一般老百姓是建不起的。所以在古代能在夏天吃到冰、用冰降温的，恐怕也只有王公贵族和富豪才办得到。

又据《周礼·天官》载有所谓"六清"的饮料，其中除了普通的水和各种酒之外，还有醋水、梅浆和用粥调配的"酏"。周代有一种铜鉴，既用作水缸，同时也作冰箱，冰镇各种饮料。唐杜甫诗云："青青高槐，采掇付中厨，经齿冷于雪，劝人投比珠。"描写的就是有名的"槐叶冷淘"。宋代则有"甘菊冷淘"，都是用米、面等先做成稀薄粥汤，再加入作为香料的槐、菊，用清凉井水降温而成。至于现在还广泛流行的酸梅汤、绿豆粥、莲子羹，历史也都很悠久。

有趣的宴席

药宴 成都市同仁堂药店，曾为一访华日本代表团摆出一席药宴。冷盘是丁香鸭子、陈皮鸡。正菜有强筋养血的参麦团鱼、杜仲腰花、双花元宝肉等，饮料则为人参枸杞酒、蜂蜜银花露。

饺子宴 去天津御膳楼饭庄，能够吃到一席宫廷饺子宴。席间不仅能吃到"百鸟朝凤"、"鸳鸯双栖"等名贵蒸饺，还能品尝那小如黄豆、形似草帽的珍珠饺子。按照宫廷菜谱，端到宴席上的饺子有40种之多。

粽子宴 在湘西溆浦，当地人在农历五月十五日盛行摆粽子宴。诸多粽子，形态各异，有形似枕头的腊肉"枕头粽"，牛角形"牛角粽"，还有塔形"宝塔粽"，圆溜的"狗脑粽"等等，使人大饱口福。

活鱼宴 去南京玄武湖公园餐厅，能吃到活鱼宴。在主菜"八鲜活鱼"盘中，烹调的香味在热气升腾中四溢扑鼻，鱼头居然鲜活如故，直至吃掉鱼背后，历时20分钟，还能看到鱼唇开合，令人叫绝。

荔枝宴　去广东东莞，可以品尝到常平酒家独特的荔枝宴。每个菜都用当地特产荔枝烹调，如"佳果烘乳猪"、"荔荷煨大鸭"、"荔圆鱼云羹"、"七彩西瓜盅"，等等。

　　福寿螺宴　上海一家展览馆曾摆过一席福寿螺宴。十四道以螺肉为基本原料的菜肴相继端上餐桌。爆、炒、烹、炸，滋味多样，七彩纷呈。螺肉人口爽脆，食者赞赏。

　　冰点席　沈阳有个冷食宫，在此处能吃到用整套冷食摆出的全桌宴席。在餐桌上能吃到各种冰棍、冰点心以及各种冰镇蜜钱。

清朝千叟宴

　　"千叟宴"是我国清朝康熙、乾隆年间大型的尊老及敬老活动。

　　康熙六十一年(1722 年)正月初二，康熙皇帝在乾清宫盛宴满、蒙、汉文武大臣及致仕退黜人员，年龄 65 岁以上的老人 680 人。初五，又宴请汉文武大臣中年龄 65 岁以上的老人 340 人。两次宴会共宴请了 1000 多位老人。宴席上，康熙皇帝和老人们飞觞饮宴；皇子、皇孙侍立观礼，给老人们斟酒。为了纪念这一盛会，康熙皇帝即兴赋诗，并命大臣们也"赋诗记事"，名曰"千叟宴诗"。这就是"千叟宴"的来历。

　　乾隆五十年(1785 年)，适逢清朝庆典，乾隆皇帝又在乾清宫举行一次"千叟宴"，出席宴会的老人达 3000 人。嘉庆元年正月，在为庆祝"授受大典"而举行的"千叟宴"上，乾隆、嘉庆两位皇帝亲自给 90 岁以上的寿星斟酒，并赏给 106 岁的熊国沛和 100 岁的邱成龙六品顶戴，90 岁以上的老人赏七品顶戴。

北京猿人的厨房

　　北京郊区周口店是北京猿人的故乡，在周口店鸽子堂西侧第三层，有一块巨大的石灰岩块，长 12 米，厚 5 米，横跨在南北两个洞壁之间。在这块巨石上，有两大堆灰烬，其中有烧骨和烧石，还有碎骨片。

　　据考证，这便是所发现的人类第一所用火熟食的天然厨房。

　　这也是人类第一次能源革命的发祥地之一，这个古老的厨房距今大约有五六十万年。

古代用水及其文明

古人用水是很讲究的，还有很多讲卫生、讲文明的内容。从 3000 年前的一些古文字中，可以看出古人用水与文明的表现。如商代甲骨文洒字反写。商人领教尘土的危害，所以在打扫污垢之前，必先洒水，以免尘土飞扬。早晨醒来就要洗脸漱口，古今莫变。又如甲骨文"沫"字，好像一人蓬发垢面，跪在洗盆前洗涤。沫字本义就是洗面。

今人洗手，多用脸盆，但水是被污染的。咱们的祖先，可高明得多。您看甲骨文、钟鼎文"盥"即可一目了然。盥字像双手（臼）接水，下有盘（皿）形。这种洗手方法两手迎受的始终是净水，所以不会受二次污染。

古代不仅成人如此讲究卫生，就连刚落生的婴儿也不例外。再如甲骨文"孟"字，像子（婴儿）在盆中水洗的情景。后来在周代钟鼎文里，才变成"孟"的形状。

婴儿离开娘胎的第一件事，就是洗去身上沾着的羊水，所以后来的孟字有"始"的意思。

我们虽无法考证商代是否已有游泳运动，但甲骨文确有水字，像人侧卧于流水中，真像今日的"自由泳"，而且从甲骨文"汓"（音囚）字可以想象，人们可能到河塘湖泊里做"浮行水上"的活动。

在原始社会，人们也要洗脸洗发，梳妆打扮。因没有镜子，就用陶盆盛满清水，用水的反光照面，这就是甲骨文"监"（鉴）字的由来。此字似跪盆前，专心照看。

后来陶盆被铜盆代替，有的变成澡盆。所以甲骨文就像人站于盆中沐浴。《周礼》里记载"官人"之职，专管天下沐浴。

到了汉代，人们习惯于"五日一洗沐"。五日一沐，不仅有益于健康，而且还要用洗浴来净身修德，即《礼记》上说的"澡身而浴德"。

筷 子 趣 话

在世界各国的餐具中，中国的筷子独具风采，被誉为中华文明的精华。

　　远古时，人们吃饭是用手抓的，但在吃热的食物时，因烫手使用木棍来佐助。这样便不自觉地练出使用棍条夹取食物的本领。久之，从不自觉到自觉，练就了使用筷子的技术。大约到了原始社会末期，人们便用树枝、竹子或动物骨角制成筷子来使用。夏商有了经过琢磨的牙筷和玉筷问世，春秋战国，出现了庄重古朴的铜筷和铁筷，汉魏六朝，各种规格的漆筷也生产出来了。稍后，又有了精制名贵的银筷和金筷。近代，美观大方质料各异的筷子就很多了。而在各种筷子中，最珍贵的要数象牙筷、犀角筷、乌木镶金筷和各种玉筷。

　　古时官宦人家，为了炫耀门第高贵，迎宾盛宴常配以典雅的牙筷或金筷，借以"亮富"。《史记》上说"纣为象箸，而箕子唏"。《儒林外史》中的范进中举不久，丧母守孝，镶银筷子和象牙筷子均不用，而用白竹筷子，以示孝母。帝王之家常用银筷，目的在于鉴别食物是否有毒。过去民间嫁女，必有筷子为嫁妆之一，取"快生贵子"的意思。人死后，冥器中也少不了筷子，说是亡灵在阴间要用筷吃饭。张良用筷子作形象示意，为刘邦制定歼灭项羽的方略；韩凝礼用筷子预卜唐玄宗平定内战的胜败；刘备故失筷子，以在曹操面前表明自己属无能胆小之辈；唐玄宗曾将筷子赐给宰相宋璟，赞誉他的品格像筷子一样耿直；永福公主在自己的婚姻上不从父皇之命，以折筷表示决心已下，宁折不弯。自古以来，我国就有筷子诗、筷子谜语、筷子歌舞杂技，内蒙古的筷子舞，草原气息深浓。

　　筷子使用轻巧方便，早在一千多年前就传到朝鲜、日本、越南等国，明清以后传入马来西亚、新加坡、印度尼西亚及爪哇等地。别小看使用筷子这桩小事，在人类文明史上，也称得上是一个值得推崇的科学发明哩！有人曾做专门研究和测定，证明小小筷子使用起来居然可以牵动人体的三十多个关节和几十条肌肉。而这些关节和肌肉中的神经，又与脑神经相通。所以，用筷子会刺激神经系统，可以使人心灵手巧。

缝衣针史话

　　我国考古工作者在北京周口店旧石器时代晚期"山顶洞人"的遗址中，发现了一枚长 8.2 厘米的骨针。这枚针尾部挖有线孔，针锋锐利，这根骨针距今约一万八千年,是所发现的中国最早的针。到了青铜器时代,商代出现了铜针。长沙发掘西汉墓时,发现了一枚有鼻的钢针。到了铁器时代,铁针代替了钢针。唐宋时制针讲究热处理工艺,能造出纤细、精巧而锋利的针了。现代由于掌握了冷作拉丝技巧,针的生产速度快,且成本低。

剪刀今昔

剪刀,在我国古代,不仅作为工具使用,还把它作为馈赠的礼品。那时候的剪刀形状和现在不完全相同。到目前为止,在河南洛阳西汉墓中发现两千一百多年前最古的剪刀,它中间没有轴眼,没有支轴,就是将一根铁条的两端锤成刀状,然后将刀刃弯成"8"字形,支点在剪刀的最后部。从前这种剪刀又叫交刀。人们使用时是依靠熟铁的弹性,一按一张,有点儿像现在的镊子。

后来,剪刀的使用有很大发展。相传到了唐朝,太原剪刀极为有名。现在剪刀从形状到质量,已经有很大的变化和改进。但是,究竟什么时候改制成现在这个样子呢? 考古学家曾经在洛阳北宋熙宁五年的墓中挖掘一些历史文物,其中就有类似现在的剪刀。这说明,至少在一千多年前,我国剪刀的形状就有了变化,使用方法也不再是一按一张,而是在刀和把的中间,打了轴眼,装上支轴,将支点移在刀与把之间。这样,使用起来省力方便。

王麻子剪刀与夹钢刀

木匠用的钢斧,屠夫用的砍刀,裁缝用的裁剪,不宜用纯钢锻成,因为纯钢刀剪用起来"太刚"。俗话说:"好钢用在刀刃上。"把优质的钢加热锻合在普通的铁或低碳钢基体上,便是所谓"夹钢"。锻炼夹钢是我国的一种古老工艺,相传是王麻子创始的。

王麻子是清代顺治年间人,大号王犟,幼时在北京南城菜市口"长兴铁铺"当学徒,一次王犟和师傅打制出了一批合格的夹钢剪刀,师娘很高兴,便宰了只大公鸡庆祝,谁知王犟一失手,把剪刀掉进鸡血里,弄得自己满脸都是烫血泡。但是他把剪刀捞起来一看,剪刀蓝闪闪的,锋刃快极了。

此后,他们总结出一套"秘方":用夹钢打成剪刀后,用动物血淬火,便成为上好的剪刀。

王矟脸上脱皮后,成了麻子,他的剪刀却因此出名,被人们称之为"王麻子刀"。有诗赞道:

> 刀店传名本姓王,两迫更有万同汪。
>
> 诸公拭目分明认,虎颔三横看英慌。

我国夹钢工艺的产生,远比王麻子剪刀要早。考古工作者在江苏丹徒挖掘出土了一把铁刀。铁刀上錾刻有咸淳六年(即公元1270年,为南宋时期)制的字样。据验证,它是以熟铁做本体,用4%的碳钢锻接刃口部分,它的本体与刃钢部分结合得很好。可见我国夹钢工艺已有相当水平。

夹钢工艺打制的工具,锋利耐磨,坚韧兼备,不崩刃。节约原料,成本低,至今仍是制造家用铁器的一种重要工艺。

熨斗小史

熨衣服的熨斗,在我国汉代就已出现,后来流传愈来愈广泛。晋代的《杜预集》就记载:"药杵臼、澡盘、熨斗,……皆民间之急用也。"可见,熨斗已是那时的家庭用具。据《青铜器小辞典》介绍,汉魏时期的熨斗。用青铜铸成,外型呈圜腹、宽口沿,有长柄,有的熨斗上,还镂有"熨斗直衣"的铭文。

1913年,美国人理查德森把电能转换为热能,研制成功了电熨斗。1932年,出现了可以调温的电熨斗。1953年,喷雾蒸气式电熨斗问世。从此,人们用来熨烫衣物的用具,就越来越方便简捷了。

伞的发明

伞,人们非常熟悉。夏季,人们外出总要带着伞遮阳挡雨。但追溯其源,最早是我国发明的。但关于伞的起源说法不一。

一说远在五帝时代,我们的祖先就开始使用伞了。关于伞的发明,古籍中有这样的记载:"华盖,黄帝所作也。与蚩尤战于涿鹿之野,带有五色云声,金枝玉叶,止于帝上,有花萼之象,故因而作华盖也。"也就是说,伞是人们从花开时的倒扣状受到启示而制造出来的,不过当时称为"盖"。《史记·五帝本纪》也说道:"舜乃以雨笠自扞而下,去,得不死。"这也是雨伞在尧舜时代即已发明的佐证。

另一说,据传,春秋末年,我国著名木工师傅鲁班,常在野外作业,若遇雨雪,常被淋湿。鲁班妻子云氏想做一种能遮雨的东西,她把竹子劈成细条,在细条上蒙上兽皮,样子像"亭子",收拢如棍,张开如盖。实际上这也就是伞的雏形了。此说略有传奇色彩。

纸发明后,丝由纸代替,制成纸伞。宋时称绿油纸伞。以后历代均有改进。有纸伞、油伞、蝙式伞以及现代的尼龙收折伞等,琳琅满目,品种繁多。

我国的伞唐朝时传入日本,18世纪中叶传向西方。英国的第一把雨伞,是由中国传去的。约在公元1747年,有一个英国人到中国旅行,看见有人张着油纸伞在雨中行走,认为适用便利,就带了一把回英国。

扇子漫话

晋代崔豹《古今注》中说,"舜作五明扇","殷高宗有雉尾扇"。不过这种扇是长柄的,由侍者手执,为帝王障风蔽日之用。长柄扇逐渐发展为仪仗专用。

扇子的形状颇多,如圆、长圆、扁圆、团方、梅花、海棠、葵花形等;其扇面用料又可分绢扇、羽扇、罗扇、竹扇、纱扇、绫扇、纸扇等。

羽扇的前身或许是商周时使用的掌扇。汉成帝时,纨扇业已流行。

扇子的写字绘画之风,三国时就已开端,因之也就成了艺术佳品。著名的书法家、画家,如王羲之、苏东坡都有"题扇"和"画扇"的轶事留传于世,文学作品中也有不少的反映。

折扇在北宋已经流行。但是否为我国所创制,尚待考证。折扇出现后,很快得到普及、发展。制作方面,扇骨由原来的5根、7根、8根、10根增至10余根,加以原有的雕镂技术,刻上花纹,更具装饰性,如象牙扇、檀香扇。

折扇现今尚有传世品。明清之际,折扇上书写绘画之风盛于当时。明朝宣德皇帝朱瞻基的一把扇子,共15骨。扇骨长82厘米,扇面纵59.5厘米,横 152 厘米。两边的两根大骨上头稍小、方头,下骨稍大、圆底。扇子合起时,恰如一根被劈破为两半的竹竿,一边扣着一半。其露在外面的骨子,皆用湘妃竹皮包镶。扇的两面均为纸木设色人物画。一面画的为柳阴赏花,戴乌纱帽的是主人,手中捧一瓶花的仆人正向主人走去;另一面画的为松下读书图,也有一主一仆,并题有"宣德二年春日武英殿御笔"款,还有"武英殿宝"朱文方印(传于清时又有"乾隆御览之宝"朱文椭圆形印)。

明代传世的折扇,还有沈周(1427~1509 年)作画和吴宽(1435~1504 年)书写的推蓬式册页扇面。考古发掘的有江苏省江阴县明代剪纸竹骨折扇,其表面呈素色,在阳光下打开,会显现剪纸"梅鹊报春图"。

清代的扇子也很多,做工更讲究。

现在,杭州的檀香扇、苏州的绢扇、肇庆的牛骨扇、新会的葵扇等,在传统技法上有所发展,为我国扇中之佳品,饮誉海内外。

古代的冰箱

古代的埃及、希腊和罗马人,早已懂得冰的利用。在我国,用冰的历史更早,《周礼》就提到过"冰鉴",它用以盛冰、置食物于中,这就是最早的"冰箱"。而现代的电冰箱,是近百年才有的。《吴越春秋》上曾记载:"勾践之出游也,休息食宿于冰厨。"这"冰厨"是夏季供备饮食的处所,称之为"冷宫"亦未尝不可。在旅游途中设有"冷宫",可以想见,当时冷藏食物可能比较普遍。

明代黄省曾的《鱼经》写道:渔民常将一种鲥鱼(北方称"绘鱼"、"白鳞鱼",南方称"曹白鱼"、"鲞鱼")"以冰养之",运到远处,谓之"冰鲜"。这样看来,我国早已懂得利用冷藏来保存食物,防止食品腐败的技术。

蚊香小史

每逢盛夏,许多家庭都要用蚊香驱蚊。

蚊香是我国古代人民发明的。远在北宋,人们已开始用艾叶来驱蚊了。宋《埤雅》载:"蚊性恶烟,以艾叶薰之则溃。"《古今秘苑》还载有作蚊香的方子。

即用浮萍、樟脑、鳖甲、楝树等中草药做成饼,燃烧的烟即可驱蚊。

化学蚊香的出现,是20世纪初的事。实践证明,用含有滴滴涕等有机氯农药制成的蚊香,在一段时期内灭蚊虽有奇效,久之,则使蚊子产生抗药性,效率越来越低,且对人畜有毒害作用。现在我国一般都不用化学药物作蚊香原料,而改用除虫菊等中草药。

铜镜小史

现代人以玻璃为镜,而古人却"以铜为鉴,可正衣冠"。但是,远古是没有镜的,人们以清澈的水来显示自己的容颜。后来人们才以陶盆盛水照影。甲骨文、金文中已有"监",形如人临器皿俯视之状,即"人监于水"。《说文解字》有:"监,临下也。"

铜镜的铸造时间还是很早的。《黄帝内传》说:"帝既与西王母会于王屋,乃铸大镜十二面,随月用之。"《玄中记》云:"尹寿作镜,尧臣也。"这自然属于传说,迄今也无实物作凭。不过,商时有镜却是可以肯定的。1976年河南安阳殷墟五号墓内发现了五面镜背有弓形小钮和简单弦纹的商代后期铜镜。这是我国目前发现的最早的铜镜实物。

战国时,铜镜开始流行,其制作特点是形制轻巧,多为圆形,镜钮细小。此期大都无铭字,镜背纹饰往往分作双层或单层,主题纹样如兽面纹、山字形、花叶纹、龙凤纹等。故宫博物院收藏有一件背钮为蛙形的战国铜镜,极为罕见珍贵。

西汉时,铜镜制作得到较高发展,汉武帝曾设"尚方官"监管铜镜。此时镜逐渐厚重,圆形仍占优势,钮作半球状或连峰状。纹样有草叶纹、乳丁纹及几何形图案。有的镜背还刻有吉祥语,如"长命富贵"、"长宜子孙"、"长相思,毋相忘,常富贵,乐未央"等。有的还铸上"内清质以昭明"或"见日之光"。有的有透光效应,一般称为"透光镜",其外形与一般铜镜相类似,但每遇日光或灯光照射镜面,与镜面相对的墙上便能映出镜背纹饰的影像。这种镜曾被一些人称为"魔镜",研究者已揭开了这一秘密。原来,这种镜在铸造过程中,镜背的花纹凹凸处凝固收缩,出现了铸造应力。镜面便产生了与镜背花纹相应而肉眼不易觉察的曲率,从而引起透光效应。

东汉至魏晋南北朝时,又创造了浮雕纹饰的画像镜。比较著名的有规矩四神纹镜,常刻"肯龙白虎掌四方,朱雀玄武顺阴阳"铭。画像镜多以历史或神话故事为题材,如伍子胥、越王、范蠡的故事或传说等。镜钮作柿蒂形或蝙蝠形。

唐朝的铜镜较厚重,镜内锡的成分加多,显得洁白光亮。其形式有圆形、八菱形、菱花形镜,还有带把镜。纹饰有花蝶、葡萄、瑞兽、鸾凤、鹦鹉和人物故事,及神话传说、打马球等。还有用金银箔和螺钿镶嵌成花鸟等,表明制作工艺大有发展。

宋时,菱形镜较多,比如方形委角、亚字形、葵瓣形等,多带把。纹饰以缠枝花草牡丹纹为主。镜上还附有作坊名,如"糊州石念二叔炼钢无比照子"等。但这时制作水平已相对下降。

元、明、清时,镜多仿制,各朝虽也制镜,但已走下坡路。明清时代,镜背往往填漆或用漆作画,有的镜上也有铭文,如"月样团圆水样清,开匣当如见故人"。但自清乾隆后,随着玻璃镜子的流行,铜镜也就退出了它的实用的历史舞台。

牙刷:中国的发明

我国是世界上最早发明并使用牙刷的国家。据考证,辽代应历九年(959 年)就有了植毛牙刷。到赵匡胤建宋(960 年)之后,史书上关于牙刷的记载便多了。周守忠撰写的《养生类纂》一书中就载有:"早起不可用刷牙子(即牙刷),恐根浮并牙疏易摇,久之患牙痛。盖刷牙子皆是马尾为之,极有所损。"可见当时已从植毛刷发展到马尾刷。由于牙刷制造粗陋,人们对它的作用认识很不够。到了元代,人们才渐渐重视起来。有个叫郭钰的诗人写诗赞道:"南州牙刷寄来日,去垢涤烦一金值!"

在欧洲,最早的牙刷于 1780 年问世,用的原料是骨柄鬃毛。1840 年之后,欧洲才大量生产牙刷,稍后传到美洲大陆。

口罩起于何时

口罩是我国人民的发明之一。

早在公元 1275 年的元朝时代,来中国的著名意大利旅行家马可·波罗,就看到当时中国人使用"口罩"的情形。他在《东方见闻录》中写道,那些伺候皇帝饮食的人,口与鼻子一律都要蒙上蚕丝与黄金线织成的巾,使他们所发出的气息,不致传到皇帝的食物上去。这种"蚕丝与黄金丝织成的巾",就是最早的口罩。我国使用口罩至少有七百多年的历史了。

在国外,口罩的出现和使用是 19 世纪末期的事。19 世纪中期,英国虽然已经用碳酸来为手术器械消毒,外科医生也知道穿手术衣、戴手术帽和橡胶手套,但还不知道使用口罩。因此医生手术时,常把自己口鼻腔里的细菌传给病人而引起伤口感染。直到 1897 年,德国医生莱德奇才意识到,在手术时应当用纱布把自己的口和鼻子蒙起来。此举果然生效,病人伤口感染大大减少。以后,别国纷纷学习莱德奇的方法,这样,口罩才在欧洲医学界推广起来。

古代的眼镜

13 世纪末, 第一个从欧洲来中国的意大利旅行家——马可·波罗曾经在 1260 年就记下了中国的一些老年人配戴眼镜阅读印刷品的事。可见那时眼镜在中国已较普遍了。多数专家认为,眼镜出现于南宋,发明者可能是宋朝狱官史沆。

古时候,中国的眼镜是一个椭圆形的透镜。透镜是用岩石晶体,玫瑰色石英、黄色的玉石和紫晶等制成的。那时,人们把配戴眼镜看做是一种尊严的象征。因为制作镜框的玳瑁被认为是一种神圣和有代表性的动物,而透镜的材料又是选自各种名贵的宝石。所以,人们配戴眼镜,常常并不是为了增强视力,而图的是能走好运和显示尊贵。正因为人们很少注意眼镜的实用性,所以眼镜在古代并不很流行。

我国当代考古工作者在扬州地区邗江县甘泉山东汉光武帝刘秀之子刘荆之墓中清理出一批珍贵文物,其中有一只小巧的水晶放大镜。这只放大镜,是一片圆形水晶凸镜,镶嵌在一个指环形的金圈内,能将细小的东西放大四五倍。这种起放大作用的凸镜虽然不能说就等同于眼镜,但眼镜的光学原理与此是有相似之处的,或者可以说这已是眼镜的雏形了。

还有一种观点认为眼镜自明代中叶由外国传入我国,被视为珍物,然后自造,渐次流行。初名瑷珲,后才称眼镜。明、清西物东传,其中有眼镜一项自在理中,认为眼镜完全是舶来品恐非恰当,断定是明、清以后渐渐流行则为事实。

手杖小话

在我国古代,手杖原是一种礼遇。据《礼记》记载:"大夫七十而致仕,若不得谢,则必赐之几杖。"这是对服务于朝廷的官吏而言的。《礼记》还记载:"五十杖于家,六十杖于乡,七十杖于国,八十杖于朝,九十者,天子欲有问焉,则就其室,以珍从。"这里所说的"杖真",指的既是实物,又借用做尊老的代称。老年人理应受到家庭、邻里、社会和国家的尊敬,这是中华民族的传统美德。

手杖又称"扶老"。我国南方有一种枝干两面对生的竹,宜于做手杖,称做"扶竹"或"扶老竹"。因此,手杖就有了这个雅号"扶老"。晋代陶渊明写的《归去来兮辞》中的"策扶老以流憩",就早例证。

在历史上,手杖还曾是传播中华民族文明、开拓对外贸易的商品。据《史记》载,张骞通西域,曾在中亚各国见到了川蜀生产的邛竹杖和蜀布。我国养蚕业又是如何传往西方国家的呢?有一则轶闻说应当归功于手杖。按照东罗马历史学家们的传说,查士丁尼皇帝曾于公元550年或551年,依靠一位修道士将蚕种藏在手杖的隐孔中,带出中国国境,从此以后,养蚕业扩展到了东罗马的领地。

古 时 浴 器

古时浴器称"鉴"、"汤盘"。《庄子·则阳》:"同鉴而浴。"《礼记·大学》亦有记载。现存的"战国双龙蟠龙夔纹鉴",是一种大型浴器,高45厘米,口径75厘米,两耳成兽形,套有大环,周身饰有蟠夔纹,鉴口做双龙攀缘探水状,形象极生动。

传世最大的西周青铜器"虢季子白盘"。就是汤盘。此器于清道光年间,由陕西宝鸡县虢川司一位农民从地下掘出,作为水槽喂马用,后为郡县县令徐燮收购珍藏在常州。太平军攻下常州,为护王陈坤书所得,后又传入清将刘铭传之手。新中国成立后,由刘铭传后裔刘肃献给国家。此盘长 130 厘米,宽 82,7 厘米,高 41. 3 厘米,重 215 公斤,周身铸有精美的蟠虺纹,形象生动。前后左右共 8 个兽头,各衔 1 环,有铭文 110 字,记述虢季子白奉周王命,讨周强族犷狁,有所获,受赏于周庙之事。

古代澡堂

　　洗澡在中国具有悠久的历史,商代甲骨文中即有"沐浴"二字出现,考古出土的两千六百多年前的"虢季子白盘"就是古代的一种浴器。《札记·内则》有 "外内不共井,不共湢浴"的记载,"湢浴"就是浴室(澡堂)。古代澡堂起初是 设在王宫、寺庙、馆驿中,以供帝王、僧侣、大臣们沐浴。及至宋代,才出现了 营业性质的澡堂。宋人吴曾所写《能改斋漫录》称, "所在浴处必挂壶于门","挂壶"就成了澡堂的标记。当时还称澡堂为"香水行",除供公共洗浴外,又卖汤面之类。

　　明代称澡堂为"混堂",意即大家混在一起入浴。清代后,澡堂业得以普遍发展。

唐代宫廷温泉浴池

　　1982 年 4 月,临潼县政府在华清池水源前动工修建"贵妃亭",处理地基时,发现了古建筑遗迹和汤池,经考证为唐华清宫旧址遗存。

　　已发掘出的宫殿和汤池,是唐华清宫东区南部遗存,为唐皇帝和妃子游幸时沐浴就寝之所。出土石砌浴池四个:"星晨汤"、"太子汤"、"莲花汤"和"贵妃汤"。

　　"星晨汤"平面呈长方形,东西长 18.2 米,南北宽约 5 米,残深 80 厘米,面积 91 平方米,实际使用面积约为 59 平方米。池壁大部分破坏无遗,但池底较为完整。

　　"太子汤"位于"星晨汤"北边 14 米处。池子平面为长方形,东西长 5 米,南北宽 2.77 米,残深约 1.2 米,使用面积为 13.85 平方米。

　　"贵妃汤"位于"星晨汤"正北方。浴池近似椭圆。上下分为两层台式。从上向下,第一层台深 72 厘米,东西长 3.6 米,南北宽 2.9 米,用 16 块券石组成一朵盛开的"海棠花"。浴池第二层台深 54 厘米,东西长

3.1 米,南北宽 2.1 米,用 8 块券石拼砌成平面为"海棠花"的式样。

"莲花汤"位于"星晨汤"东北方向约 30 米处。浴池从上向下,分为两层台式。第一层台深 80 厘米,东西长 10.6 米,南北宽 6 米,四壁由 6 组券石砌成相互对称,布局和谐,并且具有写实色彩的"莲花"形状。第二层台深 70 厘米,平面呈规整的八边形。池有双进水口,根据进水口上留有榫头,结合史料,可知进水口原装有"莲花"喷水头。池西北角有双出水口

华清宫遗址的发现,填补了我国隋唐考古的一项空白。对于研究唐代城市制度、宫殿建筑,及其布局规律、离宫苑囿设计制造、浴池造型和等级制度、中国古代沐浴史、中国古代利用地热自然资源史、华清池历史和唐代石刻雕镌技术等,提供了重要的实物资料,弥补了史书记载的不足。

席地·凭桌·座凳

汉代以前,中原地区尚无桌椅板凳,人们往往"席地而坐"。这种坐法约分三类:(1)跪。(2)踟跌坐。即盘腿大坐。(3)箕踞。即两脚向前伸平而坐,身体形状如箕。妇女箕踞是被视为大不恭的。《韩诗外传》说:"孟子妻独坐箕踞,孟子入室视之,向其母曰:'妇无礼。'"

春秋时,人们开始坐在六只足的矮床上,如果要写字、吃饭,就放上一张叫做"案"或"几"的矮小桌子。直到汉代,北方少数民族发明了一种可以折叠的"胡床"和一种新的轻便坐具"马扎子",即两木相交,中穿绳子,可张可合。人坐于其上,垂下双腿。这种坐具和坐法传入中原后,被广泛使用,称为"胡坐"。这便是椅子和凳子的前身了。

在"胡坐"的基础上,人们不断加工改造,于是汉末正式有了桌、椅等。

到了唐代,胡床慢慢演变成交椅,又叫逍遥座。这种交椅的样子是"胡床旋转关以交足,穿便绦以容坐,转缩须臾,重不数斤"。这就有点类似现在的活动躺椅。到南宋时,吴渊设计了荷花托首,号为"太师样",这就是后来的"太师椅"。

座椅、凳曾经一度只是男子的权利,陆游《老学庵笔记》说:"往时士大夫家妇女座椅子、凳子,则人皆笑其无法度。"

南宋以后桌、椅的式样又不断改进,更加完善。人们终于由普遍的席地而坐过渡到凭桌座椅。

明清之时，家具发展进入高潮并日臻完善，这时的桌、椅、凳、床之类日趋多样化。

帐子探古

帐子在我国商时已有。古代叫裯、帱、帏、帷、幔。按《释名·释床帐》曰："帐，张也，张施于床上。"《诗经·小星》："抱衾与裯。"《郑笺》上曾注释："裯，床帐也。"周时，还有专门管理帐子的人叫"幕人"。

到了汉时，帐子用途广泛了。用于军中的有军帐、帐幕；用于车上和野外的有车帷、青庐。《酉阳杂俎》就记有："北朝举行婚礼时，用青布在野外搭成幔屋，谓之青庐。"

帐子也有很多种，最小的有帏帐，也叫帘，一般帝王座中所用；最大的有幔城，用帷幕围绕如城。宋之间有《奉和幸长安故城未央宫应制》诗："寒轻彩仗外，春发幔城中。"有些少数民族搭的帐篷，也是帐子的家族。

帐子和其他东西一样，使用者也有等级规定。晋时即明令规定锦帐为禁物，甚至连"在官品第二品以上"的官员都不能使用。可是最高统治者用的帐子却极度奢华。如《邺中记》记载石虎的帐子就四时不同："或衔五色流苏，或青绫光锦，或用绯绫登高文锦，或紫绫大小锦。"

古代的帐子和现代帐子形状差不多，人们也已知用帐竿承之，帐竿叫幢。

《说文》释："幢，帐挂也。"

斗　帐

《释名》："帐曰斗帐，形如覆斗也。"斗帐即小帐，是家中专用的坐帐。隋唐以前，床是人们坐卧寝处的具有多种用途的家具，也是室内陈放的主要家具，张设在床上的帐，就具有保暖、避虫、挡风、防尘等多种用途。

隋唐以后，随着生活习俗的变化，室内家具中的床只是专供寝卧睡眠的家具，桌、椅的普遍使用，也淘汰了厅堂居室内的坐床，与之相联系的斗帐也就被淘汰了。

床的演变

床是现代人普遍使用之物,但原始初民则是过着"地作炕"的生活。新石器时代房屋遗址中,发现了一些略高于地面的、土质较硬的人工土堆,其长度稍比人长或近似,这或许即是当时的"床"(或"炕")。

商代的甲骨文里,已见到"床"字。看来床至迟已有三千余年的历史。迄今为止,所见到的第一张木床的实物,是 1958 年在河南信阳长台关一座楚墓中得到的。同时重见天日的还有几、俎、案等。这张木床,保存完好。其周边围有栏杆,下安矮足六个。床长 2.18 米,宽 1.39 米,高仅仅 19 厘米。

汉时,床仍较矮。其时人们看书写字、宴饮小食,则置几案于床上,用时则设,用毕撤除。其时床席并用,席更流行。家中来客主要人物坐于床上,余者则席地而坐。

魏晋南北朝时,随着建筑物的增高加大,人们在室内活动的空间也扩大,家具亦随之发生变化。床的高度日增,如晋顾恺之《女史箴图》中,所画之床即和现代的高度相近。这时还有一种四足的高床。至迟在唐代,桌、椅出现,人们在床上活动的时间渐少。因之床的功能单一化了:专供睡卧之用。明清之际,床的形式增多,式样趋于复杂。

粤滇鲁硬木家具

我国传统风格的家具,多用红木、紫檀、楠木、花梨等珍贵木材制作,木质细密坚韧,故称"硬木家具"。

广州硬木家具,历史上称"广式",与"京式"(北京)"苏式"(苏州)齐名,清代宫廷家具多出自广州工匠之手。广州家具造型古朴,骨架坚实,雕饰繁细,多以半透雕、透雕为主,并多镶大理石。1972 年开始,广州家具以配套厅堂家具为主,吸收西式家具的长处,加以创新,先后制作了"九龙案"、"梅花大圆台"、"十头宝莲床"等一大批比较大型的厅堂配套家具。

广州还有螺钿镶嵌家具,材料有皎洁如月的白色螺钿,有光耀夺目的五彩螺钿。题材有亭台楼阁、山水风景,花鸟鱼虫、民间故事等,在国际上享有盛誉。

云南嵌石硬木家具，所用之木，为云南林区盛产的珍贵硬杂木；所嵌之石，为世界闻名的大理石。大理石中，水墨花石和葡萄山石最为名贵，其天然纹理酷似一幅幅水墨画，绝妙之极。还有净白石，又叫"苍山白玉"，细腻如脂，洁白如玉；彩花石，五色俱全，其天然色纹，往往可呈现出高山大河、奇峰异洞、林海雪原、春山欲雨、鸟兽翎毛、仙佛灵异等惟妙惟肖的画面。

山东潍坊嵌银丝硬木家具，其镶嵌工艺起源于我国战国时代钢器上的嵌金银丝工艺，当时称为"金银错"。到清道光年间，山东潍坊艺人开始在小件红木器物上镶嵌金银丝，后来在大、中型器物，如茶几、坐墩、花几、屏风、沙发、床等家具以及手杖等用具上嵌银丝图案，疏密有致，纹路清晰，精美典雅，形成独特的艺术效果。图案题材多种多样，有文物、人物、花鸟走兽和吉祥图案等一千多种。

火炕史话

火疗是医之起源，在西安半坡、临潼姜寨遗址发掘中经常出现的平台和土台，实际上是我国北方广大高寒地区火炕的最古原型。不过今为空腹，而当时为实心，"从上烘烤而已"。论起因，无非是在长期生活实践中摸索出的为驱潮、取暖、疗疾等目的而发明的原始火炕，西安半坡的平台的九层红烧土，是经过了9次泥巴抹平修理烘烤所致。先民这一发明创造，惠泽及今。

在东北农村，火炕是极其普遍的。它既是寝息的床铺，又是取暖的设施。在朝鲜族与满族人民的家庭生活中，火炕尤其占有重要的位置。

据目前的一些考古发现还证实，在北方发现的不少渤海时期（713~926年）的居住遗址中，大都有火炕一类的取暖设施。

而关于火炕的文字记载，大约最早见于宋朝人的有关著作中，南宋著名诗人范成大曾写过"稳作被炉如卧炕，厚裁棉旋胜披毡"的诗句。此处所记的"炕"，当时是指火炕。南宋人朱弁也作为中原使臣出使过金朝，曾一度被留北方。此间曾写过《炕寝》一诗，其中描写道："御冬貂裘弊，一炕且踪伏。西山石为薪，黝色惊射目。方炽绝可迩，将尽还自续。飞飞涌玄云，焰焰积红玉。"可见，当时生活在我国北方的女真族人民，便居住在这种烧着火炕的房屋之内。

209